CUBA
Una fe que abre caminos

COLECCION FÉLIX VARELA #26

EDICIONES UNIVERSAL, Miami, Florida, 2005

ARACELI CANTERO GUIBERT

CUBA
Una fe que abre caminos

1985-2000
Quince años clave en el caminar
de los católicos cubanos

Copyright © 2005 by Araceli Cantero Guibert

Primera edición, 2005

EDICIONES UNIVERSAL
P.O. Box 450353 (Shenandoah Station)
Miami, FL 33245-0353. USA
Tel: (305) 642-3234 Fax: (305) 642-7978
e-mail: ediciones@ediciones.com
http://www.ediciones.com

Library of Congress Catalog Card No.: 2004117395
I.S.B.N.: 1-59388-041-3

Composición de textos, maquetación,
fotografías y diseño: Araceli Cantero

Portada: Procesión con la Virgen en Santa Clara.

Todos los derechos
son reservados. Ninguna parte de
este libro puede ser reproducida o transmitida
en ninguna forma o por ningún medio electrónico o mecánico,
incluyendo fotocopiadoras, grabadoras o sistemas computarizados,
sin el permiso por escrito del autor, excepto en el caso de
breves citas incorporadas en artículos críticos o en
revistas. Para obtener información diríjase a
Ediciones Universal.

*Al cubano
que, dentro y
fuera de Cuba,
construye con fe
la Patria que
lleva dentro*

Agradecimientos:

A los obispos, sacerdotes, religiosos y laicos cubanos que me dieron acogida en mis visitas y me confiaron sus palabras y experiencias.

A Nazario Vivero que me animó a llevar a cabo la idea de este proyecto.

A Manuel Fernández por su incondicional ayuda, buenos consejos en la etapa final.

A Modesto Arocha y Manolo Villaerde por su apoyo técnico.

INDICE

PRESENTACIÓN
Arz. Adolfo Rodríguez Herrera 9

PREÁMBULO. 13

Renace la Iglesia cubana- 1985
Concluye la Reflexión Eclesial Cubana 15

Construir la Patria sin negar la fe - 1986
Encuentro Nacional Eclesial Cubano, ENEC 29

Una década de cambios - 1986-1996
Dentro y fuera de la Isla 61

Del templo al barrio - 1996
Encuentro Conmemorativo, ECO 107

Un espacio recobrado -1997
Cien días de misión para el Papa 157

Cuba ante los ojos del mundo - 1998
Juan Pablo II en tierra cubana 239

Una Iglesia, dos orillas - 2000
Después de la visita de Juan Pablo II 261

CONCLUSIÓN 347

Diócesis y episcopado cubano. 1985- 2000 349

PRESENTACION

"Hijo del Hombre:
¿Podrán revivir estos huesos secos?
Y yo le dije: Señor, Tú lo sabes" (Ez. 37, 2-3)

Este sugerente libro de Araceli Cantero despertará entre los cubanos interés y simpatía por varias razones: la autora no es cubana, ni ha vivido en Cuba pero está fuera de duda su apasionada solidaridad por Cuba y por su Iglesia. El libro, ni es una crónica de vencidos y vencedores, ni una filosofía de la historia; es, como ella dice, "un proyecto periodístico que puede aportar análisis posteriores dado que preserva para la historia la vivencia, las voces y los rostros de algunos de los protagonistas que vivieron en esta importante etapa de la Iglesia en Cuba", entre el 1985 y el 2000. Es una mirada no aséptica ni nostálgica de estas casi dos décadas de la Iglesia que vive en Cuba y fuera de Cuba, que no son dos Iglesias distintas, opuestas o paralelas sino dos formas distintas de ser la misma cosa. Es un libro oportuno porque surge cuando los hermanos dispersos en diversas geografías parecen encontrar puentes que permiten superar actitudes polarizadas que generaron la distancia, la realidad local y el recíproco desconocimiento.

El texto de Araceli contiene elementos suficientes para lo que ella llama 'análisis posteriores' de la filosofía y de la teología de esta etapa y las que la precedieron. Sabemos que un eslabón no es la cadena, un momento no es la historia. La historia se va conformando con la acumulación de hechos, voces, rostros que un lector no distraído puede escrutar y desentrañar y hasta descubrir que estos hechos no se cierran en si mismos, sino van más allá indicando en que dirección va la vida y la historia. El tiempo destruye y a la vez acumula, a ratos cuesta abajo, a veces cuesta arriba, entre pasos cortos y pasos largos, hechos racionales o irracionales, significativos o insignificantes... pero con su valor y su título que el tiempo los va colocando entre los materiales con los que nuestro Padre Dios, que "trabaja a todas las horas" (Jn 5, 17) actuó y sigue actuando sin perturbar la libertad del hombre e incluso a despecho de la misma. "Nadie sabe las vueltas que da una llave" dice la filosofía popular. O también dice : "lo que sucede conviene". El lector rastrea e hilvana estos materiales para integrarlos en el presente y proyectarlos hacia el futuro, porque el presente es siempre deducible del pasado como, el futuro lo es del presente; son momentos válidos de la acción creadora del hombre para la evolución siempre progresiva de la sociedad y de la Iglesia, en la historia que nunca se retrotrae. Momentos que llevan en si mismos el vestigio de una causa que los produce y de un fin al que se encaminan, como si se ordenaran por si mismos sabiamente.

En estas épocas improgramables y erráticas que ha vivido la Iglesia en Cuba no siempre la Iglesia ha acertado, porque la Iglesia es una realidad humana, penetrada de lo divino que peregrina por caminos de barro donde algo de barro siempre se pega. Se dice que la historia del hombre es la historia de sus equivocaciones, y si fuera así, la Iglesia no puede sustraerse de pagar el precio de esta extraña condición humana, con la diferencia que "la Iglesia no triunfa con los aplausos ni perece con los golpes"; más bien la historia nos enseña que hay situaciones adversas que van desnudando a la Iglesia de todo aquello que no es genuinamente cristiano. Ella es un misterio continuo de encarnación y decantación; con cada época que nace, nace en ella lo que tiene que nacer y con cada época que sucumbe muere en ella lo que tiene que morir. "Ecclesia semper reformanda" dicen los teólogos. Los gestos penitenciales de Juan Pablo II reconociendo los elementos destructibles por los avatares del tiempo, que parecieron ser más fuertes que ella, son gestos impresionantes y elocuentes.

En estos años por los que discurre el libro de Araceli la Iglesia ha pasado por noches oscuras de una fe difícil, pero segura siempre de que cada noche viene entre dos días. No es cierto creer que en esta vida las penas son más reales que las alegrías como acertadamente induce la autora, en una visión no de helado pesimismo. La lluvia de Biblias donadas que han inundado el suelo cubano; la Peregrinación por toda la isla de la Cruz del V Centenario; el alto índice de incremento en la cantidad y calidad de participación de los cristianos en el culto, muchos de ellos que retornaron a la Iglesia que abandonaron, muchos que nunca fueron católicos; el nuevo rol del laico; las obras caritativas en favor del pobre; Síndrome de Dawn, Tercera Edad, Alcohólicos Anónimos, Talleres de Corte y Costura y Artesanías, comedores para los pobres; CARITAS; el catecumenado, Salas de Informática, la Carta Pastoral 'El amor todo lo espera'; el Diaconado Permanente,

Pastoral de las cárceles, las procesiones del pueblo, con el pueblo, por las calles donde está el pueblo; las Comunidades de pequeños caseríos sin templo; el incremento de las vocaciones, etc.... Y sobre todo el ENEC, el ECO, y la Visita del Papa son signos en medio de la oscuridad que requieren una lectura no miope. Jesús dijo: "Cuando ustedes ven las nubes que se levantan por el occidente dicen que va a llover y así sucede; cuando el viento sopla por el sur dicen que va a hacer calor y hace calor. Son insensatos porque si saben interpretar las señales del cielo ¿por qué no saben interpretar los signos de los tiempos ? (Lc. 12,54-56)

El ENEC nació de tres preguntas que la Iglesia de Cuba se hizo a si misma: ¿De dónde venimos, dónde estamos, hacia donde vamos? Sabíamos cómo ser cristianos en la colonia, en la era republicana, en el capitalismo, en una sociedad desacralizada, pero para la Iglesia fue inédita la vivencia de una sociedad secularizada en una dimensión secularista, en la que ser creyente era casi un delito punible, así como en lejanas épocas de cristiandad era casi un delito ser ateo. A las tres preguntas el Espíritu inspiró el camino de la Iglesia en Cuba que sigue siendo válido: Iglesia orante, encarnada y misionera.

En Cuba se está celebrando, cada dos años, un Encuentro Nacional de Historia de la Iglesia Cubana, con participación de historiadores cubanos que viven fuera del país. Esos encuentros podrán ser un espacio para análisis posteriores que rastreen y entretejan la urdimbre de hilos de estambre que parecían enredarse pero son los hilos que ahora nos sostienen y que responden a una, sabiduría, bondad y libertad de Dios que a nosotros no nos es dado alcanzar. Recordar a Ezequiel: "Tú lo sabes, Señor" infunde un optimismo no ficticio porque se funda en la Providencia de Dios. El estuvo en el pasado y esto es una garantía de que estará también en el presente y en el futuro y es la razón de nuestra esperanza, a la que este libro implícitamente nos invita, mirando más allá, desde las promesas del Señor que lo sabe todo como dice Ezequiel (37, 2-3) y que "lo que quiere lo hace" (Salmo 115,3).

Adolfo Rodríguez Herrera
Arzobispo de Camagüey

(Mons Rodríguez conoció el manuscrito de este libro cuando aún era un proyecto. Escribió esta presentación antes de fallecer el 9 de mayo de 2003).

PREÁMBULO

En 1986 y después de dos décadas vividas entre los cubanos de Miami sentía cierto temor de viajar a Cuba. ¡Eran tantas las historias de dolor que el exilio de Miami había compartido conmigo! Desde Miami me había forjado mi propia imagen de Cuba y de la vida de la Iglesia. En mi mente había visto templo vacíos, católicos desanimados y temerosos y escasa juventud creyente. No conocía personalmente a ninguno de los obispos y tenía la impresión, bien fundada, de que no les interesaba hablar con la prensa. Cuando en 1980 asistí como periodista a las reuniones de los obispos latinoamericanos, en Puebla de los Angeles, México, supe que había una delegación de la Iglesia en Cuba, presidida por el arzobispo de La Habana, Francisco Oves. Pero mis intentos por saludarle fueron en vano.

Por fin se presentó la ocasión. La Iglesia en Cuba celebraría una reunión histórica: un Encuentro Eclesial Nacional, el primero después de 25 años de revolución marxista. El periódico católico de Miami no podía faltar. Miles de católicos cubanos en el exterior seguían la noticia con grandes interrogantes y escepticismo. Después de años de hostigamiento a la Iglesia y a los católicos, ¿Iba el gobierno a permitir ahora que se reunieran? ¿No sería más bien algo manipulado y controlado por el gobierno, en complicidad con la misma Iglesia?

Al Arzobispo de Miami, Mons. Edward A. McCarthy, le pareció bien la idea de cubrir el evento y empecé a investigar para lograr una invitación. En la Arquidiócesis de La Habana me dijeron que sería bienvenida pero que la Iglesia no invitaba a nadie de la prensa. Los periodistas debíamos hacer nuestros propios trámites y así lo hice.

Una semana antes de iniciarse el ENEC, me encerré durante unos días para estudiar el extenso Documento de Trabajo escrito para el Encuentro. Confieso que su lectura fue para mi un descubrimiento. A través de sus páginas descubrí una Iglesia que renacía, de fuerte compromiso con el evangelio y profunda fe.

La sintonía que establecí en aquella lectura me ayudó a poder transmitir, en un artículo periodístico, la esencia de lo que, en cerca de 200 paginas, habían expresado los católicos cubanos de la Isla. Aquel artículo, que dejé en Miami listo para salir a la luz al tiempo que se iniciaban las reuniones del ENEC, fue también mi carta de presentación ante los líderes de una Iglesia que, hasta entonces, parecía ignorar al periódico católico de la Arquidiócesis de Miami.

"¿Lo has hecho tu sola?", me preguntó Mons. Carlos Manuel de Céspedes, horas después de habérselo entregado.

"No tiene ningún error", me dijo. "Lo has entendido muy bien".

Tanto es así que, el artículo que en Miami ocupó tres páginas en la edición de La Voz Católica previa al ENEC, en Cuba, fue multicopiado una y otra vez, --me lo dijeron después-convirtiéndose en catequesis introductoria para los obispos extranjeros invitados al encuentro. Por eso queda incluido aquí, a modo de catequesis introductoria para los lectores y como telón de fondo para los capítulos que siguen.

La intención de todo lo que se ofrece en este libro es recoger, para las generaciones futuras, momentos importantes de estos 15 años tan significativos y cambiantes en el caminar de los católicos cubanos. He querido recoger algo más que ideas. Aquí van los momentos, las palabras, los rostros y los hechos de sus protagonistas. He tratado de transmitir una experiencia. Desearía lograr que, quienes no han vivido estos años, puedan hacer suya esta etapa de la Iglesia cubana. Que puedan entrar en ella y sentirse también protagonistas y herederos de un rico patrimonio de la fe encarnada y vivida por esta generación. Creo que, a las puertas del 25 aniversario del ENEC, estas páginas pueden ayudar a mirar al futuro sin olvidar el recorrido que se ha hecho ya.

Al leer estas páginas conviene tener en cuenta que estos reportajes los ha escrito una persona que no es cubana y que nunca había estado en Cuba antes de 1986, aunque vivía entre cubanos exiliados desde 1967. Se han escrito sin tener la perspectiva del hoy y desde la visión limitada del momento en que transcurrían, con las limitaciones de viajes breves en los que recogía las experiencias y la información y no podía volver a contrastar los datos debido a las limitaciones de viajes, visados y falta de comunicación. Por todos los posibles errores pido excusas.

Estas páginas, sin ser historia, quieren aportar datos de primera mano para la historia, recogidos desde la vida y través de las voces y la imágenes de unos protagonistas que con su compromiso y vivencia de fe han ido abriendo caminos, en Cuba y fuera de Cuba.

Araceli Cantero Guibert

La Iglesia cubana concluye cinco años de reflexión

Renace la Iglesia en Cuba

MIAMI, (Febrero, 1986)- La Iglesia Católica en Cuba vivirá la semana próxima en la Habana un acontecimiento histórico.

Veinticinco años de régimen comunista no han logrado acabar con ella. Es más, se diría que la "poda" sufrida durante tantos años de persecución, humillaciones, silencio y también muerte, han dado lugar a nuevos brotes que ya empiezan a retoñar.

Prueba de ello es que los católicos de Cuba han sido capaces de llevar adelante algo inédito: un proceso de reflexión eclesial de cinco años que culmina con un encuentro que tendrá lugar los días 17 al 23 de febrero.

Con el nombre de Encuentro Nacional Eclesial Cubano, (ENEC) se reunirán en la Habana sacerdotes, laicos y religiosos representando a las siete diócesis de Cuba. Durante una semana trabajarán en la elaboración de pautas para la evangelización y la vida de la Iglesia según las posibilidades de la realidad que les toca vivir.

Pero la reunión no será un acontecimiento clandesti-

Campanario de la Catedral de La Habana, 1986

no. Con un gesto que señala el reconocimiento de la vigencia de la Iglesia, el gobierno cubano ha autorizado su celebración y está al tanto del proceso. Es más, fuentes eclesiásticas en Cuba han afirmado que el mismo Fidel Castro ha leído el Documento de Trabajo preparado para las reuniones.

Vista de La Habana, desde el Hotel Habana Libre, 1986

"Este encuentro constituye un momento culminante de un proceso de oración, estudio y trabajo", dicen la palabras introductorias.

"De nuestras Asambleas Diocesanas recibimos la descripción de la Iglesia que queremos ser: pobre, servicial, abierta al diálogo en el amor, que se siente parte activa del pueblo, desinteresada, dispuesta al sacrificio...

"Ni en la historia pasada ni en la situación presente hemos querido ahondar en miserias propias o ajenas. En lugar de ésto hemos establecido la esperanza cristiana como norma inspiradora", aclaran.

El documento, de 173 páginas mimeografiadas, consta de tres parte y un suplemento complementario para los delegados en el que, además de aportar elementos del Magisterio eclesiástico, del Concilio Vaticano II, de las reuniones del episcopado latinoamericano en Medellín, (1967) y Puebla (1980), se precisa cuidadosamente la intención del documento total: un difícil equilibrio entre el encarnacionismo a ultranza que no tiene en cuenta ni la dimensión transcendente ni la dimensión universal, esenciales en la identidad católica... y los falsos espiritualismos que pretenden alejar la vida de la Iglesia de toda realidad temporal concreta".

Son también esas 24 páginas complementarias las que resumen las etapas por las que ha pasado la Iglesia cubana: señalan los años 1961 a 1969 centrados en la catequesis, la liturgia, el ecumenismo.

"Desde 1969 en adelante se percibe una constante preocupación pastoral por la inserción efectiva de la Iglesia en su entorno cultural y socio-político". Son los años en que se revisan las estructuras pastorales, se atiende a la religiosidad popular, se piensa sobre la misión de los laicos, la familia, los jóvenes y sobre 'el diálogo' como actitud evangélica..."

Es a partir del 1980 y la reunión de los obispos latinoamericanos en Puebla, cuando los obispos cubanos asumen la iniciativa del obispo auxiliar de la Habana Fernando Azcárate S.J. que propone "un Puebla para Cuba" que se convierte en el proceso de Reflexión Eclesial Cubana (REC), cuya culminación será los próximos días.

Castillo de la Fuerza, La Habana, 1986

CONTENIDO DEL DOCUMENTO

o. **Introducción**
I. **Primera Parte:** Pasado Histórico y Situación Actual de la Iglesia en Cuba
II. **Segunda Parte:** Reflexión bíblico-teológica para fundamentar la acción evangelizadora de la Iglesia en Cuba. Claves fundamentales para expresar la vida y la misión. Grandes opciones y algunas perspectivas de futuro.
III. **Tercera Parte:** Explicita en cinco grandes bloques el contenido concreto del documento.
• Fe y sociedad: presenta las relaciones complejas de

la fe cristiana con el medio político social.
- Fe y cultura: Sitúa la misión evangelizadora de la Iglesia ante el reto de una nueva cultura naciente.
- Ministros y vida Consagrada: Precisa el ser y el hacer en orden a la misión de la sociedad cubana).
- Laicado: Reflexiona sobre la misión de los laicos en la Iglesia y en el mundo (cubano).
- Acción Pastoral de la Iglesia y Comunidad de Fe: ofrece un análisis sobre las comunidades y sus tareas presentes y futuras.

ANALISIS DEL DOCUMENTO DE TRABAJO DEL ENEC

Quieren construir patria
Los católicos en Cuba quieren servir a la sociedad desde su identidad de creyentes

MIAMI,FL --(Febrero, 1986). Los católicos de Cuba han roto un silencio de 27 años para reclamar un derecho que consideran fundamental. Quieren participar plenamente en la construcción de un mundo mejor en su patria.

Para ello no ofrecen ideologías, poder o dinero. Ofrecen simplemente la esencia del Evangelio: "Servir a nuestro pueblo aportando el amor cristiano como contribución específica a la vida social".

Así lo expresan en el Documento de Trabajo fruto de la Reflexión Eclesial Cubana (REC), un proceso de reflexión de laicos, religiosos y clero que culmina en un Encuentro Nacional los días 17 al 23 de febrero en la Habana en el Monasterio de las Religiosas Catalinas, hoy Casa del Clero.

"Los católicos cubanos no nos conformamos con sobrevivir", afirma el mismo escrito. "Hoy nos planteamos la enorme tarea de repensar y asumir nuestro pasado, reconocer nuestros errores, transformar nuestras estructuras pastorales y renovarnos en nuestra fe, para cumplir con la secular misión evangelizadora de la Iglesia".

Declaran que son ellos—la Iglesia que está en Cuba y no otros—quienes mejor pueden responder a los interrogantes que presenta la evangelización en la situación actual de la Isla..

Quienes siguen de cerca el proceso de Cuba se atreven a afirmar que en la situación nueva de 27 años de materialismo ateo impuesto sobre un de pueblo enraizado sustrato católico, sólo una institución como la Iglesia está capacitada para salvar la integridad cubana que se encuentra hoy en la encrucijada entre dos culturas.

Monumento en la Plaza de José Martí en La Habana

Presencia en una nueva cultura

Por una parte están casi 500 años de un cristianismo tradicional que ha imbuido en el pueblo valores, costumbres y rasgos evangélicos que permanecen.

Por otra, está la vida actual que transcurre en un Estado con ideología marxista-leninista, lo que plantea no sólo el desafío de ateísmo oficialmente propuesto como científico, sino además cierta concepción del ser humano, de la historia y de la globalidad de la existencia que contrasta notablemente con la visión cristiana.

Y es en el encuentro de ambas fuerzas existentes en Cuba, que el citado documento califica de "nueva cultura" en el que la Iglesia quiere estar presente. Para ello, dice la reflexión, la Iglesia tiene que vencer una doble tentación contradictoria: "el ilusorio desentendimiento de esa compleja realidad, o la aceptación acrítica de la misma".

Junto a la superación de la tentación está una doble tarea:

• "Purificar y desarrollar las huellas del Evangelio en nuestra cultura tradicional, en continuidad con el persistente sustrato católico de nuestra auténtica identidad nacional", y también,

• "Asumir proféticamente la nueva realidad cultural, sin esquivar las diferencias de concepciones y actitudes existenciales, ni los conflictos que estas puedan originar".

Apoyados en las palabras de Juan Pablo II: "La síntesis entre cultura y fe no es sólo una exigencia de la

cultura, sino también de la fe", se comprometen a llevar a cabo tres metas.
• "Poner todo su dinamismo de amor cristiano al servicio de la sociedad, como elemento de reconciliación, diálogo, unidad".
• "Enriquecer el naciente estilo de vida con aquellos valores que el evangelio puede aportar".
• "Indicar y ayudar a subsanar lo que parece puede ensombrecer la dignidad humana y la propia y esencial identidad nacional".

> *"Poner todo su dinamismo de amor cristiano al servicio de la sociedad, como elemento de reconciliación, diálogo, unidad".*

Diferencias fundamentales y síntesis vital

Repetidamente en el documento se afirma que "existen fundamentales diferencias entre la fe y la nueva cultura que se gesta en Cuba". Pero se indica que, es preciso lograr en la vida cotidiana una síntesis vital en diversos campos.

<u>Al interior de la Iglesia una síntesis entre:</u>
• Religiosidad popular y una formación más profunda en la fe;
• Identidad de los cristianos comprometidos en el mundo y una liturgia que exprese, reconcilie e ilumine la vida.

<u>En el seno de la sociedad, una síntesis entre:</u>
• Las necesidades productivas y las espirituales.
• Una visión economista del trabajo y una ética de servicio social y de desarrollo personal a través de él.

<u>En el diálogo fe y cultura una síntesis entre:</u>
• Humanismo cristiano y antropología marxista.
• La legítima autonomía de la ciencia y sus relaciones con la fe.
• La universalidad de la fe católica y el internacionalismo.
• El justo proceso de secularización y el necesario proceso de la inculturación de la fe.

• El carácter estatal de los medios de comunicación social y el acceso de la Iglesia a ellos.

El documento afirma que "la fe cristiana no es una ideología y puede vivirse en cualquier sistema político, en cualquier proceso histórico", y cita a Juan Pablo II en su favor *"Allí donde las ideologías declaradamente ateas inspiran a los maestros del pensamiento, es mucho mayor la urgencia de entablar el diálogo con las culturas...(20/5/82)"*.

Una actitud seria

A lo largo de 173 páginas, aparece una seria reflexión sobre la actitud actual de los católicos, (seglares, religiosos y clero), en Cuba y su "opción por la seriedad y la serenidad en el tratamiento de las cuestiones, por el diálogo directo y franco con las autoridades de la nación, por el no empleo de las declaraciones que puedan servir a la propaganda en uno u otro sentido, y por mantener una doble fidelidad: a la Iglesia y a la Patria".

Hotel Nacional, La Habana

Al mismo tiempo, ven esencial que se consolide la unidad al interior de la iglesia en Cuba para "que los pastores puedan orientar a la comunidad sin temor a graves incomprensiones".

El documento deja claro que no trata de hacer una enumeración exhaustiva de las dificultades. "Esto es justamente materia para una conversación honesta y sincera de los obispos de Cuba con nuestro Gobierno", y señala que "el documento no es el espacio adecuado para un análisis del proceso revolucionario" y que "la Iglesia no quiere presentarse anta la sociedad civil como un poder frente a otro poder, ni por encima de las estructuras sociales".

Cambio de mentalidad

El tono del escrito deja indicar que se está dando un cambio de actitudes entre los católicos de la Isla: "La Iglesia en Cuba debe pasar de una actitud replegada, tímida, silenciosa… a una Iglesia que con coraje y creatividad salga al encuentro del hombre, dondequiera que se encuentre".

En su intento de recoger el sentir de las comunidades (parroquias) en torno al futuro de la Iglesia allí, la reflexión descubre múltiples desafíos a los que quiere dar respuesta. Los católicos se comprometen a ser Iglesia evangelizadora, en diálogo con todos, encarnada, participativa, unida en la diversidad.

Todo ello implica un programa de acción que les exige:

En cuanto a la vida de las comunidades:
• Renovar la mentalidad y las actitudes.
• Fomentar una espiritualidad de encarnación y compromiso, "que como la de Jesús se hace por las calles y caminos, en contacto con las gentes, o en la soledad de la cruz".
• Integrar las tensiones… "porque hubo momentos e nuestra evangelización en que el peso de la acción se inclinó demasiado a lo interno, lo cultual, la unidad a toda costa… y debemos en el futuro acentuar la apertura, el espíritu misionero, la pluralidad de opciones…".
• Planificar, ejecutar y evaluar una acción pastoral de conjunto, que supere las improvisaciones, los esfuerzos aislados, las soluciones importadas…
• Adecuar o crear estructuras necesarias para mayor eficacia y coordinación.

En cuanto a la Misión de la Iglesia las exigencias son:
• Entablar el diálogo con todos, respetando las diferentes etapas que el diálogo auténtico conlleva y en el que no se excluye a la comunidad católica cubana en el exterior.
• Servir a la sociedad con el aporte específico de: la fe en Dios, el testimonio de una convivencia entre sus miembros que conjuga unidad y pluralidad; libertad y solidaridad;

dignidad personal y bien común. Una ética humanizante donde la persuasión sustituye a la imposición, el amor a la ley, el espíritu a la letra".
• Audacia misionera, que llegue a los sectores populares.
• Evangelización de la cultura, "porque la Iglesia que está en Cuba quiere estar presente y activa en el nacimiento de una 'nueva conciencia colectiva', sin aferrarse a elementos secundarios y caducos".
• Promoción de la civilización del amor, que consiste en *"aquel conjunto de condiciones morales, civiles, económicas que permiten a la vida humana una posibilidad mejor de existencia"*, (Pablo VI).

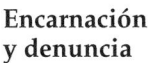
Un cartel callejero

Y mientras los católicos abogan por una dinámica de encarnación, señalan que tal dinámica incluye también la crítica de las culturas: la purificación, la denuncia de las idolatrías, *"esto es, de los valores erigidos en ídolos, o de aquellos que sin serlo, una cultura los asume como absolutos"*, (Episcopado Latinoamericano en Puebla).

Encarnación y denuncia

Por eso se atreve a señalar que en la visión cristiana "el desarrollo no se reduce al crecimiento económico" y piden una escala de valores en que:
• El deseo de tener lo necesario venza al deseo de tener cada vez más.
• El deseo de la necesaria independencia venza el deseo de acrecentar el propio poder sobre los demás.
• El tener o el poder más no sea el fin último del desarrollo personal y social.

En la denuncia de 'idolatrías' exhortan a todos a no caer en los mismos errores de las sociedades desarrolladas que consideran "el provecho como el motor esencial del progreso económico cerrado a otros; la libre concurrencia con la ley suprema de la economía; la propiedad privada de los medios de producción como derecho absoluto sin límites ni obligaciones sociales". Citando la doctrina de la Iglesia (Populorum Progressio), dicen que al liberalismo sin freno hay que recordarle que "la economía está al servicio del hombre".

Y aunque los católico en Cuba se alegran de que "la educación llega a todos", denuncian que "es única en cuanto a su orientación filosófica marxista-leninista". Al mismo tiempo, exigen su deber de formarse, según su propia vocación, para mejor servir al pueblo y reclaman " la posibilidad de tener acceso, tanto a la totalidad de las especialidades universitarias, cuanto a la tarea de la educación de los demás".

Afirman que "los cristianos somos capaces de respetar las distintas concepciones del mundo que los demás profesan, tal como lo esperamos de todos con respecto a nosotros".

Subrayan que "la Iglesia no busca privilegios, sino que desea tener cada día más, la posibilidad de servir al pueblo cubano en igualdad de condiciones con los no creyentes, pues así como ser creyente no debe causar ventajas personales en la sociedad, tampoco la debe causar el ser no creyente".

Y al reclamar su derecho en la construcción de los ministerios y la vida consagrada, el documento describe la situación del laicado. Sobre la familia reconoce como positivo el bajo nivel de desempleo que le da cierta estabilidad económica y una revalorización de su papel en la sociedad. Del lado negativo señalan :

• La acuciante necesidad de nuevas viviendas.
• El reducido tiempo que las tareas extra-laborales dejan a la vida familiar y laboral.

> *"La Iglesia no busca privilegios, sino que desea tener cada día más la posibilidad de servir al pueblo cubano en igualdad de condiciones con los no creyentes, pues así como ser creyente no debe causar ventajas personales en la sociedad, tampoco la debe causar el ser no creyente".*

- La distorsión ética que equipara 'la liberación de la mujer' con realidades como el divorcio, el adulterio y el aborto.

Discriminación en el trabajo

Sobre el mundo del trabajo, el documento señala que hay un resurgir de inquietud religiosa pero que se observa en gran número de los trabajadores "el temor de ser discriminados si van a la iglesia". También los hay que piensan que "trabajar en el Estado" les impide participar activamente en la Iglesia.

El documento señala que "los trabajadores católicos sienten en su trabajo cierta desconfianza hacia ellos". Afirman que "da la impresión de que la política de cuadros discrimina a los católicos limitándolos a niveles medios de dirección". Por otra parte se percibe reserva por parte de los dirigentes administrativos y políticos "acerca de las motivaciones del compromiso cristiano, resultándoles difícil comprender la existencia de cristianos fieles a Dios y a la Patria".

Tales presiones sociales, dice el documento, pueden llevar a los trabajadores a "caer en la tentación de ocultar la fe, desalentarse o buscar otros países donde puedan encontrar mejores posibilidades de realización personal". Por todo ello los católicos señalan la necesidad de una pastoral laboral más fuerte.

Vista desde el campanario de la catedral de La Habana con el seminario en restauración, 1986.

Juventud

Sobre la juventud se señala un creciente interés por lo religioso, unido a un grado sumo de incultura religiosa; falta de sintonía entre el clima materialista del sistema escolar y la educación cristiana que reciben en la familia y en la Iglesia.

El exilio

Y en relación a los cubanos residentes en el exterior, el documento expresa el deseo de una relación que se establezca "por medio de una aceptación mutua y respetuosa de las realidades diferentes de cada uno de estos dos grupos humanos". Señala que este acercamiento debe ir más allá del simple encuentro con seres queridos, más allá de todo interés de las cosas materiales y debe proponerse como meta una comunión moral y espiritual, "apoyándonos en la herencia cultural común, que tiene indudablemente sustrato católico".

El Hotel Nacional 1986

Añade que salvo graves motivos personales, emigrar de nuestro país no es el camino mejor para vivir las exigencias apostólicas de nuestra fe, ni contribuyen al bien de nuestra Patria".

No se olvidan del pasado

Pero no sería justo pensar que al aceptar el presente y acometer el futuro, los católicos de Cuba olvidan el pasado y su precio. Es quizás la primera vez que la Iglesia en Cuba, cuyos pastores son hoy todos de origen cubano, hacen una reflexión seria en que se asume la historia con sus luces y sombras y donde se enumeran los aportes de las grandes figuras de la iglesia a la construcción de la Patria y se reconoce la semilla evangélica que dio lugar a los esfuerzos libertarios. El documento hace también denuncias y señala el abandono pastoral del pueblo en el siglo XIX y las dificultades posteriores a raíz de la intervención norteamericana. Cita la supresión de la oración en las escuelas, la expulsión de las religiosas del trabajo en hospitales y centros asistenciales del Estado y la introducción, en actitud de franca oposición, de sectas o iglesias protestantes de origen norteamericano.

El documento también cita como retos de la época republicana: "la descristianización de las masas, el anticlericalismo y la indiferencia e incultura religiosa", reto ante los que surge en Cuba una intensa labor pastoral y un dinámico laicado poblado de movimientos apostólicos.

El texto reconoce en los primeros 50 años de la República un episcopado de excepción "por su piedad, espíritu misionero y creatividad pastoral". Con la caída de Fulgencio Batista, recuerda el documento los elogios con que la jeraquía católica recibió el triunfo de la revolución. También el proceso de rápida radicalización, la presencia preponderante de marxistas, el ateísmo militante y las crecientes fisuras entre la Iglesia y el Gobierno.

Uno de los carteles del ENEC

Enumera toda una serie de situaciones conflictivas, grupos de choque frente a las iglesias, presentación negativa de figuras eclesiásticas en los medios de comunicación, unificación estatal de éstos, detenciones y expulsión de un obispo y 131 sacerdotes. También la pérdida de estructuras pastorales que tenía la Iglesia y, una vez superada la situación de confusión y desconcierto, el comienzo de otra etapa eclesial en búsqueda de nuevos camino.

"Después de las primeras confrontaciones", dice el documento, "la Iglesia pasó desde una aceptación de la realidad de la Revolución sin antagonizar el proyecto socialista como tal, hasta la coincidencia en los objetivos fundamentales en el campo de la promoción social", como son educación, salud pública, trabajo para todos y satisfacción de las necesidades básicas.

Dedicación y mirada de fe

Las horas de estudio que requiere transmitir un denso documento de casi 200 páginas en un artículo periodístico, nos hace pensar en la dedicación y esfuerzo que ha exigido su elaboración, sobre todo cuando se trata de la labor, no de unos cuantos intelectuales, sino de todo un pueblo en búsqueda.

Una cosa queda clara: el documento presenta ante todo una lectura de la realidad hecha desde la fe. Cualquier otro modo de acercarse a él ha de provocar juicios polémicos o simplemente la sensación de ingenuidad.

Más que quedarse, los católicos de Cuba, en una mirada pesimista, dicen que " ni en la historia pasada ni en la situación presente hemos querido ahondar en miserias propias ni ajenas".

Lo que hacen es ofrecer un signo de esperanza. Lo hacen asumiendo que "el momento presente exige de nosotros mantener un espíritu profético ante los problemas fundamentales, demanda audacia para explorar nuevos caminos, y fidelidad al Evangelio para no contentarnos con lo que podamos realizar cómodamente, ni pretender mantenernos indefinidamente sin ser signos de contradicción en el mundo".

Es la contradicción del Evangelio que asumen al repetir: "Los católicos de Cuba queremos expresar que no obstante las dificultades, vivimos la alegría de darnos al servicio de todos los cubanos nuestros hermanos, para aportar sobre todo aquello que llevamos como un tesoro en un vaso de barro: a Cristo muerto y resucitado que nos ha revelado el amor infinito de Dios y en quien únicamente podemos encontrar la plena y definitiva salvación".

> "...el momento presente exige de nosotros mantener un espíritu profético ante los problemas fundamentales, demanda audacia para explorar nuevos caminos, y fidelidad al Evangelio para no contentarnos con lo que podamos realizar cómodamente, ni pretender mantenernos indefinidamente sin ser signos de contradicción en el mundo".

1986 - Encuentro Nacional Eclesial Cubano
CONSTRUIR LA PATRIA SIN NEGAR SU FE

Al llegar a La Habana me esperaba alguien del Ministerio del Interior. No recuerdo su nombre, pero si recuerdo que miró bien mi pasaporte y no me lo devolvió hasta días más tarde.

Nos esperaba un 'minibus' en el que fui conducida al centro de la ciudad. Me defraudó el paisaje a lo largo del recorrido, mientras junto a mí, el conductor hacía comentarios sobre los cubanos de Miami y sobre lo que decían en las emisoras de radio sobre la reunión de los católicos. Nos bajamos en el Hotel Habana Libre y me dijeron que era obligatorio hospedarse allí. Pero insistí en que yo representaba a un periódico sin medios para pagar lo que pedían de 150 dólares por noche. Al no haber llegado la persona que me hospedaría en su casa, acepté un precio muy reducido para pasar una sola noche en el hotel.

Mi habitación estaba en un piso alto y cuando corrí las cortinas de los ventanales quedé absorta ante una espléndida vista de La Habana con el mar al fondo. Aquella primera panorámica de la ciudad ha quedado grabada en mi mente y en numerosas fotografías que tomé desde allí.

En el salón de entrada del hotel me encontré con el Padre Felipe Estévez, de Miami, invitado al ENEC, quien me facilitó unirme al minibus que transportaba a algunos participantes a la Casa Sacerdotal, sede de las reuniones. Fue entonces cuando conocí a monseñor Carlos Manuel de Céspedes y como tarjeta de presentación le entregué el artículo sobre el Documento de Trabajo del ENEC que había escrito para las páginas de La Voz Católica

Informar sobre aquel Encuentro Eclesial no fue una tarea fácil debido a las limitaciones. Los periodistas no teníamos acceso a las sesiones. Había docenas de cubanos inscritos como periodistas, incluido mi acompañante del aeropuerto, que era del Ministerio del Interior y quien acudía puntualmente a las conferencias de prensa que ofrecía Mons. de Céspedes. Cada día, durante más de dos horas y ante una sala repleta, el sacerdote mantenía absortos a los periodistas haciendo un resumen de las actividades del día y contestando preguntas de todo tipo. Con gran habilidad se escurría ante los temas de corte político o invitaba a que la misma pregunta se la hicieran a alguien del gobierno.

La prensa recibió amplia documentación y estadísticas sobre la Iglesia en Cuba, sobre los participantes y sobre los debates del ENEC. Eran materiales multicopiados en amarillentos papeles y a veces coloreados a mano. Los periodistas podían pedir entrevistas a cualquiera de los participantes y estos salían de los debates para ser entrevistados en una sala preparada para ello.

Pocos lo hacían. La gran mayoría se dedicaba a visitar la ciudad y acudía por la tarde a la conferencia de prensa. A todos se nos permitió estar en el acto de apertura, de clausura, el acto en la Universidad y la recepción en la Nunciatura.También en la velada cultural, las celebraciones organizadas en las parroquias con los obispos visitantes y en la Misa final.

Para mí, el día se iniciaba en mi residencia de la calle Campanario, calentando un poco de agua para asearme en un lavabo construido en un rincón de la sala, detrás de una cortina de plástico. El desayuno consistía en un poco de café en polvo, cuya envoltura llevaba una etiqueta escrita en ruso y un poco de pan. Después caminaba hasta la calle Reina en donde tomaba la 'guagua' que me llevaba hasta el Hotel Habana Libre y allí tomaba otro autobús, por la calle 23 hasta muy cerquita del antiguo convento de las Catalinas, sede del ENEC. Por la tarde hacía el mismo recorrido a la inversa y a veces me quedaba a mitad del camino para captar el ambiente y hablar con la gente, algo que también hice en mis recorridos de autobús.

Entrevisté a muchos de los participantes en el ENEC, laicos, religiosas y obispos invitados y a través de estas conversaciones fui reconstruyendo lo que ocurría dentro. También conversé varias veces con el enviado papal, el cardenal Eduardo Pironio a quien conocía bien desde hacía años. Mi estancia de unos días más en La Habana, después de las reuniones, me ayudó a completar los datos para la cobertura del evento.

Al escribir, 15 años después, esta breve introducción a los artículos que se publicaron en una edición especial del periódico católico de Miami, varias impresiones saltan a mi mente: en 1986 los católicos cubanos estaban resignados a vivir su fe en un país socialista-marxista. Entonces no se vislumbraban los cambios que tuvieron lugar tan sólo tres años después. Detecté miedo y mucha cautela en la gente a la hora de emitir opiniones. Pero se notaba un cierto respiro para hablar de la práctica religiosa y asuntos de la Iglesia. Acababa de ser publicado el libro *Fidel y la Religión*, fruto de las conversaciones de Fidel Castro con el religioso brasileño Frei Betto y la gente se sentía respaldada por las opiniones expresadas por el 'Comandante'.

Recuerdo también el impacto que me causó todo lo acontecido en el Aula Magna de la Universidad de La Habana, en donde, a los católicos, no se les había permitido tener ningún acto desde antes de la Revolución. No olvido la emoción que se palpaba aquella noche mientras Dagoberto Valdés hablaba del padre Félix Varela y mientras el Cardenal Pironio recibía apretados aplausos, también de los representantes del gobierno. Aquella noche, cuando llegué a la calle Campanario y me acosté rendida por el cansancio físico y la intensidad del día, no pude contener las lágrimas. Eran de emoción al recordar los 25 años de purificación y dolor sufridos por los católicos cubanos y sentir que allí se estaban cumpliendo las palabras del Evangelio "pero si el grano de trigo muere... entonces da mucho fruto". Me parecía que, para la Iglesia en Cuba, estas palabras se hacían realidad.

Que la fe no sea aquí un problema

Fidelidad a Cristo y fidelidad a Cuba, dos actitudes para llevar a cabo los trabajos del ENEC

LA HABANA, Cuba (Febrero,1986) - Con un amplio sí al diálogo sincero y realista, a la apertura y al deseo de encarnación y manifestando que ante todo aquellos días serían una celebración de la Iglesia cubana y de su fe, el Presidente de la Conferencia Episcopal de Cuba Monseñor Adolfo Rodríguez inauguró oficialmente el Encuentro Nacional Eclesial Cubano (ENEC) celebrado en La Habana los días 17 al 23 de febrero.

Ante el Cardenal Eduardo Pironio, representante del Papa, los obispos de toda la Isla y otros procedentes de Centroamérica, España y Estados Unidos el obispo de Camagüey dijo que el ENEC adoptaba dos actitudes básicas de fidelidad a Cristo y fidelidad a Cuba.

Con ojos atentos los 181 representantes de las siete diócesis de la Isla siguieron el discurso inaugural del ENEC en la capilla del antiguo convento de las Religiosas Catalinas, hoy convertido en Casa Sacerdotal y sede para las reuniones.

Mons. Rodríguez dijo que el ENEC no buscaba criterios ni principios nuevos por tener los de siempre "los que vienen del Evangelio". Señaló que quería buscar cómo aplicarlos a la realidad concreta de Cuba y brindar a todos "la enorme experiencia de fraternidad, servicio, unidad, alegría y esperanza

El Arz. Pedro Meurice, izq. y el obispo Adolfo Rodríguez salen de la Casa Sacerdotal, sede del ENEC

contra toda esperanza que llevamos 27 años viviendo dentro de la Iglesia.

"Cuando el diálogo todavía no era más que una nostalgia, nuestros cristianos optaron por el diálogo. Optaron por la apertura cuando las puertas parecían estar cerradas, optaron por la evangelización cuando en nuestra pastoral no íbamos más allá del llamado 'testimonio silencioso.

Los obispos cubanos Fernándo Azcárate, izq., José Domínguez, José Siro González y Hector Peña, durante el ENEC

Optaron por la encarnación cuando se decía que la religión no puede formar ciudadanos buenos porque su carácter sobrenatural los hace sospechosos..."

Pero señaló que las reuniones no buscaban un documento deslumbrante ni una simple celebración festiva, sino ante todo un espíritu nuevo.

"De más está decir, que el ENEC tampoco debe pasar a la historia como un juicio, que pertenece sólo a Dios", señaló. Y recordando las lecciones de la historia mencionó épocas "en que pretendimos combatir el error mediante la Inquisición y no dio resultado". Después mediante excomunicaciones en el Indice, (de los libros prohibidos), el Santo Oficio y la apologética, también sin resultado porque "en nombre de la verdad o de la eficacia no se puede abdicar del amor y el amor aventaja siempre al juicio".

Dijo que el ENEC era sólo una etapa intermedia, un nuevo comienzo, una intuición profunda a realizarse en la paciencia de la Iglesia ... Que espera siempre, aún en la noche".

Augurando el clima a desarrollarse en las reuniones, recordó que no podía olvidar "que somos cubanos, hijos de este pueblo educado en tradiciones muy liberales y muy tolerantes, capaz siempre de oír, capaz siempre de atender y de respetar".

Señaló la calidad humana y espiritual demostrada por sacerdotes, religiosas y laicos "capaces de elaborar un Documento de Trabajo como éste que es el mas eclesial y a la vez el menos clerical de nuestra historia cubana" y dijo que ante todo el ENEC era muestra de gran confianza en el compromiso y la capacidad de los laicos.

"Durante estos 27 años la Iglesia cubana ha ido poniendo en las manos de los laicos las cosas mas queridas y más santas : les puso en las manos la Eucaristía para llevarla a los enfermos, la Sagrada Escritura para leerla en la Asamblea, las celebraciones de la Palabra, la economía de las parroquias", fue diciendo.

"Con la misma confianza, la Iglesia cubana les pone ahora en las manos su futuro", comentó Mons. Rodríguez, haciendo referencia a las deliberaciones que se iniciaban aquel día, y que sentarían las líneas pastorales para la evangelización.

A todos pidió como actitud saber reflexionar con la cabeza "pero sin ahogar las razones del corazón".

El obispo señaló que el Documento de Trabajo no contenía espíritu de revancha, de resentimiento o de recriminación. Tampoco "las ganas de insistir en las heridas o el vocabulario férreo, la estrategia fría, la doblez de intenciones, el cálculo egoísta o los compromisos falsos y las normas prepotentes".

Dijo que no había en él "angelismo cándido, triunfalismo vacío, acomodamiento insincero o el optimismo simplista que se pone algodones en los oídos" para encubrir los propios errores o desconocer los ajenos.

Pero además, señaló, que el Documento, elaborado durante un proceso de cinco años de consulta en las parroquias y diócesis de Cuba, "no quiere alentar más el miedo que paraliza, la desconfianza que lastra, la cobardía que disfraza o el complejo que inhibe".

Añadió que el Documento "no cae en el error de reduccionismos en materia de fe, poniéndola al lado, frente a o en competencia con otras ideologías".

Recordó que en el camino recorrido había sido largo y difícil "para una Iglesia con muchos problemas, de

"Durante estos 27 años la Iglesia cubana ha ido poniendo en las manos de los laicos las cosas mas queridas y más santas..."

Mons. Adolfo Rodríguez

sólo 200 sacerdotes, con medios escasos, recursos pobres, elementos sencillos...". Y repitió que el ENEC no aspiraba a una reconquista de poderes, a un rescate de posiciones, favores o privilegios para la iglesia.

El Card. Pironio al micrófono, durante la clausura del ENEC en la que también estuvieron representantes del gobierno.

"La iglesia no quiere otra cosa que el espacio necesario para cumplir su misión, para dar también su juicio ético, moral, no político, aún sobre problemas no estrictamente religiosos, pero sí humanos", lo cual, dijo, no es privilegio sino derecho y servicio.

"La Iglesia quiere anunciar, en franca amistad, su fe a todos los hombres, aún a aquellos que la consideran enemiga, porque ella no quiere sentirse enemiga de nadie... La Iglesia espera que la fe deje de ser aquí un problema, una debilidad o un divisionismo ideológico y que el futuro no se parezca al pasado", añadió.

Mons. Rodríguez apeló al carácter de los cubanos, "capaces de construir cualquier cosa en común" para en común construir el camino del Espíritu en Cuba y "dar palabras de esperanza a los que las pidan, a los que las necesitan y a los que con miras sólo en lo terreno... sienten como que les falta algo". Reconociendo la presencia del Señor en las deliberaciones del ENEC, el obispo invitó a mirar con serena confianza al futuro siempre incierto "porque sabemos que mañana, antes que salga el sol, habrá salido sobre Cuba y sobre el mundo entero la Providencia de Dios".

Pequeña grey en misión
Eucaristías que impulsan el ENEC

Cada día a la misma hora durante las reuniones del ENEC, la capilla de la Casa Sacerdotal convertida en salón de plenarias, recobra su identidad para ofrecer a los delegados un espacio de oración.

La jornada se inicia con el rezo de la Liturgia de las

Horas y a media mañana la Eucaristía centra los anhelos y esperanzas de los trabajos y sirve de marco para la reflexión de cada uno de los obispos cubanos a cargo de la homilía del día.

El Arzobispo de La Habana, monseñor Jaime Ortega, da la bienvenida a todos el lunes 17 y agradece el intenso trabajo de cinco años que precedió al ENEC. También describe a la Iglesia que está en Cuba como "pequeña grey que no exhibe cifras deslumbrantes, que no habla ni quiere hablar en clave sociológica o de poder, que no pide prestado el vocabulario de la filosofía o de la teología al uso, para expresar su perenne vocación de servicio, que no pretende ninguna originalidad, más que la de ser totalmente fiel a la novedad estremecedora del evangelio: que en fidelidad al mensaje y al estilo de su Maestro y Señor, desea proclamar con toda claridad, a nuestros contemporáneos, que no estamos aquí para condenar, sino para salvar".

Mons. Ortega señala, que la Iglesia en Cuba no se pregunta qué tiene que hacer "porque lo sabe", sino cómo hacerlo según el querer de Dios "para esta hora de la historia". Añade que la comunidad eclesial aquilata los signos positivos que se han repetido, provenientes de las autoridades de la nación... pero no funda su confianza en ningún tipo de arreglo negociado, sino en el Dios de la historia "que nos invita a un diálogo realizado en la verdad y por amor a la verdad".

Miembros del coro durante la clausura del ENEC

Amor que se hace servicio
La vida religiosa en Cuba

Desde tempranito, cada mañana, durante las reuniones del ENEC, la religiosa Ada Rodríguez se mantiene fiel a su puesto, vigilando la entrada a la zona reservada sólo para los delegados en la Casa Sacerdotal P. Félix Varela. Varios voluntarios se turnan para la labor, dada la tenacidad de los periodistas que andan a la caza de noticias, y de delegados.

Para cumplir su tarea estos días Sor Ada confiesa que ha tenido que cambiar totalmente su estilo de vida, ya que, para la joven religiosa de las Siervas de María, las horas del día son siempre las del descanso. Como tantas otras religiosas en Cuba, Sor Ada pasa las noches cuidando enfermos y así realiza lo que uno de los delegados describió en los debates como el "diálogo del servicio amoroso".

Hna. Carmen Comella RSC

Hoy en Cuba, de las 240 mujeres consagradas, una gran mayoría realizan servicios asistenciales, cuidando enfermos, ancianos, leprosos u otros minusválidos en centros de la Iglesia o del gobierno. Otras se dedican a la animación pastoral en parroquias y existen dos comunidades de religiosas contemplativas de clausura (Catalinas y Carmelitas) y también están las Hermanitas de Jesús, contemplativas en el mundo.

Las seglares consagradas que pertenecen al único Instituto Secular presente en Cuba, Las Oblatas, están insertas en el mundo del trabajo.

En la ponencia del ENEC sobre vida consagrada en Cuba, las aportaciones indican el deseo de "una mejor repartición de los consagrados en las diversas diócesis y una mayor presencia en los centros estatales de asistencia social".

En una entrevista con La Voz, la hermana Carmen Comella, religiosa del Sagrado Corazón, dijo que las religiosas habían conscientemente sacrificado la profundización en el tema de Vida Consagrada, para dar más tiempo al tema del laicado, "ya que nosotras podemos más fácilmente continuar la reflexión después".

Durante la entrevista, la religiosa habló de su experiencia de la Iglesia en Cuba y dijo que "los años de dificultades y silencio han hecho una Iglesia más pobre, más sencilla, donde se sacrifica cualquier cosa por preservar la unidad". Señaló que, en términos evangélicos, el proceso de la Iglesia en Cuba es muy positivo aunque en comparación con Latinoamérica resulta una Iglesia conservadora "por la falta de comunicación con el exterior y la imposibilidad de que leamos teología o espiritualidad".

El gobierno no permite la entrada en Cuba de libros o revistas católicas, con la excepción del periódico del Vaticano, *L'Osservatore Romano*.

Pero la religiosa cubana mira con optimismo el futuro y cree que hay posibilidad de vocaciones. De momento se están dando más para las obras asistenciales "porque juegan un papel muy importante en el contacto con el pueblo". También los Institutos Seculares, "porque no tienen vida de comunidad, permanecen con sus familias y están insertas en el mundo del trabajo".

Un problema es el desconocimiento de la vida religiosa por parte de la juventud "especialmente en la Provincia de Oriente donde somos muy pocos". También existe "la oposición por parte de las familias", y el que a la hora de elegir, una joven no distingue entre los diferentes carismas. "Le da igual, ya que lo que le atrae, más que la consagración a Dios, es la labor por hacer". Con todo, la Hna. Comella dice que "vale la pena estar aquí".

> *"Para plantearse el regreso a Cuba una religiosa debe estar dispuesta a pasar por la Cruz, por el cambio de vida que esto exige".*
>
> Hna. Comella

Ella misma regresó a Cuba hace tres años, después de más de 24 fuera, "porque sentí, como cubana, que tenía que hacer algo". Como tantos otros grupos en Cuba y después de la confiscación de los Colegios, por parte del gobierno, las religiosas del Sagrado corazón salieron del país en 1962.

"Teníamos una superiora general española y demasiado cercana a la experiencia de la guerra civil allí", dice. La religiosa cubana señala que eran otros tiempos y "quizás no se podía tener la visión que hemos tenido en otros países más recientemente". Según las estadísticas de 1960 el número de religiosas en Cuba era entonces de 2,225, comparado con unas 200 hoy.

Hasta 1983 la Hna. Comella fue feliz enseñando en la Universidad de Puerto Rico, pero sintió que tenía que volver. Sabía que significaría un cambio. Pero dice que nunca imaginó que sería tan grande. Allí eran varios grupos y 70 religiosas, con posibilidades de visitas, salidas, lecturas. Ahora son una comunidad de cuatro en Santiago de Cuba.

Dice que "para plantearse el regreso a Cuba una religiosa debe estar dispuesta a pasar por la Cruz, por el cambio de vida que esto exige". Señala que "aquí no se pasa hambre y el servicio de salud es excelente, pero la vida es muy austera" y sin el acceso a las escuelas no existen los medios de otros países para la evangelización. Pero señala que el campo de acción es grande y el pueblo muy abierto,"te invita a ser cercano y a vivir tu fe sin pretender la sacramentalización inmediata".

Dice que se palpan valores muy humanos, también que hay gente que no practica simplemente por miedo. En su corta experiencia de tres años dice que ha visto "unos adelantos increíbles. Algo está cambiando aquí".

Otra religiosa, la hermana Fara González, ve su misión en Cuba como presencia de la caridad de Cristo que no tiene excepciones. Ella es superiora de un hogar de ancianos que llevan las Hijas de la Caridad y dice que no es fácil el explicar el deseo de presencia en una sociedad atea, sobre todo a quienes viven en otros contextos

"Si hablamos sólo de las dificultades nos consideran una Iglesia mártir", dice. "Si decimos lo positivo y las cosas buenas de la revolución, consideran que nos hemos dejado influir por el comunismo... y es que hay otro lenguaje, otra realidad", explica. "Nosotros tenemos que vivir aquí, querer a la Patria".

Presente toda Cuba
Estadísticas del ENEC

Los delegados al ENEC son 181.

De estos 115 o un 63.53% son hombres y 66,o un 36.46% son mujeres. Los laicos son 110 (60.77%) y los sacerdotes: 47 o un 25%, incluídos los obispos y 8 religiosos. Las consagradas: 22 (12.15%) y dos hermanos.

De los 115 hombres: 66 son laicos:12 solteros y 54 casados.

Los sacerdotes diocesanos son 39. Hay 8 sacerdotes religiosos y dos hermanos.

De las 66 mujeres: Son solteras 22. Son religiosas 22. Son casadas 22 y son viudas 3.

De los 7 matrimonios: Cuatro son de La Habana y uno por cada una de las diócesis de Pinar del Río, Matanzas, y Cienfuegos–Santa Clara.

La distribución por diócesis fue prevista por la Comisión Central, que tuvo en cuenta la proporción de fieles practicantes en cada una. Además en cada una se agregaron los delegados designados por las Comisiones Episcopales, la Confederación de Religiosos y los dos seminarios. Según este criterio, las diócesis estuvieron representadas por: La Habana: 71 (7 designados); Cienfuegos-Santa Clara: 22 (1 designado); Santiago de Cuba: 22 (1 designado); Camagüey: 17; Matanzas: 17 (2 designados); Holguín: 16 (1 designado); Pinar del Río: 16 (1 designado).

Edades: el promedio total es 41,2 años. Los hombres 41,2 y las mujeres 41,3. Los más jóvenes, dos tienen 18 años. Dos tienen 72 años. Sin darse grandes diferencias ni por sectores ni por diócesis.

El promedio de los laicos es el más joven: 37,5 comparado con un 45,9 de los sacerdotes (los religiosos un 40,7 y los diocesanos 48,2. El promedio de edad de los hermanos religiosos es 51 años).

De las mujeres, el promedio de las seglares es 39,3 años y 45, 9 las religiosas.

Según la pirámide de edades, la mayoría de los asambleístas, 109 están entre los 30 y 50 años de edad. Tres son menores de 20 años y 9 mayores de 60. Hay más mujeres que hombres menores de 30 años.

Ocupación civil: Técnicos medios (contadores y auxiliares), 36. Ingenieros, en su mayoría electrónicos, 26. Licenciados en distintas ramas científicas,15. Además: 18 profesores, un músico, 3 en medicina y una trabajadora social. Estudiantes universitarios,7; obreros,5; empleados, 3; amas de casa,3; campesinos,1.

Compromiso eclesial:

• Laicos: (No todos las especificaron; muchos realizan varias tareas: En catequesis: 30; pastoral matrimonial: 25; pastoral juvenil: 17; pastoral de adolescentes: 8; apostolado seglar: 10.

• Clero: 27 párrocos, 6 vicarios generales, 6 vicarios pastorales, 4 en formación de seminaristas.

Cita en la Universidad con el padre Félix Varela

El padre Félix Varela fue inspiración constante de los trabajos del ENEC, pero durante la 'peregrinación' de los delegados al Aula Magna de la Universidad de La Habana, en donde descansan sus restos, parecía que él mismo estaba allí,

"Para honrar a un hombre entero hemos venido aquí... para seguir sus pasos", dijo con fervor uno de los delegados el ingeniero Dagoberto Valdés, ante los dignatarios y participantes en el evento histórico.

Iluminados por una gran lámpara, obsequio a la Universidad del fallecido cardenal de Cuba, monseñor Manuel Arteaga, unas 300 personas escucharon al historiador de la universidad el Dr. Delio Carreras, quien sin utilizar apunte alguno, recordó toda la historia de la Universidad y sus relaciones con la Iglesia, no sólo en sus orígenes como institución eclesiástica del siglo XVIII, sino también después de su secularización, tanto por la presencia de estudiantes y profesores católicos como él mismo, como por el continuo interés de la Iglesia por la cultura. Y señalando la enorme lámpara, el conferenciante recordó positivamente los aportes del Card. Arteaga, a quien, según comentarios posteriores, hoy se le mira en Cuba con nueva luz por su 'cubanía', su preocupación por la promoción de vocaciones nativas y su gran valoración del laicado, mucho antes del Concilio Vaticano II.

El rector de la Universidad, Dr. Fernando Rojas entregó al cardenal Eduardo Pironio el sello de la Universidad y un libro sobre enseñanza superior en Cuba. El Cardenal, a su vez, improvisadamente, expresó sus mejores votos por Cuba, por su desarrollo cultural, social y humano.

"Por la Iglesia en Cuba", dijo con fuerza y no sin cierta emoción. "A fin de que al ejemplo del padre Varela siga siendo auténtica a sí misma en la proclamación de la fe, y al mismo tiempo en el servicio de los hombres, los hermanos, sobre todo a los más pobres y necesitados".

Después de un intercambio de saludos con el embajador de Cuba ante la Santa Sede y el Dr. José Felipe Carneado, encargado de Asuntos Religiosos del Comité Central del Partido Comunista, el acto finalizó con el canto del himno nacional.

Cenotafio, en la Universidad de la Habana, en donde reposan las cenizas del padre Félix Varela

Velada Cultural en el Seminario

A pesar de lo avanzado de la hora, la jornada del miércoles 19 continuó con una velada cultural en el Seminario de San Carlos y San Ambrosio, cuyo patio central había sido convertido en salón de actos al aire libre.

El grupo Nueva América durante la velada cultural en el Seminario de La Habana

Sobre una pequeña tarima fueron desfilando discursos y canciones, también a cargo de grupos atendidos por el Ministerio de Cultura y cuyos artistas son católicos prácticos "y no de manera diluída, sino muy comprometidos, como explicó después el Secretario de la Conferencia de Obispos, Mons. Carlos Manuel de Céspedes. Citó el caso del grupo Nueva América, nacido en el coro parroquial de Cárdenas, en Matanzas, bajo la recientemente fallecida compositora cubana Perlita Moret, formadora musical de aquellos jóvenes y del actual director del conjunto musical.

Bajo las estrellas cubanas, aquellas estrellas nacientes, formadas en un nuevo contexto cultural, llenaron el aire con sus mensajes. Los rostros eran jóvenes y su repertorio en parte de la 'nueva trova' era un signo de esperanza lanzado al viento:

"Qué pasaría si un día de repente las cosas fueran de otra manera, si el sol no se instalara fuera, cuando la noche de repente muera…."

"A los que luchan siempre, atrevidamente me atrevo a dar la canción de un cristiano… soy de todas partes, soy de los que vamos haciendo el primer carro donde monte el porvenir".

"Qué pasaría si un día de repente las cosas fueran de otra manera, si el sol no se instalara fuera, cuando la noche de repente muera…".

En aumento el número de católicos en Cuba
Según las estadísticas diocesanas

Según el número de familias que piden un entierro católico en el Cementerio de Colón un 56% de la población de La Habana podría considerarse católica.

Del número total de nacimientos en Cuba un 40 por ciento solicitan bautizo católico y dado que hace 30 años la gran mayoría de las personas se bautizaban católicas, monseñor Carlos Manuel de Céspedes calcula que un 70% de la población de Cuba está bautizada católica.

En La Habana el número de bautizos para gente de todas las edades ve en aumento. En 1969 los bautizos fueron 7,000 y en 1984 han sido 13,000 a pesar de que la tasa de crecimiento se ha reducido notablemente, según dijo Mons. De Céspedes.

La Iglesia en Cuba cuenta con 200 sacerdotes, 1 por cada 50,000 cuando el promedio en el mundo es de 1 por 14,000. Pero el presidente de la Conferencia de Obispos, Mons. Adolfo Rodríguez, dice que en Cuba cada sacerdote vale por dos. Lo mismo dice de las religiosas que son unas 200.

La prensa no fue invitada
Pero estuvo presente

Aunque la prensa no fue invitada oficialmente al ENEC fue bien recibida.

Los periodistas extranjeros tuvieron que agenciárselas personalmente para conseguir visa de entrada al país.

Una vez en La Habana, el ENEC les concedió acreditación sólo para las actividades públicas y para las conferencias de prensa diarias con el secretario de la Conferencia de Obispos Cubanos, Mons. Carlos Manuel de Céspedes, que a veces duraron más de dos horas.

Además, un equipo de ENEC estuvo al servicio de los periodistas para que pudieran concertar citas y entrevistar a quienes deseasen de los delegados, obispos o invitados cada día y preguntarles de todo.

El número de periodistas acreditados, (prensa, radio y TV) fue de 110: (Cuba 59, Europa 27, EE.UU 12, Hispanoamérica 10, Australia 1. Palestina 1).

Un santo para Cuba
Ya se ha iniciado el proceso

Los aplausos no se dejaron esperar cuando al finalizar el ENEC se anunció que pronto, quizás, el padre Félix Varela Morales sea el primer santo cubano. El proceso iniciado en el tribunal eclesiástico de San Cristóbal de la Habana ha de indagar sobre la vida y virtudes del insigne sacerdote nacido en la Habana en 1788.

Los delegados, en su mensaje final al Santo Padre, le agradecieron la noticia reconociendo que "el padre Varela es uno de los más grandes hombres de la Patria y uno de los más fieles hijos de la Iglesia en Cuba. Con qué renovada fuerza recordamos hoy, dijeron los delegados, el mensaje que nos dejara como testamento espiritual al decirnos que 'no hay patria sin virtud ni virtud con impiedad'. En nombre de todo los cubanos reciba usted nuestra profunda gratitud".

Aplausos durante el ENEC

El único camino es el diálogo
Señala el representante papal

No es la primera vez, que el Cardenal Eduardo Pironio visita Cuba, pero esta vez vino como representante papal para presidir las reuniones del Encuentro Nacional Eclesial Cubano (ENEC) celebrado en esta ciudad los días 17 al 26 de febrero.

El Cardenal no sólo tuvo intervenciones formales como enviado del Papa sino que también participó en las sesiones de trabajo del ENEC. Al concluir todos los actos y antes de iniciar una gira pastoral por las diócesis de

Cuba, Mons. Pironio conversó sin prisas con La Voz, en su residencia de la Nunciatura en La Habana, como huésped de pronuncio apostólico Mons. Giulio Einaudi.

Para evangelizar en su país los católicos de Cuba tienen que hacer como Jesús: salir a la calle, ir caminando con la gente y ponerse a conversar. Es así como el obispo argentino resume el compromiso de diálogo y encarnación que quiere vivir hoy la Iglesia en Cuba.

"Entender el diálogo como lo entiende la Iglesia y quitarle todo sentido de oportunismo, concesión, proselitismo..."
Card. Eduardo Pironio

Dice que después de muchos años de purificación y de martirio la Iglesia cubana siente con fuerza que tiene que cumplir su misión evangelizadora en un nuevo contexto cultural, en el que carece de los medios normalmente accesibles en otros países, como son la educación y los medios de comunicación. Por eso subraya que para cumplir su misión en Cuba, "el único camino para la Iglesia es el diálogo".

Además señala que las circunstancias van mostrando que "por caminos de choques y de condenas no se llega absolutamente a nada".

Subraya que la actitud de una iglesia que se pone en diálogo no es nueva ni reciente, sino algo muy propiciado desde el Concilio Vaticano II. Añade que a través de un diálogo "que se pretende sea sincero y honesto", se trata no solo de conservar la iglesia sino de que esta pueda realizar su misión evangelizadora, "porque de lo contrario la Iglesia se ve reducida a encerrarse en el templo y a alabar a Dios".

El Cardenal sabe que el diálogo tiene sus riesgos ya que él mismo los vivió en su país cuando era obispo de Mar del Plata en Argentina, situación que le valió amenazas de muerte y la salida definitiva de su patria, para ocupar un puesto en el Vaticano. En su entrevista, el Cardenal señaló con fuerza que el diálogo supone una fidelidad muy grande a la propia fe. "No se trata de encubrirla o disfrazarla, sino que entrar en el diálogo es algo que los católicos cubanos están viviendo desde que se inició el proceso de reflexión para el ENEC, hace cinco años. Se trata de vivir una situación de encarnación para poder anunciar el mensaje de salvación".

Para muchos, la palabra diálogo se une a los recientes encuentros de los obispos cubanos con el gobierno de Cuba, pero el Cardenal señala que no se sabía que los encuentros con el gobierno tendrían lugar.

El Cardenal dijo que hay que "entender el diálogo como lo entiende la Iglesia y quitarle todo sentido "de oportunismo, concesión, proselitismo... porque se trata de entrar en comunicación para identificar valores fundamentales".

Para Mons. Pironio, saber dialogar es una exigencia de todo católico y no sólo en Cuba.

"Es exigencia de las personas y de los grupos de toda la Iglesia, porque si la Iglesia quiere realmente evangelizar tiene que hacer como Jesús: salir a la calle, ir caminando con la gente y ponerse a conversar".

Con tono pausado y eligiendo muy bien la palabras, el Cardenal dijo que el deseo de la Iglesia de estar presente en la 'nueva cultura' que surge en Cuba "no significa querer canonizar un sistema de ideología marxista-leninista, sino entrar en comunicación con el pueblo que tiene fuertes raíces cristianas". Señaló que no se puede imponer la fe desde afuera ni tampoco dar lugar a que la evangelización de la cultura aparezca como una asunción por parte de la iglesia de una cultura esencialmente atea.

Sin ignorar las dificultades reales para ello el Cardenal dijo que es importante que los católicos en Cuba participen en la construcción de la sociedad ya que "sería terrible" que los cristianos se mantuviesen al margen. "Entonces, por no colaborar con un sistema, nos exponemos a que la sociedad se estructure definitivamente aquí sin un aporte elemental cristiano", comentó.

Usando las mismas palabras del Documento de Trabajo del ENEC, Mons. Pironio recordó que la fe no es una ideología política y que puede por tanto vivirse en cualquier situación y bajo cualquier régimen político. Hizo referencia a otras situaciones en el mundo y añadió que de la misma manera que los católicos en otros países, sin identificarse con sus gobiernos de distintas

El cardenal Pironio recibe aplausos en el Aula Magna de la Universidad de La Habana. A la derecha Felipe Carneado, de la Oficina de Asuntos Religiosos

tendencias, colaboran con proyectos de construcción de la sociedad desde su motivación cristiana, "así también en Cuba los católicos no sólo pueden sino que deben contribuir con su aporte, desde su trabajo profesional o en el campo, para ayudar a que se vaya construyendo una sociedad por lo menos elementalmente humana".

Señaló también que es parte del diálogo de la Iglesia con los gobiernos "tratar de hacer comprender que no hay que destruir la religión para construir la sociedad... ¡Eso es absurdo"!

En la actualidad Mons. Pironio es presidente del Consejo Pontificio para los Laicos y dice que al Papa y a la iglesia universal le interesa saber qué está pasando en Cuba en este último tiempo "en que pareciera que algo se está moviendo".

Durante su entrevista con La Voz dijo que no había traído otra misión más que el encargo del Papa de acompañar y animar a los obispos, sacerdotes y comunidades de Cuba, en un momento no fácil y de búsqueda".

Confirmó que había tenido un breve encuentro privado con Fidel Castro durante el cual conversaron sobre Latinoamérica.

"No he traído ningún mensaje sobre la posible visita del Papa a Cuba", añadió. Dijo que dicho viaje tendrá lugar cuando se den lo condiciones propicias".

Amor a Cuba y comprensión
Pide el Card. Pironio a la diáspora cubana

El cardenal Eduardo Pironio ha pedido a los católicos cubanos que residen en el exterior amor a la Iglesia y comprensión.

"Sigan amando a la Iglesia y traten de comprender la situación concreta que se vive aquí".

Durante una entrevista con La Voz, el enviado papal señaló que "la Iglesia en Cuba sin renegar de su fe y sin perder su identidad cristiana busca un estilo de vida que pueda ser una puerta abierta a la evangelización".

Pidió a todos los cubanos católicos fuera de la Isla "amor a la Iglesia y comprensión y por consiguiente a que no enjuicien fácil o superficialmente desde afuera si no están viviendo la presente situación de la Iglesia en Cuba".

Rostro de Dios para todos los cubanos

Concluye la Iglesia en Cuba un Encuentro Eclesial que marca nueva etapa en su historia

ANALISIS

LA HABANA, Cuba. Después de 27 años bajo un gobierno que se profesa oficialmente ateo y rechaza la religión, católicos representantes de las siete diócesis de Cuba han aceptado el riesgo de ser rostro de Dios para todos los cubanos y de demostrar con los hechos que, en la Cuba de hoy, se puede construir la Patria sin tener que negar a Dios.

¡Cuba! ¡Cuba! gritaban con entusiasmo unas 5,000 personas que se apretaban subidas en los bancos y hasta en los confesionarios de la catedral de La Habana para ver algo durante la clausura del Encuentro Nacional Eclesial Cubano, ENEC el pasado 23 de febrero.

Y junto a los gritos patrióticos, el sonido de los altavoces que, con permiso del gobierno, se habían proyectado hacia la plaza, también se oían resonar en las cercanías del templo los cantos a Dios y el deseo de los católicos de" ser tu Iglesia, ser tus manos, tu luz y tu imagen".

Y así habrá de ser, porque en un país donde la Iglesia ha visto limitado su campo de acción al interior de los templos, sin acceso a las escuelas ni a los medios de comunicación, la acción evangelizadora que hoy se propone tendrá que depender fuertemente de la presencia de los católicos en la 'nueva sociedad' que surge en Cuba. Para los delegados que participaron en

Desde el muro de la Catedral, dos jóvenes siguen la Misa de clausura del ENEC

el ENEC, el compromiso no resultaba algo nuevo.

"Nosotros no nos hemos alejado de la sociedad, siempre hemos estado presentes", dijo Juan Urquijo Perdomo durante una entrevista. "No es que ahora empecemos, sólo que ahora lo hacemos como cuerpo y más conscientes", añadió el ingeniero químico de Cienfuegos, padre de tres hijos.

Los delegados trabajan en grupos en el patio de la sede del ENEC

Elisa Martínez Quiñones es maestra de quinto grado y recientemente presentó una ponencia en el congreso cubano 'Pedagogía 86'.

"La gente piensa que aquí, quien tiene fe no puede funcionar en el campo científico o educativo... pero nos ven como profesionales y esto les cuestiona", comentó durante una conversación en un receso del ENEC. Su esposo, Carlos Pulido Collazo, también delegado de Cienfuegos, dice que el compromiso de los católicos demuestra que la fe no es alienante "pues es la fe la que nos impulsa a luchar más por nuestros hermanos, a cooperar más en las necesidades de nuestra patria".

También reconoce 'que él mismo no pensó siempre así y que ha necesitado el paso de los años, leer los documentos del Concilio Vaticano II y renovar su formación católica.

Una realidad difícil

El programa presentado durante el reciente Congreso del Partido Comunista Cubano pide que no se discrimine a los creyentes por razón de su fe. También elimina toda mención del ateísmo.

Pero durante su entrevista, Martínez subrayó que la realidad es otra "porque aunque en los papeles tenemos derecho a no ser discriminados, en la práctica existe una fuerte lucha ideológica".

Durante la sesión de apertura la joven de 18 años Jenny Cecilia Navarro, de Santiago de Cuba leyó un

mensaje de los laicos al ENEC, en el que no se ignoran las dificultades:
"Para nadie es un secreto que vivimos una época de tensiones ... se impone la necesidad del amor ... es preciso que el hombre pueda estar seguro del hombre..." dijo. "Y a pesar de todo", añadió, "Dios ha querido que nosotros vivamos y trabajemos en una sociedad socialista y es en ella donde estamos llamados a evangelizar... Las ideologías no son para nosotros barreras infranqueables para el amor al prójimo".

Pero la opción evangelizadora de la Iglesia cubana no consiste sólo en las palabras bonitas de los discursos y de unos cuantos delegados. Durante ocho días, 181 representantes de las siete diócesis de Cuba trabajaron sobre un documento de 173 páginas que, siguiendo la metodología 'ver, juzgar y actuar,' examina la historia de la evangelización en Cuba y la realidad presente después de 27 años de revolución; presenta principios teológicos para evaluar tal realidad desde la fe, y ofrece pautas para la acción evangelizadora .

Desde la Plaza de la Catedral el pueblo sigue la misa de clausura del ENEC

El Documento había sido elaborado a lo largo de un proceso de 5 años de reflexión (REC) y de consulta con todos los católicos en diócesis y parroquias en un esfuerzo de aplicar la doctrina del Concilio Vaticano II y de las reuniones de los obispos latinoamericanos en Medellín y Puebla, al contexto de la Iglesia en Cuba.

Tres afirmaciones aprobadas por unanimidad al comienzo de las sesiones del ENEC resumen el enfoque de los trabajos y también el contenido de los debates:
• Una evangelización en Cuba y para Cuba.
• Una opción por ser signo de reconciliación y diálogo en medio del pueblo cubano.

• Una búsqueda de nuevos caminos para la evangelización en Cuba y para Cuba.

En Cuba y para Cuba

El ENEC ha reconocido que Cuba ya no vive una situación de cristiandad.

Casi 500 años de cultura cristiana, aunque mezclada con elementos sincréticos de religiones africanas, se han encontrado con 27 años de materialismo ateo y el resultado es "una nueva cultura" en la que los católicos buscan cómo evangelizar.

"Hemos visto estos días que a medida que la Iglesia se mantuvo cercana al pueblo su labor evangelizadora fue eficaz", explicó a la prensa monseñor Carlos Manuel de Céspedes, secretario de la Conferencia Episcopal Cubana.

Y junto a la búsqueda de cercanía al pueblo, el deseo de testimoniarle su fe y ofrecerle su servicio.

"Todos los cubanos somos hermanos", dijo Jenny Navarro. "Ofrecemos a este, nuestro pueblo, la participación más sincera y desinteresada en la edificación social".

Pero el Documento de Trabajo indica que existen desconfianzas y a través de él todas las diócesis de Cuba han expresado que se percibe reserva "por parte de los dirigentes administrativos y políticos a quienes les resulta difícil comprender la existencia de católicos fieles a Dios y a la Patria.

El obispo José Domínguez de Matanzas, en 1986

"No estamos aquí para cambiar los gobiernos, sino para funcionar donde esta la Iglesia", dice el obispo de Matanzas Mons. José Domínguez. Y ante los interrogantes que plantea un futuro de colaboración entre cristianos y marxistas en Cuba, el presidente de la Conferencia Episcopal, Mons. Adolfo Rodríguez señala serenamente: "En Cuba todos somos seres humanos y todos somos cubanos: nadie lo es más que el otro o antes que el otro".

Entrevistado en Roma durante su participación en el último Sínodo Extraordinario, el obispo de Camagüey dijo que "sin compromisos ideológicos, sin renunciar a lo que es irrenunciable y respetando la propia identidad, creo que se puede pensar de modo diferente y al mismo tiempo trabajar juntos por el bien de todos los hombres y de todo el hombre".

Reconciliación y diálogo

Durante el Sínodo en Roma Mons. Rodríguez también dio gracias al Concilio Vaticano II por no haber hecho condenas a nadie. "Las condenas recíprocas no hacen más que añadir leña al fuego", dice. "Jesús ha venido a derribar los muros de separación".

Y es precisamente esa actitud de reconciliación y diálogo la que se respiraba por doquier durante el ENEC.

El Arz. Pedro Meurice de Santiago de Cuba durante una entrevista en la sede del ENEC, 1986

En Cuba no se habla de Teología de la Liberación y cuando sale el tema es para hacer aclaraciones. A la prensa se le dice que no es la teología de Cuba porque los cambios en la sociedad cubana no han llegado a través de esa inspiración bíblica.

En Cuba se habla de la Teología de la Reconciliación, según la expone allí el sacerdote P. René David, y no como rechazo o alternativa a la citada teología latinoamericana, sino como más fiel expresión del proceso de Cuba y del deseo de esa Iglesia de ser comunidad reconciliada y reconciliadora en medio de la sociedad.

De ahí también la insistente opción de los delegados de "dejar atrás tonos amargos y juicios condenatorios", aunque saben que tal actitud ya les ha valido críticas.

"...no hay derecho a dudar de nuestra fidelidad a Jesucristo. Durante 25 años hemos sido discriminados por serle fiel y ahora algunos hermanos de fuera están llamándonos traidores al Señor y a la Iglesia".

Arz. Pedro Meurice

"Nos consideraban una Iglesia de mártires y ahora algunos dicen que somos una Iglesia de traidores", dice Mons. Pedro Meurice, arzobispo de Santiago de Cuba. "Nos llaman colaboradores de Fidel Castro porque hablamos de reconciliación".

Para el Arzobispo cubano la reconciliación y el diálogo alcanza también a los cubanos en el exterior y tiene mucho que ver con el lenguaje, porque "después de 23 años de vivir el marxismo las palabras no significan las mismas cosas. Dice que "hay falta de comunicación y heridas pero no hay derecho a dudar de nuestra fidelidad a Jesucristo. Durante 25 años hemos sido discriminados por serle fiel y ahora algunos hermanos de fuera están llamándonos traidores al Señor y a la Iglesia".

Pero más allá de las actitudes de fondo y de los deseos de ser Iglesia misionera, orante y encarnada está la vida. Y en la vida siguen las mismas situaciones.

> *"Aunque la constitución no apoya tal actitud, existe discriminación contra los laicos con respecto a su participación en el país, porque los prejuicios nunca se corrigen por decreto".*
>
> Mons. Carlos Manuel de Céspedes

Nuevos caminos

"La construcción de la sociedad es un deseo de los católicos, pero depende de la oportunidad que se les dé", comentó Mons. Céspedes durante una entrevista. Dijo que existen dificultades que se podrían resolver con la voluntad del gobierno cubano.

• En el campo de la educación, y señalando lo positivo de su democratización, indicó el deseo de la Iglesia por una educación que no hiera la sensibilidad de ningún tipo de cubano y de la conciencia que reciben en el hogar.

"No pretendemos que se enseñe religión, pero sí al menos que la información sea científica y culturalmente válida". Dio como ejemplo el libro de historia de quinto grado que afirma que la persona de Jesús es fruto de un rumor iniciado en el siglo II, "Lo cual es ciertamente un disparate histórico".

• En el terreno de las desconfianzas mutuas dijo que se ha dudado "de la motivación de los cristianos y su capacidad de respetar otros modos de pensar". Añadió que "aunque la constitución no apoya tal actitud, existe discriminación contra los laicos con respecto a su participación en el país, porque los prejuicios nunca se corrigen por decreto".

• En cuanto a los medios de comunicación, expresó el deseo de la Iglesia de tener algo más que la actual hoja dominical Vida Cristiana y un mayor acceso a una información objetiva en los medios del Estado sobre la actividad religiosa.

Otros aspectos aprobados durante los debates para incluir en el documento final y cuya realidad dependerá también de la voluntad del gobierno son:
* El acceso de los católicos a la totalidad de los programas de estudios universitarios.
* La posibilidad de instaurar en Cuba el Diaconado Permanente.
* La entrada al país de agentes pastorales del exterior, aunque no de manera masiva para no cambiar la fisonomía de la Iglesia.

Otras propuestas en vista a una evangelización más efectiva incluyen: mejor planificación y evaluación del trabajo pastoral; estructuración del Apostolado Laical, (ASO); atención a la religiosidad popular; creación de una comisión de cultura; formación y desarrollo de una espiritualidad laical.

"El ENEC será un logro en la medida en que logremos insertarlo en la vida", dijo Mons. Céspedes. "El tiempo es quien lo dirá porque la Iglesia no es un satélite aislado sino parte de la sociedad".

Fachada de la catedral de la Habana durante el ENEC, 1986

Signo de esperanza

"Pensaba encontrar templos vacíos y encuentro una Iglesia que ha sido reducida pero que está viva en su misión", dijo el sacerdote cubano Octavio Cisneros, de Nueva York, quien se encontraba en Cuba visitando a su familia y fue invitado al ENEC.

"Estoy muy orgulloso de los obispos de Cuba, de su paciencia. A pesar de vivir una situación difícil, los católicos aquí no se sienten derrotados", comentó el Arzobispo de San Antonio, TX, Mons. Patricio Flórez, que representó a la iglesia norteamericana.

"He visto una Iglesia capaz de cuestionarse a si misma y plantearse su misión en una situación nueva", dijo el Arzobispo de Santo Domingo, Mons. Nicolás López, también invitado al Encuentro.

Para Mons. Enrique Hernández, obispo de Caguas,

P.R. era la primera visita a Cuba y quedó impresionado por el impulso de los laicos y su decisión de compartir la fe en situaciones adversas.

Cesar Palacios, representó a los laicos de Colombia y dijo que "a partir de ahora se hablará de Medellín, Puebla y La Habana". Y Mons. Marcos McGrath, Arzobispo de Panamá señaló que con el ENEC, la Iglesia en Cuba pasa de ser una Iglesia de mantenimiento a ser una Iglesia en Misión".

También participó como invitado el religioso Joao Edenio Rey Valle, vicepresidente de la Conferencia Latinoamericana de Religiosos (CLAR) quien dice haber visto en Cuba una iglesia en la línea del Evangelio "que ha sido despojada y que en su pobreza ha recibido la fuerza liberadora de la Palabra de Dios".

El padre Felipe Estevez, de la Arquidiócesis de Miami, durante la Misa de clausura del ENEC

Señala que, como la Palabra de Dios es misionera en su esencia, por eso se inicia para Cuba una etapa de misión. "La Iglesia aquí ha aceptado el reto de testimoniar su propia conversión al Evangelio, en medio de una sociedad que ya no es cristiana", dice el sacerdote. Por eso tiene que dialogar con la nueva cultura secularizada y atea que se presenta hostil a lo religioso.

Esta opción de presencia en la sociedad, según el sacerdote brasileño, tiene un significado grande para América Latina. Porque según su experiencia con la juventud, Cuba presentaba su revolución como la solución y el modelo para Iberoamérica, "donde se buscan cambios sociales sin encontrar caminos". Y dice que al mirar a Cuba, los cristianos se preguntaban "¿dónde están los católicos y la Iglesia en todo esto"?

Por eso señala que el ENEC y su opción de evangelizar "esta nueva cultura nos llena de esperanza. Veo estos días que la Iglesia aquí encuentra su identidad de Evangelio y su posición de diálogo y de servicio en esta nueva sociedad, y me parece una opción de coraje".

El padre Felipe Estévez, de la Arquidiócesis de Miami, estuvo en el ENEC representando a los cubanos en el exterior. A su regreso de Cuba dijo que lo que más le ha impresionado es la unidad de la Iglesia, "unidad en sus criterios y en sus líderes". También la profundidad y riqueza espiritual de sus liturgias, y la capacidad de perdón como pueblo.

"Una capacidad como la que pedía José Martí y que sólo me puede hacer pensar que por algo es Cuba el pueblo de la Virgen de la Caridad".

Por las calles de La Habana
Una realidad que salta a la vista

Un cartel callejero

❏ Desde mi residencia en la calle Campanario, sólo a unas cuadras de la Iglesia de la Caridad y la Avenida Reina, la guagua No.30 fue compañera fiel en mis recorridos a distintas actividades del ENEC.

"Por favor me avisa en la Iglesia del Carmen", le pedí al conductor, un día.

" Nuestra Señora del Carmen", me repitió con una amplia sonrisa. Y desde aquel momento hasta mi destino, aquel hombre de unos 50 años largos, me contó en voz alta, delante de todos, las tradiciones marianas de su pueblo pesquero junto a Guanabo.

En otra ocasión en que mi destino era la misma Iglesia, pedí a una señora de edad que me avisara, pensando que ella sabría mejor que un joven, nacido ya en la revolución. "¡Ah, yo no se nada de eso", me dijo la mujer algo nerviosa. Alguien que había oído mi pregunta me indicó con toda naturalidad la dirección. No tendría más de 25 años.

❏ Durante mi estancia de sólo una semana en La Habana y pagando 'un medio' en cada trayecto, la guagua fue el taxi particular con el que recorrí las calles. Desde mi palco móvil pude imaginar tiempos mejores en que la pintura para los edificios no era un lujo y cuando las bellas avenidas estaban pobladas de comercios o cafés al aire libre o bajo los soportales.

El panorama desde mi puesto de observación resultaba variado según la hora del día. Más de una vez vi la cola junto al camión que hacía el suministro de agua, dada la sequía actual en Cuba y la falta de acondicionamiento de las viviendas. En la Prensa Oficial leí una llamada de atención ante los fallos en los sistemas de control en el llenado de los tanques de agua: por no funcionar los interruptores automáticos, en algunas fábricas, se estaba perdiendo el agua sobrante.

Desde la guagua, también viví el corre-corre diario que hacen los cubanos ante una mercancía: esta vez una mujer gritó: ¡chorizos sin cola¡ y hasta el chofer aprovechó la luz roja para dejar su puesto al volante y conseguir su ración.

Bailando el trompo delante de un cartel de Fidel

❑ Frente al hotel Habana Libre (antiguo Hilton) y junto a los puestos de helados parecía siempre haber más gente por la calle. Allí se me acercó algún joven para preguntarme, disimuladamente, si necesitaba cambiar dólares.

A su salida del colegio los muchachos de primaria que encontré por la calle no podían creer que yo no tenía chicle. Otros me enseñaron a 'bailar el trompo' sobre la palma de la mano para que les sacase una fotografía.

Y cuando se me acabaron las fotos y por fin encontré, en la calle Obispo, en la Habana Vieja, un lugar donde parecían tener rollos de blanco y negro, tuve que guardar larga cola solo para averiguar, al llegar mi turno, que por la mañana sólo se recogían fotos y que las compras eran después del mediodía.

❑ Viajar a Cuba con dólares no presenta ningún problema: uno siempre puede acudir a los grandes hoteles y con simplemente mostrar el pasaporte tiene acceso a las tiendas y restaurantes donde hay productos que no circulan en otros comercios.

La vida para los cubanos es algo distinto. Para ellos

están los comercios normales donde consiguen, haciendo la cola correspondiente y según el sistema de racionamiento del gobierno, los elementos básicos de subsistencia. Existe también un mercado oficial paralelo donde los cubanos pueden comprar otras cosas fuera de su cuota, pero a precios 3 o 4 veces más altos.

El otro modo de solucionar la vida es el mercado libre en donde todo se resuelve a través de conexiones o lo que hoy se conoce en Cuba, no sin cierta ironía, como 'sociolismo'.

❑ Quise ir a la playa y me dijo un joven que sólo encontraría turistas porque el gobierno ha convertido "las más lindas, en zonas dólar para el turismo internacional. A nosotros nos han recomendado el 'campismo', explorar las bellezas del campo y gozar de las aguas frías de los ríos junto a las montañas", me explico con la sonrisa en los labios y sin amargura.

Pregunté a unas muchachas qué les gustaría obtener, si pudieran entrar a las tiendas del hotel. Quedé sorprendida al constatar sus deseos por un simple "desodorante y un poco de champú".

❑ 'Jesús quiere ser tu amigo', decía uno de tantos carteles en la puerta de una Iglesia de la Habana. Los mensajes y carteles hacia la calle son el único medio 'de comunicación de masas' que la Iglesia, en Cuba, puede utilizar para atraer a la gente. En algunos casos está dando resultado a juzgar por comentarios que recibí de un joven universitario que estaba preparándose para la Primera Comunión.

A la entrada de la Iglesia de la Caridad, en Habana Centro, una mujer sentada detrás de una mesa con estampas, rosarios y mensajes, atendía a quienes, por devoción o curiosidad, cruzaban el umbral de la puerta. "Aquí hay siempre alguien", me dijo.

"Es un modo muy práctico de evangelizar".

En la Iglesia de a Caridad mensajes y estampas para evangelizar

En marzo de 1986, junto los reportajes sobre los trabajos del Encuentro Nacional Eclesial Cubano, salierom publicadas en La Voz Católica unas líneas aclaratorias sobre mi viaje a Cuba. El titular y la explicación de entonces resumen bien el sentido de la información que brindaba el periódico a la comunidad de Miami. Los comentaristas cubanos de las emisoras de radio en español habían expresado fuertes críticas al encuentro eclesial y habían insinuado su manipulación por el gobierno cubano.

Un deber de solidaridad

MIAMI, (Marzo, 1986) - La Voz Católica ha estado en Cuba por un deber de solidaridad y por algo más. La Voz ha estado presente en el Encuentro Nacional Eclesial Cubano, del 21 al 25 de febrero, para vivir con una iglesia hermana este acontecimiento histórico que ha sido el ENEC y porque pensamos que nadie mejor que el periódico católico hispano de la Arquidiócesis puede informar sobre lo que atañe a la vida de la fe católica que transcurre a 90 millas.

Y puesto que nuestra estancia en La Habana se ha limitado a los eventos relacionados con el ENEC y dado que ha sido una estancia de sólo una semana, no pretendemos ser expertos. Lo que ofrece esta semana La Voz es un esfuerzo por informar de la manera más completa posible sobre lo que han sido los trabajos del ENEC y sobre lo que éstos significan.

Hemos escuchado mucho, hemos preguntado también y hemos tratado de comprender lo que el Espíritu escribe. Su texto sólo se puede leer con los espejuelos de la fe.

A través de tantas conversaciones como se pueden meter en ocho días—sobre todo cuando a la prensa no se le deja asistir a las reuniones de estudio y debate—hemos constatado la realidad compleja que hoy viven los católicos en Cuba.

Porque mientras para algunos las dificultades por causa de su fe han sido grandes, para otros en las mismas circunstancias, la experienciaha sido muy distinta. Más que nada, uno aprende en Cuba a no generalizar muy

> "Hemos escuchado mucho, hemos preguntado también y hemos tratado de comprender lo que el Espíritu escribe. Su texto sólo se puede leer con los espejuelos de la fe".

fácilmente. También aprende a regresar con humildad, sin pretender haberlo visto todo o haberlo entendido todo.

Lo que uno percibe son impresiones. Y lo que uno transmite, aún dentro de la objetividad profesional, son también impresiones y no todas, porque a la hora de escribir el papel pone su límite y también lo pone la falta de tiempo.

En nuestra opinión, no todo lo que se ha escrito y se ha dicho en Miami sobre el ENEC estos días ha sido exacto. Ciertamente que algunos titulares de la prensa local no han contribuído a la comprensión de la realidad. Brevemente podemos decir que La Iglesia Católica en Cuba no ha dado su bendición al régimen, ni tampoco éste se la ha pedido.

La Iglesia Católica en Cuba sólo "busca el espacio para cumplir su labor evangelizadora" y es por ello que tiene que reconocer que la sociedad en la que se encuentra ya no es una sociedad cristiana. En cuanto a su desarrollo, el ENEC, no ha tenido ninguna presión del gobierno y ha sido libre en la selección de sus temas, objetivos y planes.

Araceli Cantero entrevista al religioso Joao Edenio Rey Valle, observador de la Conferencia Latinoamericana de Religiosos, durante un receso del ENEC

El Encuentro Nacional Eclesial Cubano ha sido un acontecimiento histórico, sí. Pero no tanto por el aparente cambio de clima en las relaciones de la Iglesia y el Estado Cubano, sino por el nuevo compromiso evangelizador de los católicos. En palabras de la delegada más joven: 'Dios ha querido que nosotros vivamos en un país socialista y es aquí en donde nosotros tenemos que evangelizar".

Ojalá que los católicos en otros lugares y según nuestro contexto sepamos aplicarnos tal opción.

1986-1996: Dentro y fuera de Cuba
UNA DECADA DE CAMBIOS

El ENEC fue sin duda un momento definitorio para la Iglesia en Cuba.
Pero el ENEC también fue momento significativo para la diáspora.
Por fin, los cubanos del exterior conocían el sentir de la Iglesia en Cuba.
No por comentarios de la prensa o de este o aquel obispo, sino por un documento de toda la Iglesia cubana. Les pudiera gustar o no pero sabían que católicos cubanos habían optado, entre otras muchas cosas, por una actitud de diálogo y por ser fermento reconciliador.

A partir del ENEC, en la diáspora cubana, el tema de la Iglesia en Cuba dejó de ser un tema monopolizado por sólo ciertas voces en algunas emisoras de radio en Miami. Además, ante las críticas y sospechas de algunos comentaristas radiales muchos católicos cubanos, llegados a Miami en los últimos años, que habían vivido la experiencia reciente de la Iglesia en Cuba, llamaban a las emisoras hablando en su defensa. Comenzaba a surgir un tenue pluralismo entre los cubanos de Miami.

Para mi, el contacto con los católicos de Cuba y con la vida de las parroquias, las visitas a las familias y las conversaciones con la gente, me ayudaron a comprender a la Iglesia cubana desde dentro y a comprender lo que exigía vivir la fe en medio de la adversidad.

También me di cuenta de que, en Cuba, también dentro de la Iglesia, existía un lenguaje distinto, un modo de comunicarse que expresa lo que no se dice, que cuida las palabras y vigila los gestos y constantemente mira alrededor en actitud cautelosa.

En 1986, en Cuba se palpaba el miedo y la gente cuidaba mucho sus expresiones. Sin embargo para mi, el haber estado en Cuba me ayudó a perder el miedo a la hora de escribir sobre la Iglesia cubana. Los católicos me ayudaron a entender que, como periodista católica, no tendría problemas por escribir sobre la Iglesia. Los tendría si utilizaba a la Iglesia como excusa para entrar en terreno político.

Creo que aprendí la lección y quizás por ello, la edición especial dedicada al ENEC marcó una nueva etapa de relación con la Iglesia cubana. Desde entonces, fueron más públicas las antiguas visitas clandestinas de los obispos cubanos. Y algunos hasta aparecían por la sala de redacción para saludar y conversar informalmente.

Pero en 1986 todavía no se habían implantado extensamente las nuevas tecnologías y resultaba difícil la comunicación directa con los católicos de la Isla. Nuestra cobertura de la vida de la Iglesia cubana fue esporádica y ceñida a asuntos de importancia que ocurrían en Cuba o fuera de Cuba pero relacionados con la Iglesia allí.

Porque el ENEC había tendido puentes de comunicación entre todos los cubanos, dentro y fuera de la Isla, los contactos se fueron dando, no sólo privadamente como hasta entonces.

En Julio de 1986, un obispo de la Isla se reunió por primera vez con los sacerdotes de la diáspora reunidos en Miami. Con su visita, el Arzobispo de Santiago de Cuba, Pedro Meurice hizo realidad el compromiso de diálogo de la Iglesia cubana hecho en el ENEC. Aquella presencia no fue única. En 1988 el Arzobispo estuvo en Miami para la celebración de Nuestra Señora de la Caridad, el 8 de septiembre. Otros obispos lo hicieron en años sucesivos.

En 1987 se dieron visitas en dirección contraria. El antiguo obispo auxiliar de la Habana, Mons. Eduardo Boza Masvidal regresó de visita a su patria por primera vez, 26 años después de ser expulsado. También lo hizo Mons. Raúl del Valle, antiguo secretario del Cardenal Manuel Arteaga que viajó con el Cardenal de Nueva York, John O'Connor en gestión humanitaria. Y lo hizo el Arzobispo de Miami, Mons. Edward. A. McCarthy.

Visitas, reuniones, intercambios, denuncias y cartas pastorales se van sucediendo en esta década de cambios en la que se derrumba inesperadamente el bloque soviético (1989), se cancelan los planes de la visita del Papa Juan Pablo II a la Isla, (1990), Cuba entra en profunda crisis económica y en un difícil 'periodo especial' (1991) que le obliga a introducir cambiós en su economía y década también en la que los obispos cubanos, en la Carta Pastoral *El amor todo lo espera* (1993), escriben sobre la crisis que atraviesa el país y sobre los cambios que debe hacer el gobierno.

En octubre de 1994 el Papa Juan Pablo II nombra cardenal al Arzobispo Jaime Ortega de la Habana. Después de recibir el palio en Roma, el Cardenal no sólo visita las diócesis de Cuba sino que también lo hace a las ciudades donde hay mayor concentración de cubanos en la diáspora, para mostrar que es el Cardenal de todos los cubanos.

La sección que aparece a continuación ofrece una muestra de ese acontecer que se escribe no desde Cuba, sino desde Miami, pero con los ojos puestos en la Isla.

Son hechos y protagonistas de una década de grandes cambios que se inicia con el optimismo generado por el ENEC, pero un optimismo que, sólo un año después, ya se ve matizado por el realismo de una situación que parece no mejorar lo suficiente en beneficio de los católicos y de la sociedad cubana.

Optimismo moderado un año después del ENEC
Señala el cardenal Jaime Ortega

MIAMI (Marzo, 1987) - Al cumplirse un año desde la celebración del ENEC (Encuentro Nacional Eclesial Cubano), el arzobispo Jaime Ortega señaló que, desde su celebración, los días 17 al 23 de febrero del pasado año, los católicos cubanos siguen preguntándose si de hecho "van ocupando su lugar en la sociedad, sin privilegios pero sin discriminaciones".

El Arzobispo apuntó que "hay signos positivos, a veces tímidos, que parecen orientarnos en el sentido de un optimismo moderado". Pero Mpns. Ortega cree también que, quizás, a raíz del ENEC las expectativas de algunos católicos y de otros no católicos fueron "excesivamente entusiastas".

Los fieles hacen cola para confesarse en la Catedral de La Habana

El Arzobispo dijo que tal entusiasmo estaba quizás fundado en "acontecimientos precedentes o casi simultáneos al ENEC, ocurridos fuera del ámbito, eclesial y que parecían generar esperanzas de un andar más despejado y firme por nuevos caminos de comprensión y diálogo".

Entre los acontecimientos se cuentan los "encuentros de trabajo" que tuvieron lugar, durante 1985, entre el episcopado cubano y Fidel Castro, a raíz de la visita de un grupo de obispos norteamericanos a la Isla y su reunión con el dirigente cubano.

También la publicación del libro *'Fidel y la Religión'*, sobre las conversaciones de Castro con Frei Betto, un religioso dominico del Brasil.

Quienes han visitado Cuba últimamente han podido detectar el fuerte interés suscitado por tal libro, del que se han vendido mas de 300, 000 ejemplares. También los católicos cubanos entrevistados durante el ENEC, señalaron los aspectos positivos su publicación , lo que al menos permitía la discusión pública del tema de la religión.

Pero el hecho es que han transcurrido 13 meses desde el ENEC y Fidel Castro no ha vuelto a recibir a los obispos cubanos y a juzgar por las recientes palabras de Mons. Ortega en la misma capilla que presenció la clausura del ENEC, el entusiasmo de entonces va dando paso a la constatación real de las dificultades.

El obispo auxiliar de la Habana, Fernando Azcárate, visita la Oficina de La Voz Católica. Fue él quien propuso la idea del ENEC

"Detrás y antes de este año transcurrido están concepciones y enfoques difíciles de variar", dijo Mons. Ortega ante un 'templo lleno de fieles en la Casa Sacerdotal Félix Varela de La Habana.

"Cuba no es un país aislado en el conjunto de naciones organizadas según el socialismo real", señaló.

El proceso del Encuentro Nacional Eclesial Cubano se inició en 1980 a raíz de la reunión de los obispos latinoamericanos en Puebla. Los documentos emanados allí no tenían aplicación a la situación de Cuba, el único país latinoamericano con un gobierno socialista-marxista. De ahí que la Iglesia en Cuba iniciara una reflexión (REC) que, partiendo de las pequeñas comunidades culminó un la reunión nacional conocida como ENEC.

Un proceso de arriba abajo

Dada la metodología de trabajo que involucró a los participantes en la elaboración previa del documento de trabajo, este encontró una casi total unanimidad en las votaciones de la asamblea nacional, sufriendo sólo algunas enmiendas y cambios de redacción. Una comisión designada en el ENEC trabajó la versión final. Los obispos de Cuba promulgaron los documentos con una Instrucción Pastoral el mes de mayo y se la llevaron personalmente al Papa en Roma, el pasado mes de julio.

Los obispos habían participado en el ENEC como parte de la asamblea, "pero se nos pidió que nosotros diéramos nuestro punto de vista en torno al movimiento del ENEC", dijo el arzobispo de Santiago de Cuba, Mons. Pedro Meurice Estiú a su paso por Miami en julio. En una entrevista señaló que la Instrucción de los obispos trató los mismos temas "pero desde un punto de vista motivador y más magisterial".

"Hemos vivido todo un proceso de reflexión de abajo arriba, y ahora se trata do implementarlo de arriba abajo", dijo entonces.

Aunque, en su homilía aniversario del ENEC, Mons. Ortega apuntase cierta impaciencia, el hecho es que la Iglesia ha mantenido su proceso interno de renovación. El mismo documento final pedía, en sus líneas de acción, un cambio de mentalidad que ha empezado por la información.

Desde junio a septiembre, tuvo lugar una etapa informativa "para hacer potable a las comunidades el contenido del Documento Final", informó en enero el secretario de la Comisión Permanente de la Conferencia de Obispos Cubanos, Mons. Carlos Manuel de Céspedes.

Algunos signos dentro de la Iglesia

Desde octubre hasta enero se han celebrado Encuentros Parroquiales, " encuentros de oración, reflexión e intercambio en cada una de nuestras comunidades para llevar el ENEC a las posibilidades reales vitales", señaló Mons. de Céspedes. En su opinión "han, sido flexibles y, en general, muy positivos".

Pero además, en todas las diócesis, los encuentros del pasado verano, especialmente los de jóvenes, se centraron en las grandes opciones del ENEC: Iglesia orante, encarnada y misionera. Así lo reflejan las convocatorias a través de la hoja dominical Vida Cristiana, único órgano de información nacional con que cuenta la Iglesia. Los mismos temas han sido tomados en las diócesis por las comisiones que hacen la labor pastoral . Mons. de Céspedes dijo que, en fidelidad al ENEC, algunas diócesis van reformando sus estructuras pastorales e introduciendo otras. Un ejemplo es la creación de "comisiones diocesanas para la evangeli-

"La gente tiene la esperanza de tiempos mejores para la vivencia pública de la fe".

Mons Carlos Manuel de Céspedes

zación de la cultura".

A través de sus contactos con católicos en Cuba, se vislumbra que "la gente tiene la esperanza de tiempos mejores para la vivencia pública de la fe para poder realizar su identidad de servicio ante la sociedad".

Hay que saber asumir el conflicto
Dice un teólogo laico a los católicos de Cuba

MIAMI (Marzo 1987) - Con la celebración del Encuentro Nacional Eclesial Cubano, los temas del diálogo y la reconciliación se convirtieron en protagonistas de la vida de la Iglesia cubana. Pero su salida a "a plaza pública" de la palabra y el testimonio, fue precedida de otros signos.

"Un cristiano y un marxista pueden ponerse de acuerdo sobre mayor igualdad en las condiciones de trabajo, pero tienen detrás una jerarquía de poder con distintas ideologías".

Nazario Vivero

Durante los debates del ENEC, más de una vez se hizo referencia a un largo artículo escrito en 1981 por el profesor P. René David, del Seminario de San Carlos en La Habana, titulado *'Para una teología y pastoral de reconciliación desde Cuba'*.

En su escrito, el P. David destaca la misión reconciliadora de la Iglesia y la responsabilidad personal de reconciliación de todo creyente "aún cuando el otro (personal o colectivo) no está quizás dispuesto todavía a la reconciliación y al diálogo".

El padre David propone que el cristiano (a nivel personal o como Iglesia), debe por lo menos, "a la luz de los reproches del otro, ver lo que puede y debe cambiar en su mentalidad o actitud para quitar los obstáculos que puedan existir de su parte, para la reconciliación".

Al mismo tiempo el sacerdote francés subraya que la reconciliación con el prógimo "no consiste en hacer como si no hubiera problemas o en ocultar los obstáculos reales..."

Aunque reconoce que será un proceso largo, indica

que el cristiano (persona o Iglesia) sólo cumple con su misión reconciliadora, si, a imitación de Dios, "toma la iniciativa del proceso de reconciliación y hace lo que puede para que el prójimo (personal o colectivo) se 'sienta respetado, amado, y llegue a comprender sus errores o a quitar los obstáculos". Lo que hace el P. David es apelar a lo mejor de la conciencia personal de los individuos, cual sea la ideología, para lograr esa meta de reconciliación, al menos en la convivencia.

Pero quienes han analizado su propuesta, encuentran pronto que como sacerdote y religioso, el P., David ignora el elemento político.

"Se olvida de que la conciencia individual no es el todo de las situaciones", dice el teólogo Nazario Vivero, de la Conferencia Episcopal Venezolana. "Un cristiano y un marxista pueden ponerse de acuerdo sobre mayor igualdad en las condiciones de trabajo, pero tienen detrás una jerarquía de poder con distintas ideologías", señala.

> *"Una cosa es la reconciliación entre las personas y entre los grupos, y otra muy distinta entre las ideologías. La dinámica no es la misma".*

"Una cosa es la reconciliación entre las personas y entre los grupos y otra muy distinta entre las ideologías. La dinámica no es la misma", dice Vivero, exiliado cubano.

Aunque el teólogo reconoce "el alto calibre espiritual" del artículo del P. David, señala que no toma en consideración los aspectos conflictivos.

"Desconoce la especificidad del problema político que exige cómo organizar la convivencia en pluralismo, democracia y participación", dice Vivero.

En su opinión el P. David le pide a la Iglesia que sea la "primera la segunda y tercera y permanente iniciadora de la actitud de reconciliación", y Vivero cree que esto puede surtir efecto si el esquema evangelizador de base es entre el yo y el tú. "Pero si es la cultura que remite al paso por las mediaciones políticas históricas, el problema se complica".

Para Vivero, la propuesta del sacerdote "es motivadora, pero, por desconocer los aspectos estructurales y objetivos, corre el riesgo de condenar a la gente a la frustración, a recomenzar siempre un problema que no tiene salida".

Para Vivero el problema de la propuesta del P. David no es de índole teológica sino de "la relación entre la fe y la política".

Señala que en general todo sacerdote trasmite su visión moral ética y religiosa a la política y no pasa por las mediaciones históricas. Para él, es preciso asumir los elementos de conflicto y orientar a partir de situaciones no puramente ideales o de llamada a la conciencia individual.

Para Vivero esto en Cuba implicaría asumir una postura profético-crítica y en su opinión, cierto intento de crítica profética "bien administrada", es lo que ha tratado de hacer el ENEC.

Tendiendo puentes
El Cardenal de Nueva York visita Cuba con su Canciller cubano Mons. Raúl del Valle

MIAMI, (Mayo, 1988) - La invitación fue eclesial y el propósito religioso, pero la visita del cardenal John O'Connor, de Nueva York, a Cuba ha tenido también una significación humanitaria.

Es la evaluación que hace Monseñor Raúl del Valle quien acompaño acompañó al prelado norteamericano en su visita aCuba en donde intercedió ante Fidel Castro por los presos políticos y sus familires, por los enfermos del Sida y por el trabajo de la Iglesia.

"Ha sido un verdadero maratón y he vuelto cansadísimo", dijo el sacerdote cubano, sin ocultar la emoción de haber regresado a Cuba por primera vez después de 27 años de exilio.

En la actualidad, Mons. del Valle ocupa el cargo de Canciller de la Arquidiócesis de Nueva York. Pero en su juventud fue secretario del entonces Cardenal de La Habana, Mons. Manuel Arteaga Betancourt y por ocupar aquel puesto tuvo que dejar la isla para no regresar.

Era el año 1961, después de la invasión de Bahía de Cochinos. Un momento en que la Santa Sede nombró nuevos obispos "y se pensó que yo podía ser obstáculo. Salí con la idea de regresar, pero nunca logré la visa para ello", aclaró durante una entrevista.

Mons. del Valle regresó a su patria el 18 de abril, no sólo como acompañante del Cardenal de Nueva York, sino como principal conferenciante de los actos de la iglesia cubana por el bicentenario del Padre Félix Varela.

En Cuba se han celebrado actos cívicos en honor del sacerdote cubano de principios del siglo XIX, considerándole un patriota. Por eso la Iglesia tiene mucho interés en resaltar que el P. Varela "es ante todo un sacerdote y un santo. Y que su fe religiosa y su carácter sacerdotal son elementos integrantes de su personalidad y su pensamiento filosófico, político y social", comentó el Canciller.

Durante la estancia en La Habana, el Cardenal residió en el arzobispado y Mons. del Valle en el Seminario San 'Carlos y San Ambrosio', bien conocido para él durante sus años de sacerdote joven.

"Imagínese la emoción, volver 30 años después", comentó durante una entrevista, a su regreso a Nueva York.

Es la misma emoción que no supo disimular en la catedral de Santiago de Cuba, el lunes 18 cuando, entre los aplausos de más de 2000 católicos, el cardenal O´Connor hizo su presentación y elogió su servicio sacerdotal en la Arquidiócesis de Nueva York.

"Yo siempre he permanecido en Cuba... Dondequiera que he ido he tratado de servir de manera que siempre brille el buen nombre de Cuba".

Mons. del Valle

"Yo siempre he permanecido en Cuba", respondió Mons. Del Valle emocionado. "Dondequiera que he ido he tratado de servir de manera que siempre brille el buen nombre de Cuba", añadió gritando, "¡Viva Cuba"!

"La Catedral parecía venirse abajo por los aplausos", escribió días después Gerald Costello, director del periódico Catholic New York, quien les acompañó en esa visita.

"Ha sido una experiencia muy profunda poder celebrar la Eucaristía en medio de la Iglesia cubana... ver la fe de la gente joven, hablar con los seminaristas, pocos pero sólidos... estoy contento de haber ido", dijo.

Durante la entrevista telefónica, Mons. Del Valle insistió en aclarar que " la visita ha sido de carácter eclesial y no político" y señaló que el encuentro del

Cardenal con Fidel Castro no estaba en los planes del viaje.

Desde el exilio, Mons. del Valle ha seguido de cerca la realidad de los catóticos en Cuba. A pesar de su enfermedad de cáncer, el sacerdote mantuvo un apretado horario y pudo saludar brevemente a muchos antiguos conocidos. También recogió algunas impresiones.

" Por las razones que sea parece que los sacerdotes se sienten con menos: hostilidad y presión por parte del gobierno", comentó. "Siguen las restricciones, los problemas, las limitaciones.. No se ha avanzado lo que se esperaba después del ENEC y hay dificultades ... Pero en honor a la verdad hay que decir que los sacerdotes señalan que la situación mejora; parece que hay un cambio de atmósfera y de actitud".

> *"Siguen las restricciones, los problemas, las limitaciones... Pero en honor a la verdad hay que decir que los sacerdotes señalan que la situación mejora; parece que hay un cambio de atmósfera y de actitud".*
>
> *Mons. del Valle*

El Cardenal O´Connor celebró la Eucaristía en el Santuario del Cobre por la tarde, "con poca gente, mayormente sacerdotes y religiosas", dijo Mons. del Valle.

La noche antes, en la abarrotada Catedral y durante todo su viaje Mons. O'Connor recordó al P. Varela como hombre puente, " pero el término no se refiere a los gobiernos sino a los pueblos", aclaró Mons. del Valle. "Su idea es que el P. Varela no es sólo de Cuba ni de la Iglesia cubana, sino también de los Estados Unidos," donde vivió y actuó por 27 años.

"Hoy como ayer, en Cuba o en Nueva York, necesitamos sacerdotes como el P. Varela, sacerdotes llenos del espíritu evangelizador que lleven el mensaje salvador de Cristo a la gente, especialmente a los pobres", dijo el Cardenal, añadiendo que, en medio de ustedestes tienen sacerdotes y obispos que sirven a la Iglesia tan fielmente como lo hizo él. Les pido que recen por ellos".

Al salir de la Catedral la gente se apretaba para tocarle y algunos le entregaban un papel con los nombres de familiares presos.

Estuvieron presentes dignatarios del gobierno, lo que no había sucedido en 20 años desde el funeral del arzobispo Enrique Pérez Serantes quien había intercedido en favor de Fidel Castro cuando éste cayó preso en el asalto al Cuartel Moncada, en tiempos del presidente Fulgencio Batista.

Por la tarde, desde el aeropuerto de La Habana, el Cardenal fue a la Casa del Clero, donde habló con sacerdotes y religiosas sobre asuntos pastorales. Siguió una reunión con los obispos.

El miércoles visitó la ciudad por la tarde. Después tuvo una cena en el arzobispado y Misa en la Catedral de La Habana.

"El Cardenal habló en español y me presentó", dijo Mons. del Valle. "Estaba repleta, fácil 3,000 personas, no se cabía. La gente supo de la visita gracias a Radio Martí. "Siempre que recordemos a Cuba, pensaremos con gratitud y afecto de aquel que nos enseñó a pensar", dijo el Cardenal, conquistando a los cubanos con palabras del filósofo cubano José de la Luz y Caballero. De nuevo tomó la imagen del P. Varela como puente entre los pueblos de Cuba y los Estados Unidos de hace 150 años "cuando el puente era necesario".Y dijo que a la Iglesia se le debe permitir desarrollar su papel de puente, "con la libertad para la comunicación abierta con sus fieles y con toda la sociedad". La Catedral se llenó de aplausos cuando el prelado expresó el deseo de paz entre el pueblo de Cuba y el de Estados Unidos. "Sus obispos quieren paz, también la quieren sus sacerdotes y religiosas. Ustedes rezan por ella cada día. Pero la paz no es posible sin justicia para todos", dijo.

Fue tal la acogida del Cardenal en la Catedral que el prelado llegó tarde a su cita con el presidente Fidel Castro.

"Las misas no eran tan largas cuando yo asistía en mi juventud", dijo Castro al recibir al Cardenal O'Connor. "Entonces no había tan buenos predicadores", contestó Mons. O'Connor, siguiendo la broma.

Durante el encuentro de casi tres horas, hasta las 2:30 de la madrugada Castro recibió bien la oferta de la Iglesia como puente de paz.

"La idea pareció intrigarle", dijo el Prelado. Los temas tratados en la conversación son para el Cardenal como 'ladrillos' del puente a construir. Fueron estos: La

"Las misas no eran tan largas cuando yo asistía en mi juventud".

Fidel Castro

liberación de más de 400 presos políticos, visas inmediatas para la entrada de más religiosas extranjeras, permiso a los cubanos exiliados para visitas a familiares enfermos en Cuba, cooperación en la atención a los enfermos del SIDA, lo que incluiría a centros católicos de Nueva York. El Cardenal prometió investigar la queja de Castro sobre el embargo de medicinas por parte de EE.UU. Mons. del Valle no asistió al encuentro con Castro.

Antes de iniciar el viaje, el Cardenal había recibido cartas de cubanos de todos los Estados Unidos, comentó Mons. del Valle.

"Fuimos inundados con peticiones", comentó. Muchas cartas eran de familiares de presos "y organizaciones que enviaban listas para gestionar su liberación", comentó el sacerdote.

En su opinión esto hizo que, aunque "la invitación fue eclesial y el propósito religioso, la visita haya tenido también una significación humanitaria".

Patio interior del hogar de ancianos, Santovenia.

El Cardenal está consciente de ello y también de las posibles críticas a su encuentro con Castro

"Me imagino que mucha gente pensará que he sido explotado", comentó para Catholic New York. "Pensarán que he permitido que Castro me utilice", dijo. "Son riesgos que se toman por el bien de las almas".

Recientemente el gobierno cubano ha permitido la entrada de 20 sacerdotes en la Isla y también cuatro religiosas de las de la Madre Teresa de Calcuta.

Otras congregaciones, como las claretianas, fundadas en Cuba por San Antonio María Claret, siguen esperando. El gobierno prefiere religiosas que hacen trabajos asistenciales. Lo que explica los elogios que el presidente Castro tuvo para éstas: "Hacen tanto con tan pocos recursos", le dijo al Cardenal. "Aceptaría 10,000 si estuvieran disponibles", comentó.

Las visitas del jueves fueron a los restos del P. Varela en el Aula Magna de la Universidad de La Habana. Visitó también al hogar de ancianos Santovenia, un hogar infantil y a una clínica de médicos de familia. Má tarde fue a la Iglesia de Santa María del Rosario, en el barrio El Cotorro, no lejos de La Habana.

Por la noche unas 300 personas asistieron al acto homenaje al P. Varela en el Seminario de San Carlos donde Mons. del Valle habló durante 90 minutos de *"La fe religiosa, el carácter sacerdotal y la santidad de vida"*, del sacerdote y patriota cubano.

Mons. del Valle ocupa hoy, en Nueva York un cargo similar al que ocupó el P. Varela, como Vicario General. Pero el sacerdote se apesura a señalar que "la distancia es grande, porque el P. Varela es un santo".

Por su parte el Cardenal, al concluir su viaje, manifestó haber cumplido el propósito de su visita: "Mostrar mi solidaridad con los obispos de Cuba y mostrar que la Iglesia es una en todo el mundo".

> *"Me imagino que mucha gente pensará que he sido explotado... que he permitido que Castro me utilice. Son riesgos que se toman por el bien de las almas".*
>
> *Card. O'Connor*

La Iglesia en Cuba necesita nuestro apoyo
Mons del Valle habla de la visita su tierra

NUEVA YORK, (Septiembre 1988) - Para poder seguir sembrando la semilla de la fe, los católicos de Cuba necesitan solidaridad y apoyo, dijo monseñor Raúl del Valle durante un simposio sobre la Iglesia en Cuba celebrado en Nueva York.

La Iglesia cubana no quiere seguir siendo marginada de la historia del país antillano, dijo el sacerdote cubano que recientemente visitó su Patria con el cardenal John O'Connor de Nueva York.

Mons. del Valle, Canciller de la Arquidiócesis de Nueva York, señaló que la Iglesia cubana quiere "salir del silencio y aislamiento en que se ha mantenido". Añadió que "ahora, la iglesia en Cuba, sus sacerdotes y la comunidad católica, necesitan de nuestra solidaridad y apoyo, para poder seguir sembrando la semilla do la fe en nuestros hermanos". Uno 300 participantes acudieron al simposio organizado por el Centro Católico Hispano del Nordeste.

> *"Porque es nuestro deber apoyar a los que a pesar de las limitaciones, desarrollan su labor de llevar la fe católica a los que residen en la Isla".*
>
> *Mons. Boza Masvidal*

En su juventud, Monseñor del Valle fue secretario del entonces Cardenal de la Habana Manuel Arteaga, razón por la que en 1961, en que se nombraron nuevos obispos para Cuba, se juzgó prudente que el joven sacerdote dejara temporalmente la Isla. El regreso se prolongó hasta hace un mes, y tan sólo por una semana.

Con el tema, '*Los católicos cubanos y el ENEC*', cinco panelistas presentaron reflexiones sobre distintos aspectos del histórico Encuentro Nacional Eclesial Cubano, celebrado en La Habana en febrero de 1986. Actuó de moderador el profesor José Prince, asesor del Centro Pastoral del Nordeste.

Durante su presentación, Mons. del Valle encomió el ENEC y su documento final, que en su opinión "muestra que la Iglesia está presente en Cuba y sigue deseosa de cumplir su misión evangélica dentro del contexto del régimen marxista-leninista". Además afirmó que "la Iglesia quiere permanecer cerca del pueblo".

Al mismo tiempo el sacerdote cubano reconoció que el gobierno cubano tiene quizás motivos políticos para aparecer más tolerante hacia la Iglesia.

"No podemos ser ingenuos al tratar con el gobierno y hemos de reconocer que controla la vida allí. Pero es un hecho que si queremos funcionar en Cuba, tenemos que negociar con las autoridades".

Otro panelista, el obispo exiliado Mons. Eduardo Boza Masvidal compartió la propia experiencia de su reciente viaje a Cuba, 27 años después de haber sido expulsado, en 1961, en el barco Covadonga junto con otros 130 sacerdotes.

Mons. Boza, quien hasta su salida de Cuba fue obispo auxiliar de La Habana, reiteró que el actual acercamiento es con la Iglesia y la comunidad católica y no con el gobierno. Reconoció que los recientes intercambios con la Iglesia cubana han provocado controversia en diferentes sectores del exilio y pidió comprensión "porque es nuestro deber apoyar a los que, a pesar de las limitaciones, desarrollan su labor de llevar la fe católica a los que residen en la Isla".

El prelado cubano, hoy obispo auxiliar de Los Teques, Venezuela, dijo: que en su viaje a Cuba los católicos le recibieron con los brazos abiertos y le pidieron que se quedara. Señaló que el principal objetivo de su visita a Cuba había sido mostrar a los católicos cubanos que "la Iglesia se preocupa por ellos".

Aquí estan mis hermanos, aquí están mis amigos
Mons. Meurice en Miami el 8 de septiembre

MIAMI, (Septiembre, 1988) - Con su presencia en el Marine Stadium de Miami para celebrar a la Virgen de la Caridad, el Arzobispo de Santiago de Cuba se ganó los aplausos de mas de 12,000 cubanos reunidos allí para el tradicional homenaje anual a su Patrona, el pasado día 8 de septiembre.

Monseñor Pedro Meurice Estiú se limitó entonces a agradecer, emocionado, el recibimiento del pueblo que espontáneamente había reconocido a uno de sus pastores.

" Me siento muy bien aquí. Aquí están mis hermanos, aquí están mis amigos", comentó ante las cámaras de televisión que le acosaron mientras esperaba la llegada de la imagen de la Virgen, por mar.

Confesó que era la primera vez en su vida que no estaba en el Cobre para las fiestas de la Patrona de Cuba. Y dijo que "yo no hice la decisión de estar aquí, la hizo la Virgen, por lo que tiene una mayor fuerza".

Mons. Meurice en su primer encuentro formal con un grupo de sacerdotes de la diáspora cubana, en 1986

Originalmente los obispos de Cuba hubieran tenido que encontrarse con el Papa para su visita 'ad limina' (al fin de cinco años), en el mes de junio. El Vaticano retrasó tal encuentro hasta el 25 de agosto, por lo que la visita de Mons. Meurice a sus familiares, aquí en Miami, coincidió con las celebraciones.

El Papa se interesa a nivel personal

Durante una entrevista Mons. Meurice habló del encuentro con el Papa y sobre la Iglesia en Cuba.

"Impresiona el conocimiento que Juan Pablo II tiene de Cuba", dijo Mons. Meurice.

" Por las preguntas y las referencias que hace pareciera que uno habla con él todos los días¨, comentó.

La visita de los obispos al Papa se prepara con antelación y el Pontífice recibe informes detallados de todos los aspectos de cada Iglesia local.

"El Papa sigue nuestra vida concreta", dijo el Arzobispo. "Sabe del proceso del ENEC, del recorrido de la Cruz del Quinto Centenario por las diócesis y también del valor que damos al padre Félix Varela", explicó.

> *"Impresiona el conocimiento que Juan Pablo II tiene de Cuba... Pareciera que uno habla con él todos los días¨.*
>
> Arz. Meurice

Todos los obispos de Cuba estuvieron presentes en la visita al Papa que les recibió en el palacio de Catelgandolfo, su residencia de verano.

Cuando llegaron para la Eucaristía, a las 7:30 AM., el Papa estaba ya rezando. La misa fue concelebrada pero no de cara al pueblo y el Papa no predicó.

Después, los obispos fueron a desayunar. Pasearon por los jardines mientras el Papa fue recibiéndoles personalmente a cada uno de ellos en su oficina de trabajo, empezando por Mons. Adolfo Rodríguez, actual presidente de la Conferencia de Obispos Cubanos.

"Como yo soy el más antiguo, después me tocó a mí", comentó Mons. Meurice.

Es obvio que todo obispo vive sus dificultades y es ahí donde uno se encuentra con el Papa que también como pastor de la Iglesia universal vive, padece y es sensible a determinadas circunstancias".

Añadió que el Papa se interesa y percibe "cómo nos afectan las cosas a nivel personal".

Durante el almuerzo nos dijo que nos encontraba

distintos, menos preocupados que la última vez".

Después del encuentro personal con Juan Pablo II, tuvo lugar el encuentro con todo el grupo.

Siguiendo el protocolo de la visita el Arzobispo metropolitano de La Habana, Mons. Jaime Ortega Alamino, saludó al Papa en nombre de los católicos de Cuba.

"Como ellos, los obispos y fieles todos de Cuba, esperamos con ansias el día de poder saludarlo, llenos de gozo, en nuestra patria...", dijo el Arzobispo al reiterar el compromiso con el "anuncio de Jesucristo a nuestros hermanos".

El Papa reconoció que "son ciertamente complejas las circunstancias en que ustedes desarrollan su ministerio episcopal. Sin embargo, es de alabar su actitud de trabajar con sereno optimismo, ciñéndose a la realidad que tienen delante y esforzándose en ir superando las dificultades que puedan encontrar. En todo es aconsejable, siempre que ello sea posible, continuar el camino del diálogo", dijo el Papa

Avanzan algunos objetivos del ENEC

Mons. Meurice confirmó en su entrevista que se están alcanzando algunos de los objetivos planeados durante el Encuentro Eclesial ENEC, celebrado en febrero de 1986. Desde entonces "han entrado a Cuba unos 35 sacerdotes: dominicos, franciscanos, claretianos…"

Dijo que "a la Iglesia en Cuba le interesan personas de cuerpo y mente sana, equilibradas y que no tengan crisis de identidad." Señaló que "dentro de lo posible nos gusta que tengan alguna especialización", ya que durante años no han podido mandar a gente a estudiar fuera.

Mons. Meurice en Miami, en 1987

El número de religiosas que ha entrado es mayor, entre ellas las Misioneras de la madre Teresa de Calcuta. También consiguieron el permiso de entrada las Misioneras Claretianas, que también trabajan en Miami.

El número de religiosas en la isla, según el arzobispo Meurice se acerca a las 280. El de sacerdotes a los 220.

Ordenado el primer diácono permanente

Otro de los objetivos del ENEC fue la implementación del diaconado permanente. Mons. Meurice informó que el pasado 16 de junio se ordenó el diácono casado Vicente Pérez Gabo. Otros candidatos serán ordenados en el futuro.

El ENEC también expresó el deseo de que la Iglesia, pueda ampliar el uso de medios de comunicaci6n con sus fieles. En la actualidad existe un proyecto en esta dirección, que amplía la actual hoja dominical Vida Cristiana que se distribuye en las Iglesias. Los medios para esto habrán de ser conseguidos por la misma Iglesia.

En cuanto al proceso del ENEC, Mons. Meurice indicó que cada diócesis ha seguido el suyo.

En Santiago de Cuba, el proceso se retrasó por faltar el documento. Su edición, por la editorial salesiana en Roma, se demoró casi un año. En la actualidad se ha estudiado el documento final en las comunidades, concluyendo con asambleas parroquiales durante el mes de septiembre.

Mons. Meurice ha convocado a una asamblea diocesana para celebrarse los días 8, 9 y 10 de octubre, con el tema de misión y evangelización, en la que participarán unas 120 personas representando a todas las comunidades.

"La participación en las 68 parroquias ha oscilado entre grupos de 10 a 400 personas", dijo Mons. Meurice.

Fue el amigo de todos

Es enterrado en Miami Mons.Oves, antiguo Arzobipo de La Habana

MAIMI, (Diciembre, 1990) - Cargado sobre los hombros do sus compañeros y amigos en el sacerdocio, los restos mortales del Arzobispo cubano Francisco Oves Fernández dejaron la Catedral de Miami y fueron colocados en el furgón que le condujo al cementerio católico de esta ciudad, Nuestra Señora de la Merced.

Para el último adiós a quien fue su obispo, algunos sacerdotes viajaron de lejos. También lo hizo su sucesor en la sede de La Habana, el cardenal Jaime Ortega, quien presidió la Misa de Resurrección en la Catedral, junto a los obipos auxiliares de Miami, Agustín Román y Enrique San Pedro y el obispo Roberto González, auxiliar en Galveston Houston .

Mons. Ortega elogió el amor a la Iglesia de Mons. Oves, "un amor que le llevó a ser muy discreto, discreto hasta el extremo", dijo al referirse al episcopado de su antecesor, durante la década de los años setenta que muchos consideran una de las décadas más difíciles de la Iglesia cubana.

Mons. Oves fue sacerdote de la diócesis de Camagüey hasta su expulsión de la Isla en 1961 con otros 130 sacerdotes en el barco Covadonga. Vivió exiliado en Roma y regresó a Cuba como profesor del Seminario de La Habana. En 1969 fue nombrado por el Papa obispo de Cienfuegos Santa Clara y un año más tarde Arzobispo de la Habana, hasta 1981 en que dejó el cargo por motivos de enfermedad.

En la homilía fúnebre, el cardenal Ortega dijo de él que "entregó todo, hasta su salud".

Durante su episcopado, Mons. Oves participó activamente en las reuniones de los obipos latinoamericanos de 1979 en Puebla como lo había hecho en las de Medellín, en 1967, como perito del Vaticano. A su salida de Cuba en 1981, la sede de La Habana quedó vacante por unos meses, actuando de administrador el Arzobispo de Santiago, Mons. Pedro Meurice, hasta el nombramiento del actual arzobispo, Jaime Ortega.

Al fallecer Mons. Oves, los sacerdotes que convivieron con él en Cuba recordaron su testimonio fiel y su incansable celo con las visitas pastorales a los fieles. Así lo hizo el padre Luis Casabón, ahora párroco de la iglesia Principe de la Paz en Miami.

Responso sobre los restos del Arz. Oves. Desde la izq. Mons. Roberto González, Mons. Enrique San Pedro, Card. Jaime Ortega, Mons. Agustín Román

Mons Oves

"Se pasaba una semana en los pueblos, vivía con los sacerdotes, visitaba las casas," dice. El le recordará siempre como "un amigo fiel, un obispo pastoral y un sacerdote ejemplar".

El padre Arnaldo Bazán colaboró con Mons. Oves en sus años de Santa Cruz del Sur y fue expulsado de Cuba con él en 1961. Recientemente trabajó con Mons. Oves en su parroquia de El Paso y pudo apreciar el cariño que ya le había tomado la gente en aquella zona de Texas. Y repite una frase que muchos otros le oyeron decir al fallecido Arzobispo: " Sacerdote, siempre sacerdote, en todo sacerdote".

En misión con Cuba en el corazón

Cubanos de la diáspora se unen en C.R.E.C.E.D.

SAN AGUSTIN, FL, (Julio, 1992)- Les convocaba la fe y sus raíces cubanas y en la ciudad más antigua de los Estados Unidos, de profundos vínculos con la añorada Patria, cubanos de todos los rincones recibieron un reto: "Sean evangelizadores".

En San Agustín se dieron cita unos 150 delegados católicos cubanos, venidos de 19 países y 14 estados de Estados Unidos y junto a sus pastores hicieron memoria de su historia y constataron que el dolor del exilio aún embarga su corazón.

Fue un emotivo encuentro que, por primera vez, acercó a católicos cubanos de diversas ideologías y generaciones de la diáspora y emulando la experiencia del Encuentro Nacional Eclesial Cubano, (ENEC), celebrado en Cuba seis años antes, buscaba decisiones y propuestas para enfrentar el futuro con esperanza y para emprender un esfuerzo evangelizador que amplíe para todos los cubanos los espacios de la fe y de la fraternidad.

Fueron días de debate, mutuo conocimiento, trabajo y oración. Y al final, con el ritmo de un son y cantando a la esperanza, finalizaron clausura del Encuentro Internacional de CRECED, (Comunidades de Reflexión Eclesial Cubana en la Diáspora), junto a la tumba del Padre Félix Varela y escuchando el Mensaje al Pueblo Cubano redactado por los obispos cubanos exiliados, Agustín Román, y Enrique San Pedro, auxiliare de Miami y Eduardo Boza Masvidal, auxiliar en Los Teques, Venezuela.

En el mensaje los tres obispos exiliados reafirman su "pertenencia y participación en las Iglesias locales en las que nos encontramos", al tiempo que expresan su deseo de "conservar los valores de nuestra propia cultura y nos sentimos unidos con un fuerte vínculo espiritual a nuestra Iglesia que está en Cuba con la que queremos mantener unidad y colaboración".

Participó en el Encuentro, representando a la Iglesia en Cuba, Mons. Alfredo Petit, obispo auxiliar de La Habana.

Parte de la tarea del encuentro fue el trabajo en torno a un documento de trabajo elaborado con las aportaciones a un documento anterior 'de consulta'. El documento consta de cuatro partes:

I. Perspectivas históricas del catolicismo cubano: Aportes para una interpretación.

II. La situación general y eclesial de la nación cubana: Contribución a un análisis.

III. Reflexión teológico pastoral: Aportes para una evangelización e inculturación.

IV. Algunas reflexiones pastorales para la nueva evangelización.

Entre los objetivos del encuentro estaban: Reflexionar sobre la realidad cubana y eclesial; renovar la fe del pueblo cubano en la diáspora; recuperar la memoria histórica; renovar y promover los vínculos espirituales con la Iglesia en Cuba; promover la participación de las comunidades cubanas de la diáspora en la dinámica misionera del V Centenario de la Evangelización en América.

Los trabajos de C.R.E.C.E.D se iniciaron en 1990 con el nombramiento de un equipo internacional. Desde Febrero a Mayo de 1991 se llevó a cabo una consulta a los cubanos repartidos en cualquier parte del mundo. De

"Nos sentimos unidos con un fuerte vínculo espiritual a nuestra Iglesia que está en Cuba con la que queremos mantener unidad y colaboración"

Mensaje de CRECED al pueblo cubano

junio a agosto se realizó la tabulación de la encuesta. En agosto se preparó un Documento de Consulta sobre el que la Diáspora reflexionó desde febrero a mayo de 1992. A partir de mayo se preparó el Documento de Trabajo que se debatió en San Agustín.

Piden amor y cambios
En su carta pastoral 'El amor todo lo espera' los obispos denuncian la situación del país

MIAMI, (Septiembre, 1993) - En una Carta Pastoral sin precedentes en los últimos 30 años, los obispos de Cuba han rebasado el ámbito puramente pastoral de otras declaraciones para pedir al gobierno cubano que emprenda reformas políticas.

Al mismo tiempo exhortan a todos los cubanos, dentro y fuera de la Isla, para que desde un amor que cicatrice tantas heridas abiertas por el odio, "lleguen a un diálogo de hermanos que no busque descubrir culpas, sino caminos nuevos hacia la esperanza".

"La gravedad de la situación económica de Cuba tiene también implicaciones políticas, pues lo político y lo económico están en estrecha relación", dicen los obispos en su Carta Pastoral '*El amor todo lo espera*', con fecha del 8 de septiembre de 1993, firmada por los dos arzobispos y los nueve obispos de la Conferencia Episcopal Cubana.

La Pastoral ha sido bien recibida por los episcopados de otros países y por grupos de derechos humanos. También en el exilio, el obispo cubano Agustín Román ha dicho que "la Iglesia en Cuba está gritando la verdad" que no todos conocen.

"La gravedad de la situación económica de Cuba tiene también implicaciones políticas, pues lo político y lo económico están en estrecha relación

El gobierno cubano dice estar analizando el documento mientras, un comentario en el semanario cubano Trabajadores lo califica de "puñal clavado por la espalda".

En la Pastoral, los obispos señalan que deberían erradicarse, "algunas políticas irritantes" y mencionan en concreto:
- El carácter excluyente y omnipresente de la ideología oficial, que conlleva la identificación de términos que no pueden ser unívocos, tales como patria y socialismo, estado y gobierno, autoridad y poder, legalidad y moralidad, cubano y revolucionario.
- Las limitaciones impuestas a la libertad misma.
- El excesivo control de los Organos de Seguridad del Estado.
- El alto número de presos por motivos económicos y políticos.
- La discriminación por razón de ideas filosóficas, políticas o de credo religioso.

Imagen de la Virgen de la Caridad en el Cobre

Los obispos explican el por qué de su declaración en estos momentos, después de años de silencio. Dicen que el aparente silencio mantenido hasta el momento se debe a la "opción hecha hace años por un diálogo directo y franco con las autoridades de la nación, por el no empleo de declaraciones que puedan servir a la propaganda en uno u otro, sentido".

Pero aclaran que el silencio "ciertamente no ha sido total". (Ver el artículo que sigue).

Observadores de la situación en Cuba opinan que los obispos han optado por una cambio de táctica dada la crisis actual y dada la falta de respuesta del gobierno cubano a sus discretas solicitudes anteriores. En su carta, los mismos obispos dicen que en el pasado "han ejercido su sagrado magisterio con el tacto y la delicadeza que requería la situación, pero un sano realismo implica la aceptación de dejarnos interpelar a nosotros mismos, el cual puede no gustar, pero puede también llevarnos a las raíces de los problemas a fin de aliviar la situación de nuestro pueblo¨.

La Pastoral, de 17 folios, organizada en 83 epígrafes numerados va dirigida "a todos nuestros hermanos cubanos, pues a lo largo de cuatro siglos los cubanos nos hemos encontrado siempre juntos, sin distinción de razas, clases u opiniones, en el camino que lleva al Cobre".

Dos símbolos de amor

La Carta presenta dos símbolos de amor arraigados en la religiosidad popular de los cubanos: la Virgen de la Caridad y el Sagrado Corazón de Jesús. Hablan de un amor: al amigo y al enemigo, como actitud de base, por la gravedad de la falta de amor en una sociedad, porque no hay justicia sin amor y el odio siempre pierde o porque el amor cicatriza heridas y es la mejor ley, como diría José Martí

Resolver entre cubanos

Los obispos, dejan claro que "nosotros, pastores de la Iglesia no somos políticos". Pero añaden que aunque la Iglesia no puede tener un programa político, puede y debe dar "su juicio moral sobre todo lo que sea humano o inhumano".

Subrayan que hablan "sin compromisos y sin presión de nadie", y que hablan a todos, también a los políticos y a todos los cubanos, "porque entendemos que las dificultades de Cuba hemos de resolverlas juntos todos los cubanos".

Los obispos recuerdan el proceso histórico de la Isla y las "intervenciones extranjeras en nuestros asuntos nacionales", en este siglo. "Se hicieron alianzas políticas y militares, se produjeron cambios de socios cormerciales (...) No es de extrañar que algunos de nuestros obstáculos presentes provengan de esta estrecha dependencia que nos llevó a copiar estructuras y modelos de comportamiento".

"Sin compromisos y sin presión de nadie... porque entendemos que las dificultades de Cuba hemos de resolverlas juntos todos los cubanos".

Los obispos señalan que no es únicamente del extranjero de donde debemos de esperar la solución a nuestros problemas. Hacen notar que "los cubanos que pueden ayudar económicamente son precisamente aquellos a quienes hicimos extranjeros". Y preguntan: "¿No será mejor reconocer, que ellos tienen también el legítimo derecho y deber de aportar soluciones por ser cubanos? ¿Cómo podremos dirigirnos a ellos para pedir su ayuda si no creamos primero un clima de reconciliación entre todos los hijos de un mismo pueblo"?

Nuestro país se deteriora

Al analizar la situación del país, los obispos reconocen que después de 34 años las cosas no van bien. Y señalan diversos factores, entre otros el embargo norteamericano, en vigor desde 1961, al que los obipos se opusieron en abril de 1969.

Señalan que, aunque la solidaridad "es un apoyo que agracedecemos vivamente, puede crear en nosotros una especie de pasividad y de tácita aceptación de las causas que originan los problemas".

Citan palabras del enviado Vaticano, cardenal Roger Echegaray quien, en su visita a la Isla, en diciembre de 1992, les dijo que " el cubano no puede esperarlo todo de los demás. Es necesario, desde ahora, buscar verdaderas soluciones nacionales con la participación activa de todo el pueblo".

Los obispos señalan la necesidad de cambios no sólo en lo económico sino también en "erradicar las políticas irritantes", arriba señaladas.

Fachada de la catedral de La Habana durante el ENEC en 1986

El ser humano es el mejor tesoro

Pero ante todo ponen al ser humano como centro de todo el proceso: "El hombre es el sujeto preferente, el tesoro más grande que tiene Cuba (…) El desarrollo de una sociedad se alcanza cuando ésta es capaz de producir mejores personas, no mejores cosas".

Y porque el ser humano es lo que cuenta, hay que buscar caminos nuevos, dicen los obispos. De no hacerlo "los logros alcanzados podrían quedar dispersos tras años de sacrificio".

El camino mejor es el diálogo, dicen, recordando palabras del Encuentro Nacional Eclesial Cubano en 1986.

El camino es el diálogo

Se trata de un diálogo que trate de averiguar no tanto los por qué, sino los para qué, porque "todo por qué descubre siempre una culpa y todos los para qué traen consigo una esperanza".

Ha de ser un diálogo: "de cubanos, a cubanos, que somos todos (...) con interlocutores responsables y libres y no con quienes antes de hablar ya sabemos qué van a decir".

"El diálogo a que nos referimos ha de tener en cuenta, la diversidad de medios y personas".

Y señalan que en Cuba hay un sólo partido, una sola prensa, una radio y una televisión, y "el diálogo a que nos referimos ha de tener en cuenta, la diversidad de medios y personas".

Los obispos terminan dirigiéndose a los bautizados que han permanecido "fieles a la fe en circunstancias difíciles" y también a los que la abandonaron. Les dicen que la Iglesia "nunca ha estado lejos de este pueblo nuestro. Se quedó con los que se que se quedaron... Sus templos, vacíos o llenos han permanecido idénticos, siempre serenos, como testigos solitarios... como signos del amor de Dios que siempre coopera, bendice, llama".

Subrayan que escriben el mensaje "sin olvidar el sufrimiento innecesario de tantos, el dolor causado por los que han muerto en otras tierras o en los mares... A todos les dicen que la sensatez puede triunfar, que la fraternidad puede ser mayor que las barreras levantadas y que el primer cambio necesario es el de los corazones". Todo ello lo dicen sin intención de "culpar a otros", sin querer "lastimar a ninguna persona y como pastores de la Iglesia que está en Cuba, separada del Estado, como debe ser, pero no de la sociedad".

A todos recuerdan que la salvación es posible porque Cristo es la salvación y le piden a la Virgen de la Caridad, "Patrona de Cuba, y madre de todos los cubanos, que nos ayude con su bendición".

Habló hasta que la silenciaron
El silencio de la iglesia no fue total

MIAMI, (Septiembre, 1993) - En su Pastoral *'El amor todo lo espera'*, los obispos de ' Cuba dicen que su silencio "ciertamente no ha sido total".

¿Cuándo y de qué habló la Iglesia en sus intervenciones?

Ciertamente no estuvo callada en los inicios de la revolución. Incluso antes, durante los conflictivos años del gobierno de Fulgencio Batista se atrevió a pedirle al dictador que renunciara, lo que hizo el obispo de Matanzas Mons. Alberto Martín Villaverde.

Pero quien fue notorio por sus Cartas Pastorales, fue el arzobispo de Santiago de Cuba Mons. Enrique Pérez Serantes.

* En marzo de 1958 y después en la Navidad del mismo año, se dirige a "aquellos en cuyas manos está poder remediar estos males, pidiéndoles que por piedad, por humanidad, por amor a Dios... nos hagan el obsequio de la Paz, pero no la paz de los sepulcros ".

Cartel en la fachada de la Catedral de La Habana, durante el ENEC

Una semana después, el 1 de enero huía Batista a Santo Domingo.

* El 13 de enero, de nuevo escribía el Arzobispo, eufórico, narrando los hechos del juramento del nuevo presidente Manuel Urrutia. La carta *'Nueva Vida'*, expresaba con claridad que "tenemos derecho a defender un orden de cosas enteramente nuevo... Queremos y esperamos una República netamente democrática, en la

que todos los ciudadanos puedan disfrutar a plenitud la riqueza de los derechos humanos".

Además el obispo señalaba nueve puntos programáticos, el último de los cuales sobre los campesinos, se convierte en el primer proyecto del nuevo gobierno: la Ley de Reforma agraria que la Iglesia apoyó aunque con algunas cautelas.

- Varios obispos salieron en su defensa recordando la doctrina social de la Iglesia. Sus pastorales clarificaron conceptos y posteriormente señalaron "puntos discutibles" de dicha ley al descubrir en ella afinidades con el pensamiento de Moscú.
- El 29 de enero de 1959 Mons. Pérez Serantes en la Pastoral *'El Justo Medio'* deplora los abusos contra los 'criminales de guerra' de Batista. Se le unen obispos pidiendo clemencia y perdón.
- El 18 de febrero de 1959 todos los obispos, en una Pastoral colectiva, expresan su temor a reformas educativas con excesivo control del estado. Se oponen también a la llamada Ley Once, por la que se querían anular los títulos universitarios de la etapa de Batista, lo que habría afectado a la Universidad de Santo Tomás de Villanueva.

Los obispos y las organizaciones católicas piden la enseñanza de la religión en las escuelas públicas. Y Fidel Castro se manifiesta a favor "porque la religión es la base de la formación moral del hombre".

Pero ya existían dudas sobre las intenciones del gobierno, a pesar de las declaraciones de Castro en mayo de 1959: "El capitalismo deja abandonado al hombre: el comunismo, con sus conceptos totalitarios, sacrifica sus derechos. Nosotros no estamos de acuerdo ni con uno ni con otro..."

Y añadía Castro: "Nuestra revolución no es roja, sino verde olivo. Lleva los colores del ejército rebelde de la Sierra Maestra".

Se dan dimisiones en el gobierno y aunque el presidente Urrutia niega tener discrepancias con Castro, es obligado a renunciar en una maniobra política de su primer ministro. Sigue en octubre la renuncia de Huber Matos,

> *"Queremos y esperamos una República netamente democrática, en la que todos los ciudadanos puedan disfrutar a plenitud la riqueza de los derechos humanos".*
>
> Mons. Pérez Serantes, 1958

condenado después a 20 años de cárcel, por las mismas razones de "infiltración comunista en el ejercito rebelde".

En este ambiente de velados temores se celebra en noviembre de 1959 el Congreso Católico Nacional que, junto a la Plenaria de la Acción Católica, a continuación, se presta bien para aclarar principios doctrinales sobre posibles peligros de totalitarismos o intervenciones extranjeras.

En febrero de 1960, la visita Cuba el ministro ruso Anastas Mikoyan confirma las sospechas y provoca otra carta de Mons. Pérez Serantes, 'Por Dios y por Cuba' en la. que abiertamente afirma: "No son ya simples rumores... no puede ya decirse que el enemigo está en la puertas, porque en realidad está dentro, hablando fuerte".

> *"No son ya simples rumores... no puede ya decirse que el enemigo está en la puertas, porque en realidad está dentro, hablando fuerte".*
>
> Mons. Pérez Serantes, 1960

• El 7 de agosto del mismo año los obispos lanzan una Pastoral colectiva que marcará la ruptura con la revolución, aunque de hecho la carta, en gran parte, elogia los logros conseguidos. Pero también expresa temores por las estrechas relaciones con países comunistas, al tiempo que condena la ideología comunista: "Que nos se nos pida que nos callemos nuestra oposición a estas doctrinas", dicen.

La reacción del gobierno fue fuerte y marcó un cambio, en las relaciones. La invasión de Playa Girón en abril de 1961, por cubanos exiliados entrenados en Estados Unidos, complicó las cosas y a la Iglesia le confiscaron las obras de beneficencia, los colegios y el acceso a los medios de comunicación. Con ello se inicia nueva etapa de silencio y de adaptación a la nueva sociedad de molde marxista. Son los años de protagonismo del enviado vaticano, Mons.Cesare Zacchi. El silencio del episcopado fue roto el 10 de abril de 1969 con la condena al bloqueo, que desde 1961 se tenia contra la Isla.

• En 1976 los obispos condenan los actos terroristas de una bomba contra Cubana Aviación.

• En 1982 inician la Reflexión Eclesial Cubana REC, en ambiente más apertura religiosa, dada la participación de católicos en la revolución de Nicaragua.

> *En 1980, a raíz del éxodo por el puerto del Mariel, los obispos exhortan a los cubanos a que no abandonen la Isla por promesas falsas.*

- En 1980, a raíz del éxodo del Mariel los obispos exhortan a los cubanos a que no abandonen la Isla por promesas falsas. Privadamente condenan ante el gobierno los actos de repudio.
- En 1981 surge la primera reflexión sobre la Teología de la Reconciliación del padre René David.
- En 1985 se inician los contactos con los obispos norteamericanos que se reúnen con Castro en el mes de febrero y abordan temas como la discriminación contra los católicos la liberación de presos políticos y la reunificación de las familias. Surge la Oficina de Asuntos Religiosos del Gobierno Cubano. El secretario del CELAM (Consejo Episcopal Latinoamericano), visita Cuba. Dos obispos cubanos, un sacerdopte y una religiosa participan en el 'Diálogo Continental sobre la Deuda Externa', convocado por Fidel Castro en La Habana.

El obispo de Camagüey, Mons. Adolfo Rodríguez hace una reflexión al respecto y ésta es asumida por los demás obispos cubanos.

- En 1986 es el Encuentro Nacional Eclesial Cubano, ENEC, en que los católicos reclaman su derecho a construir la Patria sin negar su fe y la Iglesia se identifica como encarnada, misionera y orante. En una carta a los delegados, los obipos reconocen algunos signos de 'acercamiento y distensión'.

Se publica en Roma el Documento Final del ENEC, de 266 páginas y la Instrucción Pastoral de los Obispos.

- En 1987, el mensaje de Navidad de los obispos habla de sus "sostenidos esfuerzos" por lograr visados para los presos políticos.
- En 1989, con motivo de la sentencia de muerte y ejecución de cuatro oficiales del gobierno, entre ellos el General Ochoa, el Arzobispo de la Habana expresa la oposición de la Iglesia a la pena de muerte y su apoyo a la petición de clemencia hecha por el Papa para los acusados cubanos.
- En 1991, en la fiesta de la Virgen de la Caridad, escriben los obispos a los sacerdotes del país y se refieren a las dificultades por las que pasa el pueblo: el descontento de la juventud, el aumento de la violencia, el robo y desenfreno sexual.

Ese mismo año, una nota de la Conferencia Episcopal deplora los actos de repudio a quienes deciden marcharse del país.
• En 1992, deploran los obispos, en una declaración, el recrudecimiento del embargo norteamericano.
En su mensaje de Navidad los obispos señalan "que el pueblo cubano vive momentos muy díficiles" y que se vive una situación muy crítrica.
• En septiembre de 1993 escriben la Carta Pastoral: *El amor todo lo espera.*

100 documentos de la Iglesia en Cuba
En un libro entre los años 1914 y 1964

MIAMI (Abril, 1995) - Con el título '*La Voz de la Iglesia en Cuba*' esta siendo distribuido en la Isla un libro que contiene 100 documentos conjuntos del Episcopado Cubano y de los obispos de las respectivas diócesis de Cuba entre los años 1914 y 1964.

Dicha documentación es un testimonio vivo del papel que ha jugado la Iglesia cubana a lo largo de los últimos 30 años y "favorece al análisis sereno y objetivo de nuestra historia reciente y de manera particular, en lo concerniente a las relaciones Iglesia y Estado, Iglesia y Nación," señalan los obipos cubanos en la presentación de la obra .

La obra sigue un orden cronológico y se inicia con una carta circular del 29 de agosto de 1914 sobre las necesidades de los obreros. En ella el gobernador eclesiástico, Mons. Severiano Saínz, señala que la Iglesia no puede permanecer callada e impasible, " cuando a sus ojos se presenta un cuadro desgarrador; cuando está viendo en toda la Républica de Cuba y en particular en esta capital de La Habana, un crecido numero de obreros que carecen de todo, que oyen las voces de sus hijitos que les piden pan y que no sólo no tienen para darles y saciar su hambre, sino que ni aún pueden ganarlo por escasez de trabajo".

En otro documento del 6 de febrero de 1940, los obispos se dirigen a los delegados de la recién elegida Asamblea Constituyente para que "cumplan el empeño que el Pueblo Cubano les ha confiado," para lo que les plantean algunos puntos que quieren sean sancionados en la futura Constitución.

En junio del mismo año, el Vicario Capitular Dr. Manuel Arteaga escribe una circular advirtiendo que "la Iglesia Católica no tiene conexión con partido político alguno y que todo católico puede y debe votar libremente en cualquiera de nuestros partidos políticos, con la sola excepción del que mantenga un programa antirreligioso y ateo. También advierte "que no debe dejarse de votar".

> "Es una falacia... repetir que la Iglesia Católica en Cuba estuviera ajena a las luchas del pueblo anteriores a 1959".

Al dar a conocer el libro, la Conferencia Episcopal Cubana afirma que "es una falacia, que esta obra descalifica, repetir que la Iglesia Católica en Cuba estuviera ajena a las luchas del pueblo anteriores a 1959".

Los obispos hacen notar que con la lectura de los pronunciamientos de entonces, "asombra que ante la novedad de la revolución social que comenzó a fraguarse en la década de los años 50, los pastores de la Iglesia en Cuba poseyeran la sensibilidad y la penetración que muestran las declaraciones".

En su reciente carta pastoral *El amor todo lo espera* los obispos de Cuba afirmaron que ' su silencio ciertamente no ha sido total." La publicación de este volumen ofrece las pruebas de cómo la voz de la Iglesia se hace notar pidiendo concordia y paz ante los acontecimientos.

En la introducción a la nueva edición, los obispos señalan que al ofrecer los documentos 30 años después, hay que tener en cuenta el que entonces "al afirmarse el carácter socialista, marxista- leninista para ser más precisos, de la Revolución, los Obispos de Cuba aún no contaban con la mentalidad post-conciliar que favorecería, en las nuevas circunstancias, el diálogo con hombres e instituciones.

Un abrazo de hermano

El cardenal Jaime Ortega visita Miami y las comunidades de la diáspora

MIAMI- (Mayo, 1995) -El cardenal Jaime Ortega Alamino extendió su abrazo de hermano al exilio cubano de Miami y mientras lo hacía no perdió momento para hablarle al corazón.

"Es el amor quien ve", les dijo citando al apóstol de la independencia cubana. Como José Martí en sus versos, hace ya casi un siglo, el cardenal pidió a sus compatriotas "el cultivo de una rosa blanca", también para los enemigos.

Durante su visita los días 27 y 28 de mayo a la 'capital del exilio' el Arzobispo de La Habana llevó a cabo una catequesis popular en cuatro tiempos.

Cultivar una rosa blanca

Cerca de 1,000 personas le recibieron en la catedral de Santa María y el Cardenal se tomó el tiempo para abrazar a cada uno personalmente en un besamanos interminable.

Con banderas cubanas reciben al Cardenal Ortega en Miami

Minutos antes, monseñor Ortega había iniciado su pastoreo con el exilio subrayando que se trataba de un 'encuentro diferente' y presentando a la Iglesia en Cuba—distinta quizás a la que muchos habían conocido hace casi 40 años, cuando esta contaba con cierto prestigio, escuelas, acceso a los medios de comunicación y a personas de capital. Ahora la Iglesia presentaba otra tarjeta de visita.

"La nuestra en Cuba es una Iglesia de reconciliados, de conversos, de catecúmenos que hacen el aprendizaje del "amor cristiano".

Mons. Ortega señaló que en Cuba la Iglesia vive lo esencial y cumple su misión llamando a cada puerta a cada corazón... para sembrar paz y amor, misión que continuó el Cardenal en Miami.

El cardenal Ortega habla en la Catedral de Miami

Y para dejar claras las bases de su visita, señaló que la Iglesia no se sitúa ni como simple opositora del comunismo ni como aliada de la economía liberal de mercado sino "como depositaria e intérprete de la Palabra de Dios "cuya actuación se sitúa en la conciencia del hombre, para que este responda éticamente a través de una acción humana que pueda temperar las medidas extremas, sin olvidar al más desvalido y la dignidad de la persona humana".

En su propuesta, el Cardenal desechó todo enfrentamiento entre sistemas políticos para llamar a un enfrentamiento entre el mensaje de Jesucristo y el espíritu del mundo, que identificó como el poder, las fuerzas ciegas del dinero, el placer sin límites, la utilización del prójimo.

Pero aclaró que el desafío para el cristiano radica en no quedarse "mirando al cielo sin intervenir en esa lucha que nos atemoriza a veces", sino aceptar la novedad cristiana de Jesús: "ama a tu enemigo, reza por quien te persigue".

Tal reto sólo puede aceptarlo quien cree en Jesucristo y lo ama, dijo el Cardenal. Y señaló que es precisamente el reto que aceptó el gran patriota cubano José Martí, "quien desechó el odio como fuerza negativa" y poniendo el amor como centro y cima de su obra patriótica, tradujo a poesía el mandato del evangélico del amor al enemigo :
"...Y para el cruel que me arranca el corazón con que vivo, cardo ni oruga cultivo, cultivo una rosa blanca".

El Cardenal indicó que "esta es nuestra gloriosa versión cubana de poner la otra mejilla". Y dijo que hace falta valentía como la de Martí para conquistar la libertad interior que permita amar así.

"¿Es, por ejemplo, libre quien odia?", preguntó

Sabiduría paciente de la juventud

En un almuerzo informal con los sacerdotes cubanos el cardenal Ortega habló de la juventud en Cuba que parece tener " la extraña sabiduría paciente que los hace saber esperar para ver qué trae la historia, confiando en las ventajas que les da a ellos el tiempo que va pasando". Y compartió el testimonio de un joven de 18 años que le decía hace poco "yo ahora miro hacia los viejos y yo se que yo gano, sólo tengo que esperar".

El Cardenal recordó sus tiempos jóvenes de compromiso con la acción. "Pero hoy hay una valoración más grande de los aspectos espirituales de nuestra fe cristiana", dijo. Comentó que hoy el hombre cubano "le pide a la Iglesia que le de el suplemento de espíritu que le falta".

Dijo que la Iglesia en Cuba tiene que contar con las nuevas realidades, acompañándolas. "Todos los que ejercemos el ministerio en Cuba sabemos que la gente tiene sed de los valores espirituales y los acepta".

Existe una receptividad mayor del cubano al mensaje del Evangelio porque "hemos pasado una 'cura de caballo' del materialismo y se da hoy una vibración especial hacia el espíritu, dijo el Cardenal. El reto para la Iglesia en Cuba es que esta se levanta en medio de un mundo "no ya marxista-materialista, sino materialista y sin ningún ideal...preocupado de obtener algo inmediato para comer, para vivir, que es como un materialismo práctico. La ideología va pasando. Hizo sus pruebas y las calificaciones no fueron muy altas. Por eso va pasando y lo que queda es quizás un patrón de comportamiento común, ordinario, que tiene el mundo entero en medio de

> *"La ideología va pasando. Hizo sus pruebas y las calificaciones no fueron muy altas... y lo que queda es, quizás, un patrón de comportamiento común, ordinario, que tiene el mundo entero en medio de una situación de pobreza, de miseria y de carencias... se hace muy difícil la vida".*
>
> *Card. Jaime Ortega*

Multitudes con banderas en la Ermita de la Caridad

una situación de pobreza, de miseria y de carencias... se hace muy difícil la vida".

Y con todo esto, "por qué levantar ese mensaje de esperanza en una gente así? Porque es cuando más receptividad hay y cuanto más acogida hay", dijo monseñor Ortega.

El Cardenal señaló que, durante la celebración de la Eucaristía en la Catedral "me parecía estar celebrando en Cuba, salvo el fresco del aire acondicionado y la gente mejor vestida. Me parecía estar en cualquier celebración nuestra, con el mismo entusiasmo, la misma alegría... somos los hermanos cubanos y esto nos identifica y nos unirá siempre, por mucho tiempo que pase, vivamos donde vivamos".

"Somos los hermanos cubanos y esto nos identifica y nos unirá siempre, por mucho tiempo que pase, vivamos donde vivamos".

Card. Jaime Ortega

La Virgen de la Caridad es lazo de unión

Para su segundo encuentro con los cubanos, el cardenal Ortega acudió al hogar de la Madre, la Ermita de la Caridad.

Centenares de personas se agolparon a su llegada con banderas cubanas y aclamaciones que no encajaban en lo que se había planeado como un encuentro de oración.

Los vistosos estandartes de los municipios de Cuba en el Exilio desfilaron ante el Cardenal quien también recibió las ofrendas del grupo CRECED (Comunidades de Reflexión Eclesial de Cubanos en la Diáspora) y las canciones a la Patrona de Cuba. El Cardenal recordó la historia de la Vigencita cubana—la Virgen del amor—y rogó a la Madre "para que llegue el tiempo de la reconciliación y la paz para Cuba y para todos los cubanos".

La jornada del Cardenal concluyó con una cena en la catedral con los obispos y representantes del clero.

Nos convoca la fe y una misma tierra

Fue en los terrenos de la Universidad de Santo Tomás donde el cardenal se encontró con unas 3,000 personas bajo el sol caliente floridano. Sus palabras fueron una invitación a mirar alto, hacia un ideal "capaz de superarnos a todos".

Pero antes de hacerlo, reconoció el dolor de su exilio, su esfuerzo por mantener la identidad cubana y sus aportaciones a la cultura. "En el futuro será imposible escribir la historia de Cuba sin estudiar la contribución que han hecho a ella los cubanos que en estos años han vivido fuera de nuestro país".

Además de valorar las virtudes de los cubanos, se atrevió a darles un reto: dejar a un lado la "intolerancia y la dureza de nuestras posiciones". Para ello ofreció la clave cristiana de la interpretación de la realidad: "el estilo del Señor, su metodología del amor como camino de superación de todas las crisis, su dialéctica de sacrificio que redime y de la muerte que da vida".

Fue una invitación a recuperar la esencia del mensaje de José Martí, porque en sus palabras, "es el amor quien ve."

Dos doctorados y un recorrido por la historia

La tarde se presentó académica y tanto en la Universidad de Santo Tomás como en la Universidad de Barry, donde recibió doctorados Honoris Causa, Monseñor Ortega llevó a sus interlocutores a las raíces de la identidad nacional.

Durante un almuerzo en la Universidad de Santo Tomás y para señalar el camino de unas relaciones entre Cuba y Estados Unidos 'moderadas y realistas', el Cardenal citó un discurso de 1934 del polígrafo Don Fernando Ortíz.

"No hay un solo verdadero punto de interés del pueblo americano, que contradiga los fundamentales intereses de

Recibe una camiseta de la Universidad de Sto. Tomás de manos del Rector Mons. Franklyn Casale

> *"No hay un solo verdadero punto de interés del pueblo americano, que contradiga los fundamentales intereses de Cuba".*
>
> *Cardenal Jaime Ortega*

Cuba y viceversa... Impidamos que un puñado de extraviados, de uno y otro país, perturben el desarrollo de esta armónica colaboración en la obra de la civilización universal".

Al concluir el acto de investidura, el cardenal fue sorprendido con un regalo: la camiseta del equipo de béisbol de la Universidad, como símbolo de los lazos que esta institución, originada en la cubana Universidad de Sto. Tomás de Villanueva, quiere mantener con la Iglesia en Cuba.

La educación cubana nació cristiana

El acto en universidad de Barry contó con gran pompa y ceremonial. Primero un reducido grupo de testigos escuchó atento mientras la Hna. Jean O'Loughlin enumeraba los méritos del Cardenal Ortega y le otorgaba la investidura.

Momentos después, el Cardenal tomaba el podio para hacer un recorrido por la historia de la educación en Cuba y resaltar el papel del Seminario de San Carlos y San Ambrosio, de la Habana, en la educación de los padres de la nacionalidad cubana.

Recibe un doctorade de la Universidad de Barry

"La nacionalidad cubana nació cristiana, independientemente del rumbo que se le haya podido dar después", dijo el Cardenal.

También los periodistas tuvieron tiempo de hacerle preguntas.

En una conferencia de prensa que fue transmitida, en vivo, por Radio Martí, el Cardenal reiteró las motivaciones pastorales de su visita y aseguró que guardaría silencio ante cualquier pregunta motivada por ataques personales a personas concretas.

Y cuando se le preguntó sobre la libertad para salir de

Cuba con que hoy gozan los miembros de la Iglesia y las posibilidad de estar siendo víctima de manipulaciones, el Cardenal dijo que las manipulaciones existen en todas partes.

Jovenes de Creced con pancartas de bienvenida para el cardenal Ortega

"Ustedes, los de los medios de comunicación, saben qué fácil es que un conjunto de medios llenen las ondas radiales, o las páginas escritas y el individuo se sienta tan inhibido que no se exprese. No porque haya habido una censura, sino porque se da una guerra sociológica de opiniones que pone a la gente a la defensiva. Todos tenemos que cuidarnos de la manipulación".

Con la conferencia de prensa acabo la visita oficial del Cardenal, que dedicó el resto del día a sus familiares.

En la mañana del lunes, visitó la Ermita de la Caridad donde almorzó con el obispo Agustín Román y el personal de la Ermita, antes de ser conducido al aeropuerto de regreso a Cuba.

Una nación con raíces cristianas

Comenta el exilio la visita del cardenal Ortega a Miami

ANALISIS

MIAMI, (Mayo, 1995) - En su reciente visita a Miami el cardenal de la Habana Jaime Ortega Alamino se dirigió a la conciencia de sus compatriotas y como los antiguos profetas de Israel recibió una buena dosis de rechazó e incomprensiones aunque tampoco faltaron oídos atentos a su mensaje.

Muchos hubieran querido que el obispo emitiera condenas y acusaciones hacia el gobierno de Cuba, sin caer en la cuenta en lo que ha sido el criterio del episcopado cubano: los obispos de Cuba nunca han hecho uso de sus salidas al exterior para hablar a su gobierno. Sus declaraciones sobre el estado de la nación las han hecho a través de cartas pastorales en Cuba. Así lo muestra el libro *'La Voz de la Iglesia en Cuba'* sacado a la luz estos días que recoge la voz del episcopado cubano durante los últimos 80 años. Como lo hacen también las declaraciones del 16 de mayo de este año sobre los recientes acuerdos migratorios entre EE.UU. y Cuba.

A su llegada, el mismo Cardenal aclaró que el motivo de su visita era pastoral. Un análisis de su mensaje permite destacar que el arzobispo de La Habana no perdió ocasión para catequizar a su pueblo y recordarle las raíces cristianas de su identidad nacional

"La gente no ha leído sus intervenciones", dice el obispo auxiliar de Miami Agustín Román. "Sólo han oído citas fuera de contexto".

Lenguaje complejo y mensaje profundo

Lo mismo afirma el economista Antonio Jorge.

"Creo que su mensaje no ha sido entendido por el pueblo", dice. Y añade que "el lenguaje del Cardenal es para los conocedores".

Y ante quienes han juzgado de "evasivas" las palabras del Cardenal, Jorge señala que "su mensaje es de gran profundidad porque no es posible una sociedad civil estable si no existe un consenso básico entre los miembros. Por eso el Cardenal habla de la reconciliación y la fraternidad. Porque el socialismo marxista predica la lucha entre clases", señala Jorge y "el capitalismo se basa en un principio irrestricto de competencia que estimula el conflicto económico entre las clases sociales".

Para Jorge tiene profundidad el mensaje del Cardenal "porque habla de la construcción de un proyecto de futuro sobre unas bases de armonía y cooperación entre las clases".

Lo mismo opina el filósofo y poeta Jorge Valls.

"Cuba no ha vivido una tragedia de 40 años para convertirse en una meretriz del mercado".

En su opinión, la alternativa de desarrollo para Cuba

tiene que ser "algo diferente que no ignore la justicia social y que tenga en cuenta las profundas necesidades del país".

El historiador Manuel Maza, S.J. señala que, en su visita, el Cardenal ha tratado de señalar lo que en el momento presente se puede esperar de la Iglesia, no sólo como jerarquía, sino como pueblo de Dios.

Para él, la lectura de los discursos del Cardenal señalan que Iglesia en Cuba sueña y está invitando a "la unidad y a un estado de derecho, no con los principios que rigen la situación actual, principios de odio y división, de revancha, de maniqueísmo que separa a buenos y malos... El Cardenal quiere sentar las bases para un diálogo significativo, sin dejarse instrumentalizar. Y para eso señala a los padres de la nación cubana. Ellos sí sentaron las bases para un estado de derecho y con ellos sí se puede dialogar".

El cardenal Ortega junto al arzobispo de Miami, John C. Favalora

Para el sacerdote cubano, la visita del Cardenal "ha reinterpretado la historia y ha resituado a los 'maestros' en el contexto trascendente del amor".

Y aunque es verdad que Martí organizó la guerra de independencia y murió en combate, el padre Maza señala que hay que entender a Martí. "El hizo la guerra como última solución, estableciendo claramente las condiciones. Tenía tal pánico al militarismo que señala que los que hacen la guerra no son los que han de mandar en la República ni tienen derecho a hablar por ella, porque Martí tenía pánico al abuso de autoridad".

Y por el contrario, señala el sacerdote, "Martí asegura que, quienes no creen en la independencia, aún estos serán respetados y aún los mismos españoles serán respetados".

Por eso el padre Maza se atreve a interpretar que la invitación del cardenal Ortega "a un ideal, a una realidad trascendente capaz de superarnos a todos, a ustedes y a mí, que nos relativice a todos..." es un llamado a relativizar la propia situación, los propios criterios de verdad.

Relativizar las posiciones personales

"El problema no es ver quien tuvo la culpa", dice Valls. "En las grandes crisis nacionales todos hemos tenido la culpa con todas las miserias y cobardías que todos llevamos dentro", señala.

Valls valora el llamado del Cardenal como una invitación "a relativizar las posiciones particulares de cada uno, para salir del partidismo, de si yo tengo la culpa o tú la tienes... Para ir a la conciencia absoluta del ser nacional, el ser que existe antes de que nosotros naciéramos y que persistirá después que nosotros hayamos muerto". Porque para Valls, una nación es un ser que vive a través de distintas generaciones. "Y por muy atormentada que esté una generación no puede enajenar ni el patrimonio ni el destino y las posibilidades de sus miembros".

Y hace notar que para motivar la recuperación de ese destinó el cardenal Ortega "no dice 'yo digo tal cosa,' sino 'fíjense Fernando Ortíz dice tal cosa, Felix Varela dice tal cosa, Jose Antonio Saco tal otra".

Porque en su opinión, para eso son los grandes maestros, para ejercer un magisterio perpetuo, transcendente. "Volver a un texto del siglo XIX para encontrar categorías de justicia es prepararse para la justicia del siglo XXI".

Por eso Valls señala que el cardenal Ortega es un hombre del siglo XXI y no vino a Miami en función del año 1959, ni de 1965 o 1970. Tampoco en función de 1980 o de 1989. Vino en función de 1995 sabiendo que la

> *El Cardenal quiere sentar las bases para un diálogo significativo, sin dejarse instrumentalizar. Y para eso señala a los padres de la nación cubana".*
>
> Manuel Maza J.S.

generación presente se agota y hay que plantearse cómo va a ser el futuro y cómo se va a recuperar la continuidad nacional, explica.

"La única manera que un pueblo tiene de buscar el futuro es buscando en la sabiduría del pasado. Y aunque de momento se trate de leer discursos, ahí están las categorías ideológicas que trazan los cauces del pensamiento futuro", dice Valls.

Al aceptar el doctorado en la Universidad de Barry, señala el padre Maza, el Cardenal "matriculó al exilio en el Seminario San Carlos" para llevarle a las raíces de su identidad nacional y a los principios éticos que la sustentan.

"El Cardenal dio un paseo por la cultura cubana fijando las categorías para el momento presente", dice Valls al referirse a las corrientes sociales y políticas surgidas de los clásicos cubanos que fueron educados en el Seminario San Carlos. Y puntualiza diciendo que:

• El antiesclavismo "es el fundamento de la preocupación social, porque no puede afirmarse una nación si no tiene en cuenta a los mas desdichados".

• Por el independentismo, un pueblo asume su autonomía, su conciencia de libertad y acepta que tienen una misión en el plano universal.

• El reformismo: es la conciencia de Estado, de su estructura y cómo ha de construir la sociedad para que resulte más eficaz el trabajo.

• El antianexionismo la defiende contra el peligro de renunciar al ser como nación.

Pero además, aclara Valls, están las conexiones con el presente. Porque en el siglo XIX, dice, muchos cubanos preferían salvar sus intereses particulares — la sacrosanta propiedad privada de los esclavos — antes que sacrificarse por el bien común. Por eso prefieren

> *"La única manera que un pueblo tiene de buscar el futuro es buscando en la sabiduría del pasado. Y aunque de momento se trate de leer discursos, ahí están las categorías ideológicas..."*
>
> Jorge Valls

anexarse a los Estados Unidos donde existe la esclavitud.

Hoy en día, dice Valls "todavía existen quienes piensan que los EE.UU. tienen que resolver el problema de Cuba con una intervención, o que la economía de EE.UU tiene que solucionar la cubana".

Redescubrir el magisterio de los fundadores de la nación

Para Valls el mensaje del Cardenal ha sido un mensaje humanista al señalar que "todo pueblo tiene que encontrarse en su pasado. No su pasado anecdótico de la pugna de grupos; sino en su pasado sustancial, magisterial, conceptual. Por eso el Cardenal cita a José Martí, a Félix Varela, a Jose Antonio Saco, a Fernando Ortíz y a Rafael María Mendive ..."

Valls está convencido de que ha sido un mensaje "profundamente católico: no sectario, no de grupo, no provincial sino universal. No ha hablado para una Cuba formada exclusivamente de católicos sino formada por judíos, santeros, ateos y revolucionarios también". Y señala que sus discursos usan al humanista católico y no católico porque son parte de la cultura universal y la Iglesia siempre tuvo esa misión de rescatar para el pensamiento universal todo lo que sirve.

"La venida del Cardenal era algo inevitable, necesaria e inaplazable, dice María Cristina Herrera, profesora del Miami Dade College.

"Ha tenido que caminar en una cuerda floja muy difícil y ha superado muy bien los obstáculos ", señala la fundadora del Instituto de Estudios Cubanos.

En su opinión, el mensaje del Cardenal ha sido claro para quienes han entendido sus claves:

• Hace falta una reconciliación nacional: muchas heridas por restañar y dejar atrás, en Cuba y en Miami y entre los cubanos de aquí y de allá.

• Somos un pueblo con un destino común histórico.

• La Iglesia está rescatando su puesto en el proceso nacional, porque lleva ya muchos años unida al peregri-

"Se trata de una Iglesia que no está aislada... El cardenalato del Arzobispo de La Habana muestra el respaldo universal del Vaticano para la Iglesia en Cuba".

Mª Cristina Herrera

nar de su pueblo, llevándole a los valores sociales, éticos, religiosos y humanos.

Es algo que corrobora Valls. En su análisis sobre el papel de la Iglesia en el futuro de Cuba. Valls señala los vínculos de Cuba con España, la última de sus colonias, y la semejanza de sus procesos. Compara la crisis española de su guerra civil con la revolución cubana. Ambas dieron lugar a un gobierno unipersonal que mantiene unido al país bajo banderas semejantes, aunque de distinto color y un líder que se mantiene hasta la ancianidad.

En la Ermita de la Caridad, el cardenal Jaime Ortega, el arzobispo John C. Favalora y el obispo Agustín Román, bendicen a los fieles.

La única salida, dice Valls es la búsqueda de una vuelta a un estado de derecho.

En España existía la institución de la monarquía como clave de unidad para las 'distintas españas'.

En Cuba, señala Valls, la clave consustancial a la nación cubana es la Iglesia Católica, porque todo lo que se ha pensado, hecho y deshecho en Cuba se ha hecho dentro de las categorías católicas. De ahí la relevancia del papel de la Iglesia ahora. Y además La Iglesia católica aporta el principio del perdón y el mensaje de amor en el que se pueden encontrar gentes distintas, dice.

Pero además señala Herrera "se trata de una Iglesia que no está aislada. El cardenalato del Arzobispo de La Habana muestra el respaldo universal del Vaticano para la Iglesia en Cuba". Y además el cardenal Ortega es ahora vicepresidente segundo del Consejo Episcopal Latinoamericano (CELAM).

"En una hora en que, a nivel político, se busca la inserción de Cuba en el continente iberoamericano", señala Herrera. "La Iglesia Latinoamericana se ha adelantado eligiendo al Cardenal cubano a un puesto de liderazgo".

1996 - Encuentro Conmemorativo: ECO
DEL TEMPLO AL BARRIO

Diez años después del ENEC no tuve que buscarme los modos y maneras para informar presencialmente sobre el Encuentro Conmemorativo (ECO) que se celebraba en La Habana, porque me llegó una invitación oficial, firmada por el Presidente de la Conferencia de Obispos Católicos, que entonces era el Cardenal Jaime Ortega, Arzobispo de la Habana.

Tampoco tuve que buscar hospedaje por mi cuenta, ni tuve que hacer entrevistas desde la sala de entrada de la Casa Sacerdotal. Esta vez estuve hospedada allí mismo y tuve amplia libertad para asistir a los debates, fotografiar y entrevistar a la gente o dedicarme a hacer reportajes en las comunidades católicas. Experimenté una total confianza y apertura por parte de todos en la Iglesia cubana.

Pienso que este cambio era un fruto del trabajo que el periódico había hecho desde la cobertura del ENEC 10 años antes. Y pienso además que era consecuencia de la nueva relación generada a partir del ENEC entre las dos iglesias hermanas. Además, La Voz Católica ya no era una publicación desconocida para los católicos de Cuba. Y la Iglesia en Cuba sabía que la Iglesia en Miami había entendido su situación y su proceso de pastoral y quería, desde la información, apoyar su tarea evangelizadora darla a conocer a los cubanos de la diáspora.

En 1996 viajé a Cuba con mucho más conocimiento de la Iglesia cubana, de sus obispos y de la labor que llevaban entre manos. Además de cubrir las reuniones, aproveché esos días para hacer salidas a parroquias y pude viajar hasta Cienfuegos con algunas paradas en el camino para entrevistas y visitas a proyectos y comunidades católicas. Aprendí mucho durante el viaje gracias a mi chofer que contestaba todas mis preguntas y me explicaba aspectos curiosos de la sociedad cubana y de su sentido del humor, plasmado en toda clase de chistes.

Sin embargo en este viaje me tocó vivir momentos muy tensos. En los días previos al ECO el gobierno encarceló a los principales disidentes que, bajo el nombre de Concilio Cubano, planeaban una reunión nacional.

Durante la celebración del ECO, nos llegó la noticia de que militares cubanos habían derribado dos avionetas de la organizacion humanitaria, Hermanos al Rescate, de Miami, causando la muerte de tres de sus pilotos. La noticia del derribo nos llegó en plena velada cultural, en el seminario de La Habana, a través de la prensa internacional. El incidente dio lugar a declaraciones de los obipos y a una mayor afluencia de periodistas a las conferencias de prensa sobre el ECO. También causó la interrupción de los vuelos directos entre Estados Unidos y Cuba y me obligó a prolongar la estancia en La Habana mientras solucionaba mi regreso a Miami por otra via. Fueron dos días más que pasé de oficina a oficina hasta poder solucionar el regreso a través de un tercer país.

Al ponerme a escribir estas líneas de introducción a los artículos que se escribieron entonces, varias impresiones saltan a mi mente.

En 1996 se palpaba en el ambiente un gran cambio de actitud en la población y entre los católicos cubanos. Ya no se mostraban resignados a vivir su fe en un país socialista-marxista como en 1986. La caída del bloque soviético en 1989 les había abierto a la esperanza de que algún día las cosas cambiarían, de hecho ya estaban cambiando en la sociedad y en la Iglesia. Los católicos estaban dando el salto del templo al barrio con toda clase de programas para concienciar a los laicos sobre su responsabilidad en la sociedad. Estaban surgiendo revistas católicas, ya existía la organización de ayuda Caritas, había grupos de universitarios, de trabajadores, de profesionales…

Pero además no se detectaba en la gente el miedo de 10 años antes a la hora de expresar opiniones. Hablaban sin estar constantemente mirando quien podía escucharles y hablaban de todo.

Yo me había formulado el objetivo de situar el Encuentro ECO en la realidad de la Iglesia cubana en 1996. Por ello los reportajes que siguen están organizados en dos partes:
- Algunos aspectos de la realidad de la Iglesia en 1996.
- Los aspectos del Encuentro ECO, su desarrollo y sus conclusiones.

Diez años antes había recogido algunos anécdotas de la vida diaria según los había vivido yo en mis recorridos por las calles de La Habana. Esta vez, el aspecto anecdótico de la realidad quedó plasmado a través de los chistes con los que los cubanos mantenían el sentido del humor en medio de la adversidad. Son los chistes que aprendí en mis recorridos con Feli, mi chofer.

Con los pobres de la tierra
*Las religiosas aportan
nuevo impulso a la Iglesia en Cuba*

CIENFUEGOS, (Febrero, 1996) - Hacia las cinco de la tarde, en una de las zonas marginadas de Cienfuegos, los cantos de los niños llenan las calles y en el barrio se escuchan sus voces repitiendo a coro el Avemaría, el Padrenuestro y otras oraciones católicas.

No se trata de una escuela, sino de una casa familiar que acoge, para esta catequesis improvisada, a docenas de muchachos ansiosos de aprender.

La hermana María Ramos durante la catequesis de barrio

La religiosa de María Inmaculada, María Ramos, no está haciendo nada en secreto. Ella misma fue a las oficinas del Partido para avisar que había empezado la catequesis en una casa del barrio. Y les dijo que ya que "no estaba haciendo nada malo no me lo podían impedir".

En el pueblo de Aguada de Pasajeros, de la misma diócesis, cuatro religiosas, Carmelitas de la Caridad, ('Vedrunas'), realizan su labor pastoral en el área de salud, visitas a los enfermos y ancianos y evangelización. Han organizado a las mujeres, a los profesionales de la salud y también a las familias que tienen algún paciente del Síndrome de Dawn.

En la diócesis vecina de Matanzas está el pueblo de Hagüey Grande, donde tres religiosas filipenses visitan los hogares, trabajan con la juventud de las escuelas del campo y viven el compromiso de su congregación de "saber perder el tiempo con Dios y con los hombres", en lo que llaman el apostolado de la amistad.

Estos son sólo tres ejemplos de los muchos que testimonian la labor de las religiosas en la Isla.

Compartiendo la vida de la gente y acompañando al pueblo en su caminar y en sus búsqueda, las religiosas viven su vocación profética "ayudando al pueblo a tomar conciencia de su dignidad y de sus derechos como personas", dice la hermana Sara Olga Pérez, M.I.C. de la Conferencia Cubana de Religiosos (CONCUR).

"A este pueblo decaído, queremos levantarle", señala.

La hermana María Tavera atiende a unos niños vecinos en Jagüey Grande, Matanzas

Pero a veces la labor no es fácil, porque se han dado ejemplos concretos en que se les ha amonestado por cantar con los niños en un jardín familiar durante la catequesis. La Hna. Sara Olga señala que las religiosas mantienen una actitud dialogante y han expresado sus puntos de vista. Y aunque reconocen que no es fácil "no hemos renunciado a los esfuerzos por encontrar la verdad entre todos".

Pasan ya de 500 las personas consagradas que sirven en la Isla, de 43 congregaciones diferentes. En 1995 había 465 religiosas, 23 religiosos y 117 sacerdotes religiosos. En los últimos cuatro años han entrado en Cuba 119. La mayoría para un trabajo de pastoral comunitaria. No hay nuevas instituciones asistenciales.

Del personal consagrado en Cuba, 350 es cubano. Son también numerosos los españoles, los mexicanos y los canadienses. Además hay personas de otras 25 nacionalidades. Muchos pertenecen a grupos que tuvieron que abandonar la Isla en los años 60.

La hermana Xiomara Mederos es una de ellas. Su congregación, La Compañía de María Nuestra Señora (Lestonac) tuvo que salir de Cuba en 1962 cerrando cuatro colegios que fueron confiscados. Ella regresó a Cuba hace tres años, después de serio discernimiento y con deseo de "dar una respuesta a la Iglesia y a la Patria".

Es una opción muy difícil, dice. "Tiene una grandes tentaciones y la más fuerte es la de querer entender la situación actual desde parámetros pasados". Señala que quien regresa tiene que convencerse de que "la realidad cubana de hoy, es de hoy. Hay que acogerla y tratar de entederla desde el hoy". Y esto cuesta sobre todo "siendo cubana porque instintivamente una compara con el esquema, filosófico, incluso teológico, de los años 50".

Dice que para regresar a Cuba hace falta "mucha oración, entrar en un proceso personal de acoger, de disponibilidad a vivir situaciones difíciles e incomprensibles y de mucha limitación en todos los aspectos".

Explica que "hay que venir sabiendo esto, sin que ello te lastime o te deshaga internamente. Es muy fácil romperse ante tantas limitaciones... porque son muchas, por todos lados y en todos los aspectos".

El padre Juan Gómez, S.J. delante de su parroquia en Jagüey Grande, Matanzas

La Hna. Mederos, con tres miembros de su comunidad, trabajó en la zona del campo atendiendo cinco pueblos y los ingenios azucareros al norte de Santa Clara, como El Santo y Constancia... "gente maravillosa", dice. Recientemente le pidieron trabajar en la formación de los futuros religiosos de Cuba en el Instituto María Reina de La Habana.

Su análisis de la Iglesia, a nivel pastoral, es que las religiosas que están regresando a Cuba aportan un dinamismo nuevo. En Cuba no está ya sólo "la 'monjita' del asilo, que se mantuvo heroicamente sin marcharse y que tiene una labor hermosa y muy válida", dice.

"Ahora regresamos las monjas educadoras y pastoralistas que tuvimos que salir. Y regresamos después de 30 años con una formación teológica y eclesial distinta y con una experiencia pastoral fuerte y comprometida en nuestros países latinoamericanos... Somos unas monjas así, diferentes a lo que fuimos y esto va provocando una inyección muy nueva en la Iglesia cubana".

La hermana Mederos ha constatado "la dedicación del clero cubano, su valentía e integridad". Dice que los admira a todos. Pero reconoce que "es un clero muy golpeado". Al llegar nuevos agentes pastorales sin haber sufrido ese proceso doloroso y contando con mucha andadura pastoral actualizada, "estamos en un momento de conjugar y balancear la experiencia y la prudencia y la vivencia dolorosa de estos años de Iglesia en Cuba, con sabia nueva". Y aunque quizás se estén cometiendo errores, dice, "estamos aportando nueva visión".

Y no es que no se valore la experiencia de los que se quedaron. Ella dice que si la postura del que llega es sentirse como "la mamá de los pollitos porque todo esto está atrasado... entonces estamos muy mal".

Aclara convencida de que "es tan válida la vivencia de los que permanecieron aquí y tan hermoso y aportador a la Iglesia como lo que nos toca a nosotros aportar con ellos. Nunca en rivalidad, sino precisamente creando un espacio para conjugar y analizar esta situación y unir fuerzas".

Para ella, es un espacio que se va construyendo y en el que la CONCUR juega un importante papel.

Formar se toma su tiempo

En el Instituto María Reina, en La Habana, se forman los futuros religiosos y religiosas de Cuba

El padre Jorge Machín, S.J.

LA HABANA, (Febrero, 1996) - Desde la ventanas del Instituto María Reina se puede contemplar el Monumento a Antonio Maceo en el Malecón de la Habana. En el interior del espacioso edificio, situado en el 805 de la Avenida San Lázaro, las risas de la juventud se mezclan con el trajín de varios departamentos de la Iglesia en donde se forman los futuros agentes pastorales para Cuba.

Con una alumnado de 70 jóvenes, el Instituto ofrece tres años de cursos de formación y una buena dosis de la Historia de la Iglesia en Cuba.

"Todo se impregna de ello" dice el padre Jorge Machín S.J. director del centro. "También los cursos sobre pastoral tienen que tener en cuenta la realidad en la los agentes pastorales han de servir".

Está convencido de que "llenamos una necesidad realísima por la falta de profesorado aquí. Las congregaciones religiosas no pudieran hacerlo por separado".

El sacerdote señala que es complicado traer gente de afuera. "Estamos arando con los bueyes que tenemos".

La hermana Xiomara Mederos es la secretaria ejecutiva del Instituto y explica que "aquí la formación quiere tomar seriedad y altura educativa".

Es un "Centro que es nuevo y no es nuevo y que ha tenido que luchar y vencer muchos obstáculos".

Dice que la experiencia del Instituto y la buena conducción de los directivos pasados lo ha llevado a que "ahora continúe en una línea de mayor madurez y de una formación más actualizada en su ser y en su hacer".

La Hna. Mederos en su oficina frente a la estatua de Maceo

Porque en su opinión, la vida religiosa a nivel latinoamericano ha hecho un camino y en Cuba, durante muchos años, la vida eclesial y la vida del clero ha sido reducida a la mínima expresión.

Al hablar de la formación de los futuros religiosos no puede negar que se trata de una nueva realidad en la que hay grandes vacíos y baches a nivel de formación básica. "Uno antes nacía en una familia en donde te bautizaban y te enseñaban la doctrina para la Primera Comunión.... Uno crecía dentro de una cultura religiosa", comenta.

Por eso subraya que hoy se trata de una juventud que crece sin esa cultura. La describe como una juventud que a los 18 y 20 años está aprendiendo el 'abc' de la doctrina cristian y se está bautizando a esa misma edad. De ahí que el criterio de la Iglesia y de las parroquias es: mucha formación. Y para quienes deciden una vida de consagración: "Hay que tener mucha calma y mucho tiempo para ir llenando todas esas lagunas y carencias". Explica que existe "una jerarquía de valores diferente y una manifestación cultural cubana que uno tiene que aprender con ellos".

Como en todo proceso de inculturación de la fe, señala, se da una dinámica muy importante entre el que entra y entre el que está.

"Han de aprender nuestros valores y nosotros aprender los valores culturales suyos, que también los tienen".

Quieren construir con el servicio
Ahora se forman para la vida religiosa

LA HABANA. (Febrero, 1996) - A media mañana se interrumpen las clases en el Instituto María Reina el tiempo suficiente para que los estudiantes disfruten de una sencilla merienda.

Jóvenes candidatos en formación, de varias congregaciones religiosas, rodean uno de los profesores, el padre Luis Oráa S.J. y comparten los ideales de su vocación.

Teresita Mariñas es de Las Tunas y es médico. Dice que descubrió su llamado mientras hacía prácticas en un asilo, antes de terminar su carrera. "Me gustó el trabajo de las Carmelitas Misioneras y por eso estoy aquí".

Jovenes del Instituto María Reina que forma a los futuros religiosos y religiosas de Cuba

Jorge Benavides es de Camagüey quiere ser pasionista. Cree que la chispa de la vocación surge "por la búsqueda que siente el hombre por identificarse y encontrarse a sí mismo". Para él, el ser humano necesita abrirse al mundo "sobre todo cuando ve tantos crucificados en la calle. Abres los ojos y ves la realidad y necesitas ir en búsqueda de algo y ese algo es la Iglesia y Dios".

Julián creció en una familia no católica y comprometida con el gobierno. "Sólo Dios sabe cómo surgió mi vocación", dice el joven de 20 años, aspirante a religioso capuchino. "Soy la oveja negra de mi familia... la única blanca quizás". Trabaja en un asilo de impedidos físicos y mentales atendido por el gobierno. "Esto me llena porque es dar mi cariño y estar donde nadie quiere estar", dice. "Es la locura de San Francisco y quiero ser como él".

Cuando era niña, Aida Rosa le pedía a sus padres que la llevaran a la Iglesia pero le decían que no. A los 28 años es aspirante de las Carmelitas Misioneras y dice que "el llamado de Dios es desde que uno nace".

José Julián es de Pinar del Río y postulante de los Hermanos de San Juan De Dios. "Los conocí de casualidad: en un panel vocacional", dice.

"Poca gente entiende la vocación a ser Hermano de la Salle", dice José Alberto Hidalgo, de 27 años. Al no aspirar al sacerdocio piensan que es "quedarse a mitad de camino", explica. Y eso de permanecer célibe "dicen que no es posible". El sabe que "sólo se puede hacer desde la fe".

Jorge Martínez se siente feliz visitando las zonas rurales a donde nadie llega. A los 23 años es postulante de los Padres Paules y sueña con el ideal de San Vicente de Paul. "Uno se entrega a los más pobres y se siente muy feliz".

Para Ana Jacqueline Villarreta el Instituto Reina es una oportunidad de "superarme un poquito". Es catequista y trabaja como laica en la pastoral social de su parroquia de Guanabacoa. Dice que hoy día "los jóvenes están en búsqueda, pero ni ellos saben bien lo que buscan". Para llegarles "hay que empezar por los valores humanos y después presentarles claramente a Cristo". Es lo que ella trata de hacer.

El Centro Félix Varela
Un espacio para la formación de los laicos

LA HABANA, (Febrero, 1996) -Durante muchos años Carmen Mella fue secretaria para el ministerio azucarero en La Habana hasta que sintió que quería dar un giro a su vida y poner al servicio de la Iglesia sus talentos .

Desde hace un año ayuda en la secretaría del Centro de Formación Félix Varela, creado por la Conferencia Episcopal Cubana para la formación sistemática de los laicos.

De hecho, el centro también beneficia a religiosos y sacerdotes que quieren completar su formación o actualizar sus conocimientos.

"Se ofrecen cursos de formación teológica, catequética, cívico-política y doctrina social de la Iglesia", explica Mella. También hay cursos más específicos para la vida consagrada. Existe un centro similar en Santiago de Cuba; juntos han graduado 639 personas.

El Centro, situado hoy en el convento de la Inmaculada, Casa Provincial de las Hijas de la Caridad, en la Avenida San Lázaro, utiliza la metodología de 'estudio a distancia' con lo que se suple la escasez de profesorado. Por eso Mella señala que "sin estudio personal no hay método".

También lo dice el folleto creado para dar publicidad al centro : "El alumno es lo más importante: es quien marca el ritmo de estudio, entrega cada asignatura, consulta con el tutor, asiste a los seminarios presenciales en los que comparte con profesores y alumnos".

El Centro otorga un diploma con el visto bueno de la Universidad Pontificia de Comillas para los planes de teología, catequesis, liturgia y vida consagrada. Los demás planes de estudio cuentan con un certificado.

Carmen Mella en el Centro Félix Varela para la formación de los laicos

Crecieron con la revolución
Hoy buscan algo más

LA HABANA, (Febrero, 1996) - Lázaro, Evilio y Eduardo crecieron con la revolución cubana y hoy día son tres novicios de los padres jesuitas. Visitan regularmente el barrio marginado de Indaya, debajo del Puente de La Lisa, en La Habana pero no lo hacen con una mente proselitista

Empezaron sentándose debajo de un árbol a esperar y sin hacer nada. Hasta que se les acercó un joven interesado en su presencia. "Ustedes tienen un tema diferente," les dijo después de escucharles. "Otros vienen aquí sólo a vendernos droga".

El joven les presentó a todo el barrio y ellos han seguido yendo para acompañar a la gente. " Lo que la gente hace, nosotros les ayudamos," dice Lázaro. Si la gente está trasladando sus chabolas hechas de tablas, les ayudan. Si se trata de ir con alguien al hospital, lo hacen. Lázaro piensa que "por mucho tiempo en Cuba se ha hecho una pastoral de altar, sin comprometerse con el pueblo. Las cosas están cambiando."

Lázaro Angel Aguila tiene 26 años y le debe su fe a su abuelita que le bautizó en secreto. Aunque hijo de una madre santera y de un padre comunista, nunca renunció a su fe. Y ahora que se prepara para ser jesuita, sus padres están contentos y su mamá le dice que "soy la madre más feliz del mundo."

Evilio Sánchez y Eduardo Llorens se preparan para ser sacerdotes jesuitas

Evilio Sánchez dice que "en el barrio hay que perder a veces el día hablando para que salga algo". El lo compara a la parábola del sembrador: la semilla cae en la arena, en la piedra o al borde del camino.

" El primer día se emocionan pero no llega a nada más," dice. Por eso cree que es mucho más difícil que la labor de los primeros misioneros "porque ellos encontraban tierra virgen y nosotros encontramos una tierra muy trillada por la vida, con mucha violencia, mucho placer y mucho dolor: un dolor muy grande".

Sánchez tiene 24 años y señala que en la Cuba de hoy hay distintos tipos de jóvenes: los que piensan un poquito y los que se dejan llevar por "la vorágine del consumismo y todo lo que están viendo por primera vez en más de 30 años." Constata que ahora "hay más apertura, ven cambios y posibilidades. Porque antes, por mucho trabajo que se hiciera, uno no podía desarrollarse", dice.

"Ahora la juventud ve una moneda que circula, puede comprar cosas y quiere más, incluso quiere irse a Estados Unidos ."A Sánchez, que creció en una familia católica y sufrió "la soledad de ser siempre diferente, por mi fe", eso de querer marcharse de Cuba le parece demasiado común entre la juventud. Por eso dice que "mientras uno más piensa uno más se atolondra. En este país se habla mucho de igualdad social, y después de 37 años uno se da cuenta de que todo se vuelve a caer y hay una gran apatía por lo social". Sobre todo en la gente que había volcado todo su ideal en

Lázaro Angel Aguila le debe su fe a su abuelita

El padre Luis M. Oraá S.J. en Casa San José

ello... "Ahora no quieren oír hablar de la sociedad. Prefieren resolver su problema y el de su familia y dejar que el mundo se acabe. Es muy difícil mover a la gente y que haya compromiso".

Eduardo Llorens era ya casi abogado pero sentía un vacío en su vida y la necesidad de entregarse a algo. A los 25 años sus ideales de justicia se veían muy limitados y buscaba una justicia mayor. Dice que el servicio militar en Angola le hizo madurar. Ante el peligro de muerte se preguntaba "sobre el sentido de la vida y si habría algo más allá." A su regreso empezó a ir a la Iglesia, pero ¿cómo conectarse? Nadie se le acercaba. Hasta que un amigo le dijo que él estaba en un grupo preparándose para la Primera Comunión. Hoy Eduardo tiene 31 años y también se prepara para ser jesuita.

Los tres viven en Villa San José, la residencia de la Compañía de Jesús en el Vedado, con otros sacerdotes, ente ellos el padre Luis Oráa y el padre Juan de Dios, quien recalca lo que dicen todos; que la Iglesia en Cuba se ha visto muy limitada en el modo de llevar a cabo su misión. Por eso apoya que los novicios vayan a un barrio marginado. Les dice que no vayan "tanto a dar como a descubrir qué encuentran allí del Reino de Dios. Le parece que " en este tipo de sociedad, hay que preparar ministros capaces de romper surco y abrir brecha en la evangelización."

No falta la esperanza en el corazón de la gente

JAGÜEY GRANDE, (Febrero, 1996) - En su trabajo con la juventud rural, la hermana filipense Imelda Herrera constata falta de identidad, y desintegración familiar. "No están contentos con lo que tienen y están perdiendo el interés por el estudio".

Aunque la escuela es obligatoria, ella se los encuentra trabajando en la cantera. En su misión, la religiosa quiere ayudarles a ser creativos con lo que tienen y que aprovechen sus posibilidades. "Se quieren ir del país, pero no tienen posibilidades de hacerlo: pero sí tienen salud, posibilidad de estudiar y superarse".

La hermana Herrera dice que hasta el momento los jóvenes no pasan hambre: "tienen zapatos y ropa pero les falta el sentido de la vida. Piensan que con tener más van a encontrarlo".

La religiosa piensa que es crucial "caminar juntos y organizarnos: porque ni ellos son ignorantes ni nosotras lo sabemos todo. "Juntos podemos buscar a Dios en todo esto y dar respuestas a las necesidades".

En su comunidad se han puesto un objetivo: redescubrir la esperanza, conseguir la paz. "Porque si nosotras tenemos angustia es lo que vamos a transmitir".

Y aunque dice que a nivel colectivo se da una quiebra de valores. " Cuando hablo de corazón a corazón veo que el corazón de las personas no está resquebrajado. El ser humano tiene sus valores todavía, sabe lo que quiere vivir aunque no puede. Y esto me da una gran esperanza".

En el Cementerio de Colón:
Muchos piden un responso

LA HABANA, (Febrero, 1996) -Es Miércoles de Ceniza y el padre Norberto, revestido de su sotana, recorre temprano la calle 25 que le lleva, desde la Casa Sacerdotal Félix Varela, antiguo convento de las Catalinas, hasta el Cementerio De Colón de La Habana.

La gente le mira algo sorprendida. Algunos le saludan a su paso mientras conversa sobre su labor en el cementerio habanero.

"Mira, aquí simplemente realizo labor sacramental y de predicación. Tengo la Misa a las 8 de la mañana cada día y el domingo", dice.

Dos diáconos permanentes estás asignados a tiempo completo al Cementerio. A veces están los dos, a veces se turnan. Todo el mundo les conoce en el cementerio. Llevan el alba y la estola cruzada de diáconos.

Cerca ya de la capilla del Cementerio se escuchan las campanas que convocan a la gente para la misa. Por el camino central también se acercan los féretros que piden un responso a la Iglesia.

"Como hay dificultades de transporte empiezan a llegar los difuntos del día muy temprano", dice el sacerdote.

Antes, explica, se seguía un horario muy preciso y se sabía cuando y qué hora llegaba cada entierro.

"Además ahora como la gente ha perdido el temor a la práctica religiosa, casi todos los muertos del día pasan por la capilla y a veces ves aquí carros fúnebres en fila esperando el turno para el responso".

Cuando confiscaron a la Iglesia el Cementerio de Colón, la capilla, construída en 1886, quedó reservada a la Iglesia como un templo y nunca dejó de funcionar. Incluso en los tiempos más difíciles de la Revolución muchos creyentes quisieron para sus muertos un servicio religioso, explica el sacerdote.

De hecho, territorialmente, el Cementerio pertenece a la parroquia donde el padre Norberto es párroco, aunque el Cementerio siempre tuvo su autonomía.

Llegada de un féretro a la capilla del Cementerio de Colón

Miguel Pons es uno de los diáconos que recibe a las familias y hace los responsos.

"Más de la mitad vienen a la capilla para un responso", dice. "Hay un auge también el el número de misas".

Además dice que "muchas personas llegan acá pidiendo consejo, pidiendo orientación sobre situaciones de ética, problemas familiares y jóvenes con actitudes rebeldes con sus padres. En algún caso personas que han perdido la esperanza".

Pons, es natural de Cumanayagua, provincia de Cienfuegos. Se casó en la parroquia de la Santa Cruz y desde hace 15 años trabajaba en La Habana en la construcción, como brigadista. Cuando esta pasó al campo él solicitó al Cardenal Ortega dedicarse a tiempo completo al ministerio diaconal.

"Me siento muy realizado poque no es sólo la parte de dar responsos, sino el aliento que uno puede dar con la Palabra de Jesús".

El Diaconado Permanente en Cuba es uno de los frutos

del ENEC (Encuentro Nacional Eclesial Cubano) de 1986. El primer diácono permanente se ordenó en la Diócesis de Camagüey en Julio de 1988. Pons fue ordenado hace tres años para La Habana. En la actualidad hay en Cuba 31 diáconos y 12 están en formación.

Pons dice que el pueblo no distingue muy bien entre los diáconos y el sacerdote y "a veces les sorprende que yo salga en una bicicleta con mi esposa atrás". Pero señala que "nosotros siempre andamos explicando que soy diácono casado y la feligresía católica si lo sabe bien".

El Miércoles de Ceniza unas 30 personas participaron en la Eucaristía y durante la celebración nueve carros fúnebres se acercaron al atrio del templo para un responso. El diácono les recibía, oraba y hacía el responso.

Normalmente, antes del responso, los familiares pasan a la sacristía en donde Paulino Franco registra los nombres en el archivo.

"Nosotros recogemos la estadística nominal y el número", dice Franco.

"Ayer 20 de febrero hubo 45 responsos".

El chofer del carro fúnebre es quien indica a la familia que pase por la sacristía para tomar los datos.

Primero pasan por la oficina del cementerio, hacen los trámites de necrología y de funeraria. Y si quieren pasan por el templo. La misma familia es la que opta.

El diácono señala que por lo general "es un 70 por ciento el que pasa por la Iglesia. Se toma el nombre y la edad. El número mayor es de ancianos".

El diácono Miguel Pons y Paulino Franco quien inscribe los nombres de los difuntos en el registro

CARITAS CUBA
Para una ayuda solidaria

LA HABANA, (Febrero, 1996) - A lo largo y ancho de la Isla, Caritas Cuba extiende su mano de caridad solidaria. Pero no es simplemente una agencia canalizadora de fondos.

Quiere hacerse presente y actuar junto al enfermo, en la celda del preso, en los hogares necesitados de pan y armonía.

"La eficacia distributiva genera paternalismo, la acción directa y personal crea amistad y fraternidad", señala el cardenal Jaime Ortega de la Habana.

"Nuestras oficinas no son las únicas encargadas de la caridad", dice Rolando Suárez, director de Caritas Cubana.

"Todo cristiano tiene que vivir ese compromiso solidario con sus hermanos", señala.

Solidaridad es la palabra clave.

"Si hay una emergencia y la casa se cae, hay que construir la casa," explica Suárez. "Pero ¿quién la va a construir? El gobierno que entrega la llave y es como algo venido del cielo? o ¿ la construyen ustedes vecinos, ayudándose? Eso es ayuda solidaria".

Por eso Caritas forma voluntarios, organiza comunidades, crea proyectos que involucren a la gente. Los proyectos son de: asistencia: para quienes están en situación crítica, de promoción: fomentando la participación y de formación. Además ha distribuído más de $20 millones de ayuda, enviada por Organizaciones no gubernamentales (ONG) de la Unión Europea y Estados Unidos.

Caritas forma voluntarios, organiza comunidades, crea proyectos que involucren a la gente

Por mediación de 'Catholic Relief Services' un cargamento por valor de $3 millones en medicinas llegó a la Isla el pasado tres de marzo. Inicialmente el gobierno cubano presentó una lista de los lugares de distribución. Caritas hizo una propuesta alternativa que fue aceptada. Un funcionario de Caritas está presente en los hospitales para recibir el cargamento. Caritas no tiene control de las medicinas una vez que llegan a su destino. Se han reportado casos de turistas que han comprado medicamentos en las farmacias de dolar y estos llevaban la etiqueta: donados por Caritas.

La ayuda solidaria de Caritas ha identificado los sectores más necesitados en Cuba: los ancianos y enfermos y los niños de siete años en adelante. Y Suárez indica que ya se observan fenómenos de pobreza y carencia de medios de subsistencia en pequeñas comunidades rurales.

A las personas en crisis hay que brindarles servicios y asistencia sin crear dependencias que despersonalizan al ser humano, dice Suárez.

Para los ancianos que se pueden valer pero se sienten solos Caritas promueve encuentros y ayuda a otros con labores y lavado de ropa en lugares específicos.

"Se les proporciona jabón y lavadora," explica Maritza Sánchez que coordina estos programas a nivel nacional. " Los ancianos se organizan y nosotros facilitamos que ellos mismos den sus servicios". Esto se hace a través de las parroquias en donde se organizan con desayuno, costura y lavandería. " Todo esto fomenta la autoestima y la participación solidaria", dice.

Rolando Suárez, primer director de Caritas Cuba

En todas las diócesis, Caritas ha iniciado programas con las familias con hijos con el Síndrome de Down.

"Se crean grupos, se dan conferencias en las parroquias, " explica Suárez

En las comunidades rurales hay más dificultades. "Hay más de 14,000 ancianos abandonados".

Por eso más y más las religiosas en los pueblos organizan a los vecinos para la labor de solidaridad. Un ejemplo es Aguada de Pasajeros, donde las religiosas Pilar Ros y Ana María Orozco, que son enfermeras, tienen ya un equipo de 27 voluntarios visitadores de salud. Lo mismo han hecho en los pueblos vecinos.

Y para combatir el hambre han iniciado un proyecto para la producción de alimentos y crianza de animales.

Desde diciembre de 1995, Caritas ha iniciado encuentros de formación: se convocan equipos médicos: geriatras, sicólogos y sociólogos que orientan sobre autocuidado y atención al anciano.

Con cinco años de existencia, Caritas Cuba tiene 24 personas con salario en su plantilla y una oficina en cada diócesis, más la oficina nacional.

El obispo de Santa Clara, Mons. Fernando Prego preside la comisión de Caritas Cuba y dice que gracias a la labor realizada "la Iglesia en Cuba ha ganado derecho de piso".

El equipo nacional de Caritas en 1996

Antes, la visita de un sacerdote a un enfermo en un hospital "era una tragedia. No se le permitía confesar o dar la comunión en horas de visita", dice . "Ahora llega un sacerdote o una religiosa a cualquier hora y se le dice, pase". Esto se debe a los millones en ayuda humanitaria, distribuídos por la Iglesia. El Obispo también subraya que no se trata sólo de socorrer sino de promover.

"Queremos ayudar a la gente no para fomentar el capitalismo", dice Suárez, "sino para que crezca la solidaridad.

Conversiones... hacia la libertad

Debate pluralista y respeto al otro en el Centro Cívico Social Católico de Pinar del Río

PINAR DEL RIO, (Febrero, 1996) - Cuando quiso estudiar sociología le dijeron que no podía porque era católico, pero hoy día y sin dejar su profesión, el ingeniero Dagoberto Valdés dirige un proyecto social católico que está aportando su granito de arena a la transformación de la realidad social cubana.

'Somos personas', 'vivimos en sociedad', 'cultura y nación cubana', 'estado, gobierno y partidos políticos', 'democracia y participación', son sólo algunos de los temas que se discuten abiertamente en el Centro Cívico Social Católico que él dirige en la Diócesis de Pinar del Río.

La metodología no es a base de clases y conferencias. El centro sigue un método activo en el que los estudiantes son los protagonistas.

Para llegar a entender lo que es la persona humana el facilitador pide voluntarios. "Tu vas a ser un espejo, tu serás un preso y tú serás un perro", les dice. Y cada uno tiene que actuar su papel. Después empieza el trabajo en grupo y la moraleja.

"¿Acaso somos como un espejo que sólo refleja lo que hace el otro"?

"¿Somos como un preso que no tiene libertad propia"? O quizás, "¿somos animales que actuamos sin pensar y por instinto"?

Con la moderación de un facilitador, los participantes desentrañan la esencia del ser humano que tiene inteligencia, voluntad y libertad. Y al terminar reciben una hojita resumen para discutir con los amigos.

Lo más interesante no es la formación académica, explica Valdés.

"Lo importante es la experiencia de encuentro entre la gente", señala. Para muchos es la primera vez que, en un mismo local, comparten con personas de distinta filiación política, católicos o no, personas indiferentes o disidentes o militantes de la juventud.

"Y esto que hacemos en el Centro es lo que proponemos para toda la sociedad".

Dagoberto Valdés

A veces surgen problemas por parte de los mismos participantes. "Se inscriben y cuando ven que hay verdadero debate y pluralismo, se asustan, y empiezan las sospechas".

Por una parte están "los que tienen miedo y por otra quienes intentan tomar el espacio como tribuna política. Se les recuerda que éste es un espacio cívico, no partidista".

Es todo un aprendizaje. Al inscribirse reciben los criterios de participación: respeto a la opinión del otro y posibilidad del debate pluralista. El facilitador se encarga de que los principios se mantengan.

Valdés ha visto ya muchas conversiones, pero no al catolicismo "es hacia la libertad. Personas que experimentan que pueden SER, que su dignidad se ve realizada en la práctica, y que la libertad no es una conquista de héroes o de grandes batallas, sino que se va logrando en cada noche, en cada pequeño grupo".

Es lo que el equipo llama la mística del fosforito. Que en un apagón no se trata de que haya una central hidroeléctrica. De momento hay que encender un fósforo.

"Cuando todos encendamos muchos fosforitos en Cuba, llegará un momento en que se verá la luz", dice.

Valdés también habla de "la fuerza de lo pequeño. Que cada persona aporte lo pequeño y eso pequeño se hace grande. Es nuestra mística".

La creación del Centro, en 1993, es consecuencia del ENEC (Encuentro Nacional Eclesial Cubano). En 1986 los católicos de Cuba establecieron como una de sus líneas de acción la formación cívico-política del pueblo y la formación de los laicos para inculturarse en la sociedad.

En Pinar del Río, y luego en otras diócesis, se inició una Comisión Católica para la Cultura. En 1991 y 1994 se organizaron Semanas Sociales Católicas, como en tiempos anteriores a la 'revolución'.

Después del Quinto Centenario de la llegada de la fe al Continente y con el deseo de hacer algo se fundó el Centro de Formación Cívica y Religiosa de Pinar del Río en enero de 1993, para atender mejor el mundo de la preparación cívico-política.

Así son los cursos

Algunos de los ciclos de estudio en el Centro Católico de Formación Cívico Religiosa de Pinar del Río

- **Somos personas:** un proceso de personalización, ante la constatación de que hay en el hombre cubano la necesidad de fortalecer su identidad como personas: valemos por lo que somos y no por lo que tenemos o sabemos; tenemos derechos y deberes, aprendemos a compartir...
- **Vivimos en Sociedad:** contribuye al proceso de socialización, para que el individualismo, que no es parte del concepto cristiano, no cierre a esa persona en sí misma. Trata varios temas: los tres círculos en los que la persona socializa: familia, escuela y sociedad civil. Cultura y nación cubana y las estructuras de la sociedad en las que el ciudadano debe aprender a participar: diferencia entre nación, estado, gobierno, partidos políticos. Un tema sobre constitución de la República de Cuba y un tema sobre democracia y participación.
- **Dinámica de grupo:** porque queremos capacitar a las personas para la participación.
- **Familia:** teniendo en cuenta la crisis familiar que compartimos con nuestro pueblo.
- **El barrio:** una comunidad dando formación para proyectos vecinales. Que los barrios no son aglomeraciones de personas sino comunidades cívicas...
- **Universidad. Economía. Derechos humanos:**

Los destinatarios: los laicos, porque responde a una necesidad en la Iglesia y toda persona de buena voluntad sin distinción de credo o filiación política, que acepte la dinámica del centro: respeto a la opinión del otro y la posibilidad del debate pluralista.

Funciona como un servicio semanal de hora y media con encuentros en parroquias y comunidades. Consta de varios ciclos de 10 a 15 encuentros a los cuales se matricula la gente por voluntad propia. Si lo desean al terminar un ciclo pueden continuar.

La inquietud de compartir la experiencia siguió creciendo y en mayo de 1994 se amplió este espacio de participación con la revista bimensual Vitral que tiene ya 11 números y publica 1,000 ejemplares, aunque un reciente estudio indica que de 5 a 7 personas leen cada ejemplar.

"Para mi todo esto es una gran satisfacción desde el punto de vista de mi cubanía," dice Valdés que trabaja en la industria del tabaco.

Con 40 años, casado y padre de tres hijos Valdés creció en una familia católica y como estudiante pasó las mismas dificultades de muchos otros por vivir su fe. Al no permitírsele estudiar sociología escogió la agricultura "y me fui autofor-mando en los temas sociales y la doctrina social de la Iglesia".

Se siente satisfecho de su labor y " muy realizado como cubano. Es un proyecto que me mantiene arraigado a esta tierra. Que me ha hecho optar por no irme..."

Dice que Pinar del Río tiene una larga tradición de compromiso laical. Ya en el siglo pasado había misioneros laicos y labor social en los campos, con cooperativas y misiones. " En esa escuela me formé", señala orgulloso. Fue catequista, líder juvenil y participó en el proceso de la REC que preparó el ENEC y redactor de los capítulos sobre fe y cultura del Documento de Trabajo

Dagoberto Valdés, izq. con dos colaboradores de la Revista Vitral

"No pude estudiar sociología, pero estoy aportando en ese campo, como laico en el mundo", dice. "Aporto y recibo mucho de la gente", señala. " El trabajo social se puede hacer desde muchos ángulos, y esa es mi satisfacción como cristiano".

Surgen revistas en las diócesis
Las publicaciones amplian los espacios de participación para el pueblo

LA HABANA, Cuba.- Cuando empezó a trabajar para la Arquidiócesis de la Habana en 1991, al frente de las comunicaciones, Orlando Márquez ya estaba convencido de que la Iglesia necesitaba un espacio para "decir cosas". Pensó que un vídeo no era fácil de difundir y se lanzó a crear una revista.

El tenía en mente una publicación católica donde la gente pudiera recibir respuestas que no encontraba en los medios oficiales. "Pensé que hacía falta otra cosa", señala el joven arquitecto. "Una visión cristiana de los acontecimientos y temas de importancia para sus vidas".

Fue así como surgió la revista *Palabra Nueva*, para la Arquidiócesis de La Habana. Ya habían surgido otras en las diócesis: de tipo cultural, como Enfoque en Camagüey, o centrada en eventos diocesanos como Iglesia en Marcha en Santiago de Cuba; pero Márquez quería algo " que hablara de cualquier cosa: cultura, Iglesia, sociedad, deportes". El diseño era importante, y lo más clave, hacía falta papel. Hasta que almacenó papel para un año no inició el proyecto.

Antes de 1959 las publicaciones católicas, unas 150, eran boletines de grupos y organizaciones religiosas. No existían publicaciones diocesanas.

La más conocida, de los padre franciscanos, iniciada como semanario católico se convirtió en la Revista la Quincena en 1955. Todas estas publicaciones dejaron de publicarse después de 1959.

En 1962 los padre jesuitas iniciaron una hoja parroquial que en 1963 se extendió a toda la nación con el nombre de *Vida Cristiana*. Dadas las dificultades y la falta de recursos, las publicaciones que surgieron en esos años eran hojas sueltas para informar a los católicos sobre la vida de la Iglesia: *Enteráte* (1964) en La Habana. *Documentación Católica*, (1964) Camagüey. *Noticias Internacionales*, un multicopiado mensual en La Habana, (1974). *Encuentro*,

(1985) para ambientar los preparativos del ENEC.

Durante el Encuentro Nacional Eclesial Cubano se discutió la falta de acceso de la Iglesia a losmedios de comunicación y el documento final subrayó con claridad que "el dialogo entre fe y cultura no puede realizarse plenamente sin los medios de comunicación". Además reconoció "como uno de los signos de de su actual pobreza y como una limitación --para la Iglesia-- la carencia de medios de comunicación, pues en la actualidad la Iglesia ni los posee, ni tiene acceso a ellos".

Es a partir del compromiso del ENEC a "buscar caminos de solución" que se dan pasos hacia adelante.

En 1987 surge *Aquí la Iglesia*, boletín de la Arquidiócesis de La Habana. En 1988 surge *Enfoque*, en Camagüey, el primer intento de revista cultural de una diócesis. y *Notas*, el informativo del Secretariado de la Conferencia de Obispos Cubanos que surge en ese mismo año.

Pero es la caída del bloque socialista, en 1989, lo que abre un balcón a la esperanza y al cambio.

Casi todas las revistas diocesanas que van surgiendo en Cuba lo hacen en la década de los años '90. Su realización es posible por los cambios que se generan en la sociedad cubana como consecuencia de la pérdida de los subsidios rusos, el desarrollo de la tecnología 'desktop publishing', que elimina la dependencia de las imprentas del Estado y junto a ello, la entrada de equipos y computadoras en las diócesis y el fortalecimiento de la Iglesia y su determinación para ir conquistando espacio.

Es esta situación la que le permite a Márquez convertir su sueño en realidad. En 1992 él empieza *Palabra Nueva* con 1,000 ejemplares hechos a fotocopiadora. Después consigue un 'scanner' para las fotos. Cuatro años después la tirada es de 4,000 y Márquez está convencido que Palabra Nueva

Algunas de las revistas católicas surgidas en Cuba en la década de los años 90

tiene futuro porque "la Iglesia tiene un mensaje que dar a conocer".

Además de *Palabra Nueva*, en La Habana había surgido en 1990 otra revista. *"Vivarium* quiere llegar a los medios intelectuales," dice su director Mons. Carlos Manuel de Céspedes. Con una tirada de 300, es el órgano del Centro Arquidiocesano de Cultura que cuenta con un equipo pluriforme, incluso de miembros del partido.

"Tiene un propósito académico sin intención proselitista", explica el director. Se escoge un tema y se estudia desde distintos ángulos. Los mejores escritos se publican.

En Pinar del Río la revista se llama *Vitral* y surge en 1993 para ampliar el espacio de participación del Centro Católico Cívico Social que dirige Dagoberto Valdés. Aunque es un servicio de la Iglesia acepta colaboradores que se unen a sus fines de debate pluralista y formación cívico social.

Orlando Márquez, director de la revista Palabra Nueva, de la Arquidiócesis de La Habana

Para 1996, en que se celebra el Encuentro Conmemorativo, ECO, a los 10 años del ENEC, han surgido, además de las revistas citadas: *Presencia* (1992) diocesana de Matanzas; *Diálogo en Familia*, (1993) La Habana; *Amanecer* (1995) diocesana, Santa Clara; *Fides*, (1995) para la fe y la cultura en Cienfuegos; *Renacer,* (1995) grupos Sindrome Down en Cienfuegos; *Cehila* (1995) ecuménica, La Habana. *Imago,* (1996), diocesana de Ciego de Avila; *Cocuyo*, (1996) diocesana de Holguín; *Caritas Cuba*, (1996); OCIC (1996) Unión Católica de Cine, La Habana; *Ethos*, (1996) trabajadores de salud, Santa Clara; *Voces*, (1996), Pastoral Carcelaria, La Habana.

Todas las revistas se producen con medios muy limitados, primero en computadora y luego fotocopiadas y ensambladas a mano. Su frecuencia es variada desde mensuales a trimestrales, con tiradas desde 200 ejemplares a varios miles. Cada publicación circula por muchas manos.

Ha crecido la Iglesia
El cardenal Jaime Ortega analiza los diez años desde el ENEC

LA HABANA, Cuba, (Febrero, 1996) - Con el deseo de extender un puente que lleve a la Iglesia de Cuba, joven renovada, vivificada por nuevos miembros y confirnada en el espíritu misionero", hasta el año 2,000, el cardenal Jaime Ortega Alamino de La Habana se dirigió a los participantes en el acto de apertura del Encuentro Conmemorativo, ECO a los diez años del Primer Encuentro Nacional Eclesial Cubano.

Fachada de la catedral de La Habana durante el ECO. Debajo el cardenal Ortega

"En estos diez años ha crecido la población cubana, pero ha crecido también la Iglesia", dijo Mons. Ortega en la capilla de la Casa Sacerdotal Felix Varela, sede de las reuniones del 21 al 25 de febrero.

El Cardenal presentó un balance de los diez años desde el ENEC y resaltó:
• Aumento en el número de religiosas y sacerdotes llegados a Cuba del exterior.
• Aumento en las iniciativas pastorales.
• Aumento en las vocaciones al sacerdocio y vida consagrada.
• Despertar de la conciencia del pueblo al llamado interior.
• Desarrollo de publicaciones de la Iglesia en todas las diócesis.

• Renovado gusto por la oración y por el culto religioso. Junto a estos aspectos positivos, el cardenal señaló otros retos. Entre ellos la tentación mágica en la práctica religiosa. Porque " la fe religiosa es beneficiosa para el ser humano en la medida que comporta una transformación de su vida; pero los elementos mágicos, sea en el catolicismo, sea en el evangelismo, sea en la santería, configuran el riesgo de lo que el padre Varela llama la superstición con todas sus consecuencias nefastas".

Por eso la Iglesia Católica ha estructurado una pastoral juvenil que tienen en cuenta la formación integral", dijo el Cardenal. "No puede injertarse el cristianismo sobre un tronco humano dañado y débil".

El padre José Conrado Rodríguez y el Hermano Luis Franco leen las estadísticas desde el ENEC al ECO

En sus palabras Mons. Ortega reconoció los cambios profundos de estos diez años en la Iglesia en Cuba y en el mundo y reiteró el llamado a la reconciliación y al diálogo . " Los cubanos tenemos que aprender a escucharnos sin rechazarnos 'a priori' para encontrar juntos caminos de verdad, de reconciliación y de paz".

El Cardenal repitió el sentir expresado en otras ocasiones sobre quienes optan por dejar Cuba. "Si bien pensamos que el lugar del católico cubano está en nuestra patria y junto a la Iglesia que anuncia en Cuba a Jesucristo Salvador, respetamos la opción de muchos hermanos nuestros al partir del país..." dijo .

"Sabemos que estos amores —Cristo y la patria— están también presentes en los cubanos que viven afuera. Sabemos que, a pesar de voces estridentes y no significativas, la comunidad cubana de Miami, especialmente su mayoría católica, se siente cercana a nuestra Iglesia y busca caminos para estrechar los lazos de amor con los cubanos de aquí", dijo el Cardenal.

Respuestas ante la prensa
Sobre Concilio Cubano y
la Pastoral Carcelaria en Cuba

Por la sala de prensa organizada para las reuniones del ECO circularon obispos, delegados y representantes de los principales servicios de la Iglesia en Cuba.

Cada día, el arquitecto Orlando Márquez, vocero de prensa de las reuniones, hacía un balance de la jornada. Pero los periodistas locales y extranjeros también tuvieron la oportunidad de abordar temas no relacionados con los debates.

"Con el gobierno el trato es bueno, las relaciones pueden mejorarse mucho más", dijo el cardenal Jaime Ortega ante una pregunta el 25 de febrero.

"El trato nuestro es cordial, es un trato franco, directo... las relaciones, entendidas como posibilidades de la Iglesia en cuanto a su autonomía, para moverse según sus propias finalidades dentro del país, por ahí hay un camino por hacer", dijo. Y señaló como ejemplo lo que se refiere a ayudas humanitarias, "al estilo de llevar esa ayuda a las gentes, todas las posibilidades que podría tener Caritas Cuba si hubiera un mayor ámbito de acción para la Iglesia. Eso falta en muchos aspectos y es algo que debemos alcanzar".

Dagoberto Valdés y Sor Aida Ramírez responden a preguntas de la prensa

El Cardenal también aclaró que la Iglesia en Cuba "siempre a tenido libertad par el nombramiento de sus obispos ," y estos "siempre han nombrado libremente a los párrocos, los han cambiado de lugar...". Ahora bien, en cuanto a lo funcional, como construir nuevos locales, nuevos templos, recibir ayuda de sacerdotes y religiosas que vengan de fuera, " en estos aspectos la Iglesia se ve dependiente de autorizaciones, permisos... factores que son más bien de orden limitante para la acción de la Iglesia."

Sobre el Concilio Cubano el Cardenal dijo que "estos grupos han sido muy respetuosos con respecto a la Iglesia y ninguno de ellos ha tratado de manipular o instrumentalizar a la Iglesia para utilizar nuestros actos de culto...".

Concilio Cubano había planeado reunirse pero el gobierno cubano lo prohibió encarcelando a gran parte de sus líderes y el Cardenal señaló que "nosotros hubiéramos preferido, evidentemente, que hubiera podido darse este encuentro, que hubiera podido hablarse allí. Y estoy seguro que, aunque hubiera habido elementos negativos o difíciles, también pudiera haber habido allí elementos positivos. Esa es nuestra opinión", dijo.

El reglamento actual determina que los presos pueden recibir visitas de la Iglesia sólo si lo solicitan por escrito al jefe del plantel.

Sor Aida Ramírez

El arzobispo de Santiago de Cuba Mons. Pedro Meurice presentó ante la prensa la labor de la Comisión Episcopal de Justicia Y Paz y dijo que " en la medida que vaya entrando en la vida nacional se irá pronunciando de alguna manera sobre hechos y situaciones".

A grandes rasgos, dijo, la Comisión tratará de dar formación, dar a conocer la doctrina social de la Iglesia y continuar la tradición de las Jornadas Sociales Católicas. "Se trata de ayudar a formar y dar criterios, desde el punto de vista del Evangelio, para enfocar la realidad en que vivimos", dijo. La Comisión está estructurada en "comisiones que se están formando en cada diócesis para reflexionar sobre la realidad".

Al describir la labor en las cárceles la hermana Aida Ramírez explicó ante los periodistas que el reglamento actual determina que los presos pueden recibir visitas de la Iglesia sólo si lo solicitan por escrito al jefe del plantel.

"Los problemas los planteamos a nivel de la prisión y luego a nivel provincial. A nivel nacional hemos pedido la revisión del reglamento".

La religiosa expresó su frustración al participar en congresos internacionales y no poder dar datos sobre la realidad penitenciaria en Cuba, el número de delitos y su incidencia. "Nos dicen que esos datos son reservados".

La religiosa que visita las cárceles todos los meses señaló

que los mismos presos le preguntan "¿por qué no vienen todas las semanas como hacen los otros ministros y por qué no cantan con nosotros"?

Y explicó que " A nosotros nos se nos permite realizar actos de culto. Sólo entrevistas y con una frecuencia no mayor a la de la visita familiar. A los laicos no se les permita hacerlo por lo que su labor es con las familias de los presos", aclaró.

Deploran las muertes, la negativa a Concilio Cubano y el refuerzo del embargo

A penas unas horas después de que el gobierno cubano derribara, el 24 de febrero, dos avionetas de Hermanos al Rescate, causando cuatro muertos, el Cardenal Jaime Ortega hizo un llamado a la moderación y a la cordura.

" Inmediatamente mi primera intención fue rezar por aquellos que habían muerto, lamentarlo con mucho dolor", dijo durante una conferencia de prensa durante el ECO.

"Lo lamentamos, rezamos, pedimos... al Señor que estas cosas no se repitan, que haya caminos a todos los niveles... que haya una voluntad de diálogo y de concertación..." dijo.

" Son momentos de hacer, como Iglesia, un llamado a la cordura, a la ponderación, a la moderación para que no se exalten los ánimos de ninguna manera", señaló el Cardenal ante una pregunta de la prensa internacional.

> "Son momentos de hacer, como Iglesia, un llamado a la cordura, a la ponderación, a la moderación para que no se exalten los ánimos de ninguna manera".
>
> Card. Ortega

Días después, los obispos de Cuba se hicieron eco de aquella condena y calificaron de "violenta y desmesurada" la acción de las fuerzas cubanas. Con fecha del 12 de marzo, la declaración de los obispos señala que " sus efectos son demoledores para quienes sustentan la moderación como vía de solución a las crisis y, en el caso de nuestra Iglesia en Cuba, la reconciliación entre los cubanos todos, incluyendo a los que viven en el extranjero".

La declaración de los obispos también "deploran lo acontecido con la frustrada reunión de Concilio Cubano y

El cardenal Jaime Ortega durante una conferencia de prensa. A su derecha el Arz. Pedro Meurice. A su izquierda el obispo Emilio Aranguren.

sus participantes," ya que, dicen los obispos "el bien común de la Nación se alcanza con la participación de todos y el aporte de diversas ideas e iniciativas constituye una riqueza y es un derecho reconocido a todo ciudadano".

Los obispos señalan que en "en este andar penoso hacia la verdadera reconciliación... ambos acontecimientos constituyen un nuevo escollo difícil de superar. Porque aparecen salir triunfantes de estas situaciones las posturas más intransigentes, sea en Cuba, sea en los Estados Unidos de América, incluyendo a cubanos que viven en ese país o en otros lugares.". Y señalan que palabras como "provocación, bloqueo total, respuesta contundente y todo el viejo vocabulario de la 'guerra fría' vuelven a ser de uso frecuente".

Dicen también que cómo consecuencia de aquel sensible acontecimiento ha triunfado la confrontación y la lógica de la escalada violenta y una vez aprobada la ley Helms Burton " se aumenta el cerco a Cuba con otras medidas que afectan directamente a nuestro pueblo. Esto equivaldrá a alejar las probabilidades de hallar medios pacíficos que lleven a la reconciliación de todos los cubanos. Así las fuerzas de la paz quedarían derrotadas. Por eso y por los riesgos de acrecentar los sufrimientos del pueblo cubano, los obispos de Cuba reiteramos nuestro rechazo a cualquier recrudecimiento de las medidas económicas contra nuestro país".

También hacen un llamado " a los que tienen altas responsabilidades en el Gobierno de Cuba y en el de los Estados Unidos para que no abandonen vías alternativas a la rigidez o a la violencia y en este sentido nos dirigimos también a nuestros hermanos cubanos que viven fuera de la Patria".

Los obispos reconocen, en su declaración, que su postura "no coincide exactamente con las políticas de unos y otros" y que pueden resultar "incomprendidos por quienes tienen poder de decisión o de influjo. Pero la Iglesia no puede alinearse simplemente a políticas de gobierno o a corrientes de opinión cuando se trata de actuar según la verdad y en plena fidelidad a la misión que Jesucristo le ha confiado: ser fermento de unidad y de paz en medio del mundo".

Refiriéndose a su postura de diálogo, los obispos recuerdan haberla postulado ya en 1986 durante el Primer Encuentro Eclesial de la Iglesia en Cuba y ratificado durante el ECO. Pero esta vez con "una connotación particular, en el termino reconciliación, que es más que convocar al diálogo, pues, quienes responden a este llamado, deben superar no sólo los perjuicios o simples distanciamientos, sino heridas, algunas muy profundas, que marcan de diversos modos nuestra historia nacional y la vida personal y familiar de muchos hermanos nuestros".

En su declaración los obispos recuerdan la inspiración de la fe cristiana "para aceptar y transitar los caminos escarpados de la reconciliación," al tiempo que constan cómo " entre algunos cristiano se da un rechazo, a menudo explícito y en plena contradicción con el mismo Evangelio y con la mejor tradición cristiana, de cualquier respuesta reconciliadora para nuestro pueblo".

Señalaban que el llamado a la reconciliación es una "opción decisiva para esta hora de nuestra historia y para construir el futuro inmediato y lejano de nuestra Patria".

Los obispos piden a la comunidad de naciones latinoamericanas, a Canadá y a los países de Europa que contribuyan con su esfuerzo para que la ponderación y el equilibrio puedan abrir paso a relaciones fundamentadas en la justicia, el respeto y la paz".

> *"La Iglesia no puede alinearse simplemente a políticas de gobierno o a corrientes de opinión cuando se trata de actuar según la verdad y en plena fidelidad a la misión que Jesucristo le ha confiado: ser fermento de unidad y de paz en medio del mundo".*
>
> Obispos cubanos

Los profesionales estamos peor
Joven médico hace jornada doble ayudando durante el ECO

Aunque viste una bata blanca, nadie diría que es todo un doctor. Va montado en una vieja bicicleta, lleva el estetoscopio al cuello y hoy tiene jornada doble.

Derechito desde su trabajo en un hospital estatal, Francisco Hernández se apresura por llegar a la Casa Sacerdotal Félix Varela donde hoy es médico de guardia para los participantes en el ECO. Los delegados le consultan sobre trastornos digestivos o de tensión, por el trabajo de las reuniones. El joven de 24 años también conversa sobre su vida en Cuba.

"Los profesionales son los que estamos peor", dice.

"Porque otros pueden hacer sus negocios y mejorar. Pero nosotros...? Estamos en plena juventud y sin futuro".

Alguna vez él ha pensado en marcharse de Cuba. "Todos sentimos por la Patria pero es la necesidad la que te hace pensar así". Y cuando considera irse "no es por mí sino por mis padres. Me sabe mal que siendo médico ellos aún me tengan que mantener".

El vive con su abuela y durante 5 meses tuvo el techo de la casa caído. " Había que entrar con sombrilla", dice. Estuvo ahorrando para conseguir los materiales y tuvo que pagar 400 pesos, el salario de dos meses.

En Cuba, un médico empieza ganando 231 pesos al mes, después puede ganar hasta 400 cuando termina la especialidad.

Hernández reconoce "que por lograr algo, había abandonado mi fe. Ahora he perdido el miedo y ya no me preocupa si me perjudica."

Enseña catecismo en su parroquia del Cerro y participa en la juventud obrera católica. " Hay grupos y salimos. La Iglesia es centro social y espacio de libertad", señala.

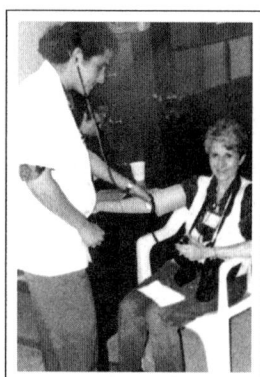

Francisco Hernández le toma la tensión a Araceli Cantero durante el ECO

Hasta sus pacientes han notado el cambio y le preguntan "¿Doctor, por qué es usted tan bueno?". Les dice que "soy como debemos ser y no me detengo en pensar las consecuencias".

No duda en reconocer que " soy un poco más feliz desde que me volví a la Iglesia ". Y aunque esto significa a veces más trabajo, en la Iglesia encuentra un espacio de participación y dice que "me siento bien porque empleo mi tiempo en algo útil".

Convocar a los cubanos sin odios
Pide el representante del Papa

No había terminado de hablar el cardenal Carlo Furno pero ya un estruendo de aplausos llenaba la catedral de la Habana.

"Mientras espero que no sea lejano el día en que pueda visitaros personalmente, os bendigo de corazón", decía el mensaje papal leído por su representante, entre los aplausos de todos.

El cardenal Carlo Furno elogia los carteles del ECO

En los primeros bancos del templo estaban los representantes del gobierno cubano y a ellos también fue dirigido el mensaje del Santo Padre. Incluso pudiera decirse que la mayor parte del mensaje a ellos estuvo dirigido.

Además de recordar la proximidad del Tercer Milenio y la reunión histórica del Encuentro Nacional Eclesial Cubano, hace 10 años, el mensaje constató "las grandes transformaciones que han marcado nuevas pautas en la sociedad y en las relaciones internacionales. Entre ellas la caída, en Europa del Este, de un sistema político basado en una filosofía marxista, el cual tenía su influjo en otros continentes".

El texto describía dicho sistema ateo y el trato que dio a la Iglesia en aquellos países al considerar irrelevante y nociva la profesión de la religión y dar un trato burocrático, excluyente y severo a la Iglesia, instituciones y creyentes.

También reconocía las dificultades de los fieles en Cuba, "si bien las condiciones de la Iglesia entre vosotros no eran exactamente las mismas que las descritas..." Y afirmaba que la Iglesia Cubana aspira, "con todo derecho a una plena libertad en su acción, con los medios que le son propios, incluso los que hoy ofrece la técnica".

En los últimos años las diócesis en Cuba han creado sus propias publicaciones con medios sencillos y grandes dificultades. Pero recientemente ha circulado una carta instruyendo a las empresas que venden materiales de computación e impresoras que no le venda a la Iglesia estos equipos.

La catedral de la Habana repleta de fieles durante la clausura del ECO

El mensaje también auguraba que la Iglesia en Cuba "en diálogo abierto con las autoridades públicas, pueda no sólo disponer de los medios necesarios para cumplir su misión, sino que sea comprendida y aceptada en su naturaleza. La Iglesia y el Estado tienen ámbitos propios e independientes, aunque no paralelos ni opuestos. Iglesia y Estado deben servir al hombre y a la mujer, y esto sin interferencias ni sumisión del uno al otro, sino de manera complementaria en las relaciones entre personas, naciones e instituciones, debe reemplazar las concepciones de una cierta dialéctica que lleva consigo el enfrentamiento y la lucha y cualquier otra visión de la realidad que quiera confinar la fe religiosa en el ámbito puramente privado".

La paz, y también la paz social, exige de todos un cambio de mentalidad para que las tensiones que generan conflictos den paso a la comprensión y al diálogo, decía el mensaje

El Papa resaltaba que por eso "la Iglesia dirige su mensaje a seres humanos inmersos en realidades múltiples y cambiantes, a veces angustiosas y a veces desafiantes". A través de la Palabra de Dios busca incidir en la vida de los hombres y de los pueblos".

Con referencia al Tercer Milenio, el mensaje papal planteaba los interrogantes y perspectivas para Cuba.

"Cuando parecen ya superados los sistemas colectivistas que sofocan las válidas iniciativas personales o de grupo", decía el mensaje del Papa, "¿caerá el mundo bajo los ciegos mecanismos de un tipo de organización económica despiadada, que no tenga en cuenta a los más débiles y frustre las aspiraciones de los más pobres? "

A los católicos, el Papa les pidió "rescatar los valores de la familia; recordar en todo momento la grandeza y

preeminencia del trabajo humano y su justa retribución. De igual modo, la misma Iglesia siente el deber de alertar las conciencias de quienes ejercen funciones públicas sobre sus grandes responsabilidades en el campo de la política o en el de la economía tan ligada a ella".

Como modelo para el futuro de la humanidad, el Papa propuso a Jesucristo, servidor y amante.

Desde el púlpito de la catedral, el cardenal Furno leyó el mensaje del Papa que también iba dirigido a los fieles de Cuba. Les pidió "proclamar que Jesucristo es el único salvador, que su evangelio puede transformar la mentes y los corazones, producir la ansiada reconciliación y convocar a los cubanos... hacia una auténtica fraternidad, sin odios ni recelos".

La juventud acudió a la catedral y sirvió en el coro

Les pidió también ser: "cristianos conocedores de la palabra revelada, de la doctrina moral y social de la Iglesia, así como de las exigencias de la justicia y de la paz; comprometidos en el servicio de la caridad y en la promoción de vuestro pueblo; diligentes en procurar el acercamiento entre todos vuestros hermanos, respetando los diversos modos de pensar".

Y les dijo " si la Iglesia no proclamara la verdad y no mostrara el amor ¿quién lo haría? Esta es nuestra misión irremplazable de cara al año 2,000 y siempre".

El desierto: lugar de alternativas

Ante las tentaciones del materialismo, el mesianismo y el poder

Durante la misa de clausura del Encuentro el cardenal Jaime Ortega invitó a los católicos cubanos a ir al desierto, no sólo para rechazar las tentaciones, sino para optar, como Jesús, por nuevas alternativas.

El Evangelio del primer domingo de Cuaresma sobre las tentaciones de Jesús, fue el telón de fondo para sus reflexiones sobre la realidad cubana. Hoy día en Cuba aparecen las mismas situaciones de búsqueda de soluciones en el materialismo, el mesianismo y el poder, dijo el Cardenal.

"Para la Iglesia, para todo cristiano, hoy y siempre, la lucha está planteada entre esa visión del hombre que lo considera el producto de sus instintos y de sus condicionamientos sociales, económicos o aún políticos y la concepción del ser humano digno, libre, dueño de sus actos, creado por Dios para el bien y el amor", señaló. "Por este modelo de hombre peleó Cristo en el desierto. En su vencer está nuestra victoria", señaló.

La catedral estaba repleta de fieles, dignatarios diplomáticos y representantes del gobierno cubano.

> "La lucha está planteada entre esa visión del hombre que lo considera el producto de sus instintos y de sus condicionamientos sociales, económicos o aún políticos y la concepción del ser humano digno, libre, dueño de sus actos, creado por Dios para el bien y el amor".
>
> *Card. Ortega*

El Cardenal se hizo eco del sentir del Papa para el Tercer Milenio y presentó una Iglesia que "reconoce sus infidelidades, pide perdón, y en espíritu penitente, se propone olvidar agravios, superar divisiones surgidas... entre los mismos cristianos, y ser fermento de reconciliación y de paz".

Sin disimular la referencia a la situación cubana, el Cardenal dijo que el hombre tiende a limitar el horizonte de su vida a lo inmediato y material.

" Parecen tan grandes la urgencias... que buscamos en las mismas realidades materiales la solución de los problemas", dijo. "Si no hay pan, hay que convertir las piedras en panes. Es una materia la que debe transformarse en otra para alimentar al hombre material".

Y señaló el rechazo de Jesús y su alternativa: "No sólo de pan vive el hombre... Ese hombre que debe alimentarse, debe conocer también la Palabra de Dios que es alimento de su espíritu. Allí descubrirá su grandeza como hombre y su auténtica dignidad de hijo de Dios y aprenderá entonces a compartir, a producir por razones más altas, a ser solidario con motivaciones más profundas. La solución no está en las piedras, está en el hombre. Esa es la gran propuesta de Jesús a su Iglesia".

Para el Cardenal la segunda tentación de Jesús tiene que ver con los mesianismos fáciles de personas o ideologías que ofrecen soluciones espectaculares. "Tírate desde lo alto, Dios te mandará un ángel".

La respuesta de Jesús: "No tentarás a tu Dios" equivale a decir "no violarás las leyes de la historia humana, no te lanzarás al abismo de lo desconocido... El hombre, la sociedad, la historia, no pueden ser transformados sino por el trabajo paciente y humilde de todos los que integran el conglomerado humano". Para Mons. Ortega la única espectacularidad está en "el amor, en su cotidianidad..."

La tercera tentación "es la más común, a la cual se reducen muchas otras... es la tentación del poder. "Todo esto te daré si te postras y me adoras", dijo Satanás a Jesús.

"Hay que tener los ojos muy abiertos para no confundirse. El poder puede ponernos de rodillas ante el mal",

> *"...Consciente de la insuficiencia del materialismo marxista y su fallo existencial, no pone la mirada en otro materialismo consumista, hijo de un capitalismo feroz, que no llega a dar participación real a la inmensa mayoría desposeída..."*
>
> Card. Ortega

dijo el Cardenal. Y señaló que la Iglesia en Cuba, en su experiencia de estos últimos años "ha confrontado los mismos desafíos a los cuales dio respuesta el Salvador en sus cuarenta días de ayuno, esgrimiendo la Palabra de Dios, no como solución ya dada, sino como indicadora de un camino a seguir".

> *"El poder de la Iglesia está en su falta de poder real en el orden humano... Frente a los reclamos de esperanza de tantos hermanos nuestros que no hallan sentido a su andar por la vida, la Iglesia y los cristianos sólo contamos con el poder de Dios".*
>
> *Card. Ortega*

La Iglesia, "consciente de la insuficiencia del materialismo marxista y su fallo existencial, no pone la mirada en otro materialismo consumista, hijo de un capitalismo feroz, que no llega a dar participación real a la inmensa mayoría desposeída..."

El Cardenal recordó la doctrina social de la Iglesia y su "proyecto de humanización de las normas frías y rígidas de la economía de mercado, con una participación del trabajador, no sólo en algún beneficio como dádiva, sino en la toma de decisiones y en la gestión de la empresa..."

La doctrina social de la Iglesia ofrece alternativas a las tres tentaciones y a su aplicación en la realidad cubana. El Cardenal señaló que "para que desaparezca el hambre y la miseria... no sólo es necesario que haya pan, se requiere primero crear las condiciones humanas y dignas para producir ese pan".

Tampoco la iglesia pretende tener todas las soluciones —sería un fácil mesianismo— "ni pretende monopolizar la verdad en cuanto a las cosas factibles. Estaríamos tentando al Señor. Al aportar nuestra visión del hombre y de la historia, la Iglesia Católica quiere trabajar, como decía nuestro apóstol Martí: 'Con todos y para el bien de todos'".

Pero además " el poder de la Iglesia está en su falta de poder real en el orden humano... Frente a los reclamos de esperanza de tantos hermanos nuestros que no hallan sentido a su andar por la vida, la Iglesia y los cristianos sólo contamos con el poder de Dios. "Te basta mi gracia, mi fuerza se prueba en la debilidad".

Como resumen de su mensaje, el Cardenal dirigió una oración a la Virgen de la Caridad, patrona de Cuba, pidiéndole que "los católicos cubanos sepamos rechazar las tentaciones de poder, de mesianismos fáciles o de cualquier tipo de materialismo, aunque parezca atrayente; que estemos atentos a los requerimientos espirituales de nuestros hermanos que reclaman algo más que pan; y que sólo doblemos nuestras rodillas ante el único Dios Verdadero, Padre de Nuestro Señor Jesucristo".

Del templo al barrio
Propone el Encuentro Conmemorativo, a los diez años del ENEC

ANALISIS

Los católicos en Cuba no se conforman con dar testimonio de su fe y ser rostro de Dios. Ahora quieren ser también su voz y sus manos.

Atrás quedaron los miedos y la pastoral de sacristía. Hoy los católicos se lanzan a las calles reclamando su vocación a ser fermento y sal en los ambientes de la sociedad en que les ha tocado vivir.

Quieren hacer esto propiciando la reconciliación y el diálogo a todo nivel a través de proyectos que anuncien a Jesús y apoyen la promoción humana, la formación integral y la cultura de la vida.

Lo harán gracias a comunidades vivas y dinámicas y a un laicado comprometido con la Iglesia y la sociedad.

Los católicos salen de la Catedral de La Habana después de calusurarse el ECO

"Todo pueblo necesita vivir en la esperanza," dice el mensaje final del ECO, al cumplirse los 10 años el Encuentro Nacional Eclesial Cubano de 1986 (ENEC).

"Tenemos la serena convicción de que estos proyectos abrirán, por la gracia de Dios, nuevos caminos de esperanza," señala el Mensaje al Pueblo de Dios en Cuba, que fue leído al finalizar las reuniones del 21 al 25 de febrero, presididas por el cardenal Carlo Furno como enviado papal, el nuncio Arz. Benniamino Stella y el episcopado de Cuba.

Los delegados se pronuncian en una de las sesiones del ECO

A los largo de cuatro días de arduo trabajo, los 145 participantes revisaron las aportaciones de las diócesis y elaboraron el modelo de Iglesia que quiere ser Cuba en los umbrales del año 2,000: una Iglesia profética, participativa, encarnada e inculturada.

Profética, para anunciar la buena noticia de Jesús y denunciar lo que va en contra del ser humano. Participativa, en el modo de llevar a cabo su acción pastoral y su misión y encarnada e inculturada, porque quiere hacerlo desde la cultura y la sociedad existente hoy en Cuba.

Ha crecido la Iglesia

Hace diez años, en el ENEC, los católicos optaron por el diálogo y por una iglesia orante, encarnada y misionera. El impulso del ENEC lanzó a la Iglesia a la evangelización y suscitó infinidad de programas en parroquias y comunidades: La Cruz del Quinto Centenario recorrió las diócesis despertando la memoria católica del pueblo y el recorrido misionero de la imagen de la Virgen de la Caridad constituyó un acontecimiento de proporciones multitudinarias. En esta década se notó un salto cuantitativo en las estadísticas de la Iglesia en Cuba.

El Anuario Pontificio señala que el número de bautizos ascendió de 27,410 en 1986 a 70,081 en 1995. Esto sin contar el gran número de personas ya bautizadas que dejaron la Iglesia y ahora están volviendo a ella.

"Ha crecido la población cubana, pero ha crecido también la Iglesia que ha visto multiplicarse sus diócesis y los movimientos laicales..." señaló el cardenal Jaime Ortega de la Habana al presentar un balance de los diez años desde el ENEC en la sesión de apertura del ECO.

Y esto es precisamente el signo del futuro. Que los laicos ya no se limitan a una labor ministerial dentro de las comunidades. Ahora están tomando conciencia de su vocación laical y se están organizando para transformar los ambientes con el Evangelio.

Existen ya un movimiento de trabajadores obreros y de trabajadores de salud. Los estudiantes han creado comunidades dentro de la universidad. Se imparte formación social y cívico-política y van tomando fuerza y abriendo el espacio de participación las publicaciones que surgen en cada diócesis.

> *"En el ECO ese servicio evangelizador quiere ser más profético y más metido en el mundo de los ambientes de la familia, el trabajo y la cultura."*
>
> Dagoberto Valdés

Evangelizar la cultura

"El ENEC logró mover a la Iglesia de una pastoral de mantenimiento a una pastoral más al servicio del pueblo", dice Dagoberto Valdés, delegado de Pinar del Río. "En el ECO ese servicio evangelizador quiere ser más profético y más metido en el mundo de los ambientes de la familia, el trabajo y la cultura".

En su opinión, se trata más de una evangelización de la cultura que de las personas individualmente. Y esto es algo más comprometido porque implica denuncia de aquello que no corresponde al proyecto del Reino de Dios. Pero Valdés señala que no se trata sólo de denunciar, sino de proponer proyectos alternativos —no políticos— que abran caminos a la esperanza. Uno de ellos es el Centro Católico de Formación Cívico Religiosa que él dirige en la Diócesis de Pinar del Río. Otro son las publicaciones que surgen en las diócesis. También están los proyectos solidarios de Caritas y otros que irán surgiendo.

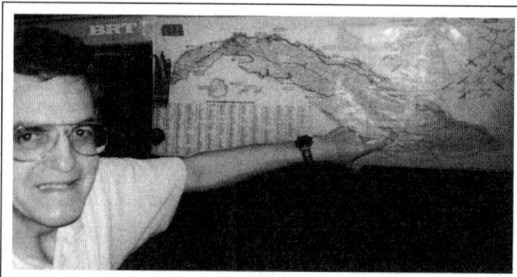

La Iglesia quiere ser 'sacramento' de proyectos, señala Valdés. "Medio a través del cual la Iglesia se haga proyecto con el pueblo." Y esto es posible, dice, porque ha pasado por la cruz.

Valdés afirma que en esos diez años la Iglesia "ha ganado un espacio increíble de participación y de credibilidad. Por eso ya no puede presentarse sólo como rostro de Dios sino que quiere ser también su voz y sus manos."

Rolando Estrada muestra la distancia recorrida en autobus desde Manzanillo al sur, hasta La Habana,, en la zona norte, para asistir al ECO

De todas las edades y trayectorias

Entre los participantes en el ECO había católicos de todas las edades y trayectorias. Veteranos que participaron en el ENEC, como el matrimonio Carlos Pulido y Elisa Martínez que en la diócesis de Cienfuegos llevan adelante Caritas, la formación de catequistas y la pastoral de una comunidad.

Había también católicos de probada fidelidad como Nancy Carbonell de San José de Jobaco, en Las Tunas. En el año 1967 y recién casada ella y su esposo respondieron al llamado del obispo a irse a vivir a la iglesia para que el gobierno no interviniera el templo. Durante 15 años mantuvieron la iglesia abierta. "Tocábamos la campana dos veces al día y hacíamos actividades: rosarios, exposición del Santísimo". Dos veces por semana iba el padre Eulogio Vázquez para celebrar los sacramentos.

En aquel templo convertido en hogar crecieron los tres hijos de Carbonell . Uno de ellos hoy se prepara para el sacerdocio.

Ella está escribiendo sus memorias de todos estos años. Piensa que del ENEC al ECO se han abierto espacios de libertad para los creyentes. "Yo antes criaba a los hijos con miedo. Ahora les digo que digan lo que sienten".

Dice que hoy se puede hacer más "porque el pueblo se acerca buscando algo. Saben que entre nosotros existe el amor, la solidaridad, el respeto a su libertad individual y social".

Rolando Estrada fue al ECO como delegado de Manzanillo. Su experiencia es la de tantos otros católicos que han optado por quedarse en Cuba, "a pesar de grandes dificultades económicas para mantener a la familia y las constantes presiones por emigrar".

Otros delegados estrenaban su participación en una asamblea nacional. Es el caso de Sergio Lázaro Cabourroy, de 24 años, orgulloso de "sentirme protagonista representando a los jóvenes de Pinar del Río".

Piensa que los jóvenes de Cuba buscan un sentido a su vida y quieren realizarse. Y sobre todo tener los horizontes que buscan al otro lado del mar." El se siente contento porque "la Iglesia me ha dado la oportunidad de poner mi granito de arena".

Ha visto también que la juventud se acerca buscando algo más, un sentido de trascendencia. "Y la Iglesia es uno de los pocos espacios de participación y donde pueden crecer a nivel personal".

Mons. Carlos Manuel de Céspedes

La voz de la Iglesia se escucha hoy

Para el Vicario General de La Habana el despertar religioso del pueblo no es algo nuevo. Es algo que se inició en los años 80 aunque se ha pronunciado en los últimos seis años ayudado por los acontecimientos.

Mons.Carlos Manuel de Céspedes señala que la caída del muro de Berlín y del bloque socialista, en 1989, determinó una gran crisis en el orden económico, y dio inicio a lo que, en Cuba se conoce como el 'período especial'. Pero dice que "por una crisis económica ningún gobierno cae, sólo pasa más trabajo el pueblo".

Con el desplome de la ideología, "los que eran entusiastas empezaron a hacerse preguntas y se dio una gran confusión", señala.

Es en esta situación difícil, de vacío y de búsqueda, cuando sale a la luz la Carta Pastoral *'El amor todo lo espera.'* Entonces "los obispos se dieron cuenta de que su voz era más escuchada de lo que ellos creían", dice el Vicario General. "También el gobierno cayó en la cuenta de que la voz de la Iglesia tenía eco en el pueblo", subraya. "Fue un signo para los obispos y para el gobierno", y "marcó para los obispos la decisión de actuar con mayor publicidad". Desde entonces lo han hecho en varias ocasiones.

A raíz de la crisis de los balseros y del tratado de migración entre Estados Unidos y Cuba, los obispos de Cuba, el 16 de mayo de 1995 piden al gobierno abordar las causas más profundas de la emigración cubana. También en mayo del mismo año publicaron un libro con 100 documentos de la Iglesia en Cuba desde 1914 a 1994.

Más recientemente, con fecha del 12 de marzo, una declaración conjunta de los obispos reitera el llamado a una actitud de diálogo y reconciliación al tiempo que califica como "hechos dolorosos" la no autorización de la reunión de Concilio Cubano y el derribo de los dos aviones de Hermanos al Rescate por fuerzas cubanas el pasado 24 de febrero. Acción que califican como "desmesurada y violenta."

Para monseñor De Céspedes, la reacción del pueblo ante la Carta Pastoral— se distribuyeron más de 200,000 ejemplares— fue lo que dio a los obispos la luz verde. Les permitió saber que la voz de la Iglesia era escuchada, "a pesar de que el gobierno se había empeñado en presentar a la Iglesia como una institución ajena al pueblo".

El delegado de Pinar del Río, Roberto Sánchez señala que "la Carta Pastoral dio prestigio a la Iglesia y unificó toda una aspiración del cubano que se vio reflejado y defendido allí".

"la Carta Pastoral dio prestigio a la Iglesia y unificó toda una aspiración del cubano que se vio reflejado y defendido allí."

Roberto Sánchez

El ECO recoge el sentir de los católicos

El encuentro de 1986 fue el primero de carácter nacional después de 27 años bajo un régimen comunista. Por ello fue un acontecimiento histórico. Los católicos trabajaron sobre un documento de trabajo que se había preparado en las diócesis a lo largo de un proceso de reflexión de seis años, conocido como

Reflexión Eclesial Cubana (REC). Diez años después, para el ECO, la preparación fue de seis meses y se inició con un taller de seis días en el Cobre. Con la orientación del sociólogo Eduardo Peña, del CELAM (Consejo Episcopal Latinoamericano), representantes católicos de toda Cuba hicieron un mismo proceso que luego llevaron a sus diócesis para realizar juntos un análisis de la realidad de la Iglesia y de la sociedad y para identificar las prioridades para el futuro.

Sánchez califica el proceso como " bueno y participativo porque permitió recoger el sentir del pueblo católico".

Al reunirse los delegados de todas las diócesis en La Habana, retomaron el proceso llevado acabo a nivel nacional y llegaron a prioridades para toda la Isla. Estas quedaron resumidas en un mensaje para el pueblo cubano. También redactaron un mensaje para la juventud . La asamblea escuchó un mensaje de las Comunidades de Reflexión Eclesial Cubana en la Diáspora, conocida por su siglas como CRECED.

El padre José Conrado Rodríguez

"Después del ENEC la acción fue primordialmente a través del templo pero hoy la acción ha de ser en el barrio y en la sociedad".

P. José Conrado Rodríguez

Del templo al barrio

El padre José Conrado es párroco de Palma Soriano, en la provincia de Santiago de Cuba y señala que " después del ENEC la acción fue primordialmente a través del templo pero hoy la acción ha de ser en el barrio y en la sociedad." Y él señala que aunque el ENEC marcó un estilo de ser dialogante y evangelizador, no avanzó suficientemente porque faltó un mecanismo para la puesta en práctica de sus líneas de acción. " No fue una acción reflexionada y evaluada," dice.

En cambio el ECO dejó establecido un Taller Nacional en el mes de abril para articular la aplicación progresiva de las prioridades en cada Iglesia local.

El Secretario de la Conferencia Episcopal Cubana atribuye gran parte de los avances del ECO a la contribución de los sacerdotes y religiosas que se han incorporado a la Iglesia de Cuba en los últimos años.

"Han aportado su visión sin retraerse, sin cohibirse"... explica Mons. Emilio Aranguren.

"Han venido de otros países con una rica experiencia de planificación pastoral... algo que en Cuba no se hacía coordinadamente," señala el obispo de Cienfuegos.

Pero el hermano de La Salle Luis Franco lo ha vivido de otra manera. A pesar de su larga andadura en Iberoamérica dice que "la iglesia en Cuba es la primera en que he vivido una pastoral de conjunto que es una delicia".

Su trabajo es con la juventud, más de 20,000 en grupos, 50 bibliotecas juveniles con la ayuda de la Iglesia de Estados Unidos, institutos ambulantes, jornadas nacionales del joven y la prioridad de apoyar a los universitarios y a los jóvenes trabajadores. Pronto se iniciarán proyectos para jóvenes en situación de riesgo: jineteras y drogadictos.

"Nosotros hemos pasado por el desierto y hemos tomado conciencia de nuestra identidad y nuestra misión de servicio".

Mons. Emilio Aranguren

El desierto da sus frutos

Mons. Aranguren atribuye la madurez de la Iglesia en Cuba a la experiencia de desierto vivida durante muchos años.

Y señala que para los israelitas, el desierto fue el lugar de la prueba y del reencuentro con Dios. Y también el lugar donde Israel toma conciencia de ser pueblo.

"Nosotros hemos pasado por el desierto y hemos tomado conciencia de nuestra identidad y nuestra misión de servicio", dice el obispo.

Cuando recuerda el impulso evangelizador suscitado por el ENEC dice que entonces "el pueblo cubano se sentía frágil, desalentado, desarraigado". Señala que fue por ello que los obispos optaron por comprometerse con ese pueblo, en la Carta Pastoral *'El amor todo lo espera.'*

Para Mons. Aranguren el pasaje de los discípulos que caminaban tristes hacia Emaús, después de la muerte de Jesús, está lleno de lecciones para la Iglesia en Cuba.

> *"Si el hombre está desgarrado internamente no se le puede rociar con agua bendita..."Es preciso acompañarle, sanarle...".*

Dice que los dos discípulos son imagen del pueblo cubano. Habían puesto su esperanza en algo que no se logró... y Jesús resucitado se acerca para que ellos mismos le hagan su historia y le cuenten donde pusieron su esperanza fallida.

"Si el hombre está desgarrado internamente no se le puede rociar con agua bendita", dice el Obispo.

"Es preciso acompañarle, sanarle... No se le puede predicar el Evangelio desde el púlpito, sino en el camino de su cotidianidad".

Pudiera decirse que el proceso de Emaús, es el proceso que está siguiendo la Iglesia en Cuba.

No han perdido el sentido del humor
A pesar de las dificultades cotidianas

Comprando tomates en un mercado de La Habana

Antes de dejar la Casa Sacerdotal Félix Varela hacia el aeropuerto, el arzobispo de Santiago de Cuba, Mons. Pedro Meurice hizo la señal de la cruz sobre mi frente.

"Que Dios te bendiga," me dijo. "Ahora puedes contar que viviste la crisis desde dentro."

Habían pasado ya cuatro días desde el derribo de las dos avionetas de Hermanos al Rescate, pero en Cuba la información era aún confusa—al menos para el común de la gente.

Para quien está acostumbrado a vivir con acceso inmediato a las noticias y desde fuentes diversas, puede resultar extraño el que la gente viva allí al margen de ellas. Para los cubanos lo más urgente es 'resolver,' aunque entre tanto pueda caerse el mundo.

Buscar información objetiva no resulta fácil, dado que los medios están controlados por el Estado y que las emisoras de afuera, incluída Radio Martí, son escuchadas con cierto margen de duda. Son más de 30 años de propaganda 'anti extranjera' los que pesan sobre la población.

"Supe también, en ese viaje, que para sobrevivir hoy en Cuba todo lo que hace falta es tener FE, lo que se traduce por 'Familia en el Extranjero'".

Mi estancia en Cuba se prolongó dos días más de lo planeado, debido al cierre de los vuelos directos a Miami por el derribo de las avionetas. Había ido para tomar contacto con la vida de la Iglesia en Cuba y para cubrir los actos del décimo aniversario del Encuentro Nacional Eclesial Cubano, al que también asistí en 1986 como periodista.

Han sido mis únicas visitas a Cuba y reconozco que es algo aventurado lanzarme a dar opiniones. Pero sí puedo constatar que esta vez he notado en la gente una actitud distinta. Mucho más dispuesta a compartir ideas, hacer juicios y hasta para pronunciarse y criticar lo que no anda bien en su país. También he vuelto a comprobar que en medio de la tragedia, las carencias y una vida tan difícil, a los cubanos no les falta el sentido del humor.

Autobús conocido como 'camello'

Casi recién llegada alguien me preguntó si ya había probado el 'jabón angolano'. Ante mi sorpresa me explicaron que se trata de un jabón a base de 'agua y mano.'

A lo largo de la carretera que va desde La Habana a Cienfuegos, por el sur, mi acompañante me hizo el cuento del 'príncipe y el mendigo". Pero no se trataba de un cuento de hadas. Así se han llamado a los edificios al borde del camino, una especie de servicentros. Unos, construídos por el gobierno cuando se hizo la carretera, tienen un gran aspecto externo pero a penas nada a la venta. Los otros, sin grandes pretensiones, son como ranchos de aspecto pobre, pero tienen de todo para comprar en dólar.

Supe también, en ese viaje, que para sobrevivir hoy en Cuba todo lo que hace falta es tener FE, lo que se traduce por 'Familia en el Extranjero'.

De vez en cuando, por la carretera, nos pasaban camiones y rastras cargados con gente y mercancía. Supe entonces que la escasez de transporte había dado lugar al uso de estos medios. A las salidas de los ingenios o lugares de trabajo unos hombres vestidos de amarillo paraban los camiones con matrícula estatal para montar a la gente y devolverla a su destino. Esto dio pie a mi acompañante para otro cuento: "los cubanos de hoy son como el semáforo: se levantan en blanco, corren para los amarillos, para luchar por los verdes (los billetes); tienen que cuidarse de los rojos, porque si los cogen los llevan para los azules (la policía) y la pasan negra".

Vender plátanos en la calle es un modo de ganarse la vida

Los programas importados de televisión han sido fuente de gran creatividad en la Isla. Han dado lugar a que se le haya cambiado el nombre a los centros de seguridad del Estado de cada provincia a los que llevan a los detenidos: su nombre es ahora "todo el mundo canta".

De la televisión también han surgido las ideas para nuevas fuentes de trabajo: la iniciativa de la protagonista de una telenovela brasileña que puso un "paladar" para ganar algo de dinero, ha dado lugar a los variados 'paladares' en los que los cubanos despliegan su iniciativa culinaria y se ganan la vida convirtiendo en restaurante el patio de su hogar, no sin pagar una licencia al gobierno.

También de la tele han surgido los variados 'merolicos' o puestos en los que se venden baratijas y artesanías de confección casera.

Para ganarse la vida los cubanos también se han convertido en zapateros ambulantes. O han organizado salas de vídeo en sus casas a dos pesos cubanos la entrada. En los vídeoclubs oficiales, se puede alquilar

El pueblo acude a la catedral de La Habana para la clausura del ECO

una película por un dolar (25 pesos). Pero existe otra alternativa: el negocio familiar del los bancos de videos en donde se alquila, a cinco pesos cubanos la película, por el mismo tiempo. Claro que estos bancos pueden organizarse gracia a la FE antes descrita.

Los negocios callejeros también son hoy espacio para la evangelización. Es el caso de Fina una mujer de edad avanzada que ofrecía refrescos a la puerta de su jardín. Mientras esperaba mi turno le escuché hablar con un cliente. Además de servirle un refresco le decía que tenía que leer la Biblia y acudir a un grupo semanal de oración en la iglesia del barrio. Cual no sería mi sorpresa al escuchar que se trataba de un grupo católico. Ella era del grupo de la Legión de María y de la Iglesia de San Juan de Letrán.

Esperando al Papa con 100 días de misión
UN ESPACIO RECOBRADO

Dos meses antes de la llegada de Juan Pablo II a la Isla, cuando ya toda la Iglesia en Cuba había emprendido la tarea de preparar la visita del Santo Padre, viajé a Cuba para recorrer las diócesis y tomar el pulso a las comunidades católicas.

Si el Papa, por fin, visitaba la Isla era porque los católicos habían recobrado cierto espacio para su misión evangelizadora y solidaria. En medio de grandes dificultades los católicos estaban sembrando la palabra de Dios, brindando ayuda a los necesitados, promoviendo esfuerzos de diálogo entre los cubanos de buena voluntad.

Por eso era importante recoger esas experiencias antes de la llegada del Papa. Fuera de Cuba mucha gente ignoraba estos esfuerzos y las realidades ya existentes. El interés que estaba suscitando en la prensa la visita del Papa seguro que daría lugar a informaciones posteriores sobre la vida de la Iglesia. Y muchos pensarían que lo que ocurría en la Iglesia cubana era fruto de la visita de Juan Pablo II. Pero en realidad no era así.

> *Fueron muchos los testimonios, las experiencias, la vida y la fe compartidas. Lo que aquí queda recogido es una muestra agrupada en varios temas :*
>
> **I.** Los esfuerzos de misión y el papel central de la Virgen de la Caridad en la religiosidad popular de los cubanos.
>
> **II.** El despertar de la juventud y su búsqueda de Dios.
>
> **III.** Los esfuerzos de acción caritativa y social realizados por la organización de Caritas, establecida en todas las diócesis.
>
> **IV.** El análisis de la situación de la Iglesia a través de las conversaciones con los líderes y obispos y los planes inmediatos para la visita de Juan Pablo II.

Era el dinamismo que ya existía en las comunidades católicas lo que hacía posible que éstas pudieran emprender el inmenso esfuerzo de organizar la visita de Juan Pablo II en medio de dificultades y obstáculos.

Durante mi visita a Cuba en el mes de noviembre viajé por avión desde La Habana a Santiago de Cuba. Y desde allí, por carretera fui recorriendo las comunidades, desde Santiago de Cuba a Pinar del Río, principalmente en las diócesis que visitaría el Papa, para así tomar el pulso de los preparativos. El recorrido pude hacerlo gracias a la ayuda de los obispos y de las comunidades. A veces aproveché viajes de los obispos que me hacían un huequito en su auto. Sin su apoyo este viaje hubiera sido imposible. A veces contraté a choferes conocidos de las parroquias. Con ellos tuve experiencias variadas, pase de controles de la policía, preguntas sobre el motivo de mi viaje y conversaciones intersantes sobre la realidad de Cuba y el vivir cotidiano.

En mis visitas, el obispo de cada diócesis me ofreció hospitalidad, o facilitó el hospedaje con familias católicas. De esta manera pude, no sólo vivir la vida sencilla de la gente y experimentar sus dificultades. Además pude conversar ampliamente con obispos, sacerdotes, y laicos con quienes también pude participar en los esfuerzos de misión. Constaté el arraigo de la devoción a la Virgen de la Caridad al participar en los actos de acogida de la imagen que recorría las diócesis, según el plan de los 100 diás de misión establecido por los obispos en toda la Isla.

Lo que sigue es una muestra de los testimonios y reportajes recogidos y agrupados en los grandes temas antes indicados

I.La iglesia en Cuba inicia 100 días de misión

La Virgen de la Caridad en el centro de los esfuerzos de evangelización

LA HABANA, Cuba. (Noviembre, 1997) - Al designar 100 días de misión en todas las diócesis de Cuba como preparación a la visita de Juan Pablo II a la Isla, los obispos se preocuparon de que este esfuerzo tuviera un sentido de unidad, en cuanto a los contenidos y en cuanto a los materiales de apoyo para los misioneros. La misión duraría desde la fiesta de la Virgen de la Caridad, el 8 de septiembre, hasta el 8 de diciembre, fiesta de la Inmaculada. Para esta etapa los obispos:

Manuel Hernández muestra uno de los carteles de bienvenida

• Establecieron tres temas clave: La Virgen, Jesucristo y la Iglesia .
• Pidieron que en cada diócesis se entrenaran a equipos de misioneros.
• Favorecieron la creación de materiales sobre cada tema, para repartir en las visitas de misión.

Fue así que se han ido creando tres plegables. El primero sobre la Virgen de la Caridad y el Papa, impreso por el gobierno—mas de un millón de copias—y duplicado en las diócesis. El segundo sobre Jesucristo y el Papa como su sucesor, en donde se señala que Juan Pablo II no es un periodista, ni un turista, ni un simple jefe de estado, sino "un pastor que viene a conocernos, a estar con nosotros y a bendecirnos". El tercero es sobre la Iglesia y Juan Pablo II y subraya la unidad y la reconciliación.

Para el equipo de Manuel Hernández, responsable de la divulgación, el reto ha sido hacer llegar los materiales al pueblo: primero a las comunidades y desde ellas a los barrios, durante los 100 días de misión establecidos.

También se han propiciado materiales para carteles y en algunos casos, como en la Iglesia del Carmen en La Habana, la juventud ha montado un taller permanente donde se han creado medios artesanos para pintar telas, vendidas por el Estado, con mensajes que luego ambientan los templos o sus jardines.

Además se ha preparado un sencillo catecismo, un plegable sobre la Navidad, un calendario 1998 con fotos de las catedrales de Cuba y miles de carteles del Papa a todo color.

De otras diócesis del exterior han llegado cassettes con palabras del Papa, camisetas, calcomanías para los autos y las bicicletas, banderolas y botones para la solapa, todas con mensajes de la visita.

Con métodos caseros la juventud prepara carteles para aunciar la visita

Y para que la gente se sienta comprometida con todo, también se han hecho unos pequeños sobres con la imagen del Papa y una palmera para que los fieles puedan contribuir a los gastos de todo.

"Brinda tu ayuda," dice el mensaje en letras verdes. "El Papa viene a bendecirnos".

Desde que se anunció la visita del papa a Cuba, los obispos de la Isla decidieron que todas las energías se habrían de concentrar no sólo en los preparativos logísticos, sino ante todo en la evangelización.

"En las visitas del Papa todo el mundo pone su mirada en el durante, pero nosotros en Cuba tenemos puesta nuestra mirada en el antes," explicó el secretario de la Conferencia de Obispos Cubanos, Mons. Emilio Aranguren al anunciarse la visita papal. Y el 'antes' se ha traducido en motivar a las comunidades para la evangelización. Porque dados los casi 40 años de ateísmo en la Isla, los cubanos han tenido que aprender quien es el Papa y lo que representa. Y para esto, la Iglesia no ha podido contar con ningún acceso a los medios de comunicación controlados por el Estado.

En sus visitas de casa en casa los católicos no empezaron hablando del Papa. "Los materiales de apoyo para los misioneros han tratado de llevar a la gente de lo conocido a lo desconocido", explica Hernández. Y dada la religiosidad popular del pueblo cubano y el arraigo de la Virgen de la Caridad en su cultura, Ella ha sido la primera protagonista de la misión en las diócesis.

En cada iglesia local, una réplica de la imagen del Cobre ha recorrido las comunidades. Su estancia, de varios días, en cada lugar ha motivado esfuerzos de misión y ha recuperado a miles de cubanos para la Iglesia. También ha convencido a los obispos del poder de convocatoria de la Virgen y de las raíces religiosas del pueblo.

"La llegada de la Virgen es un momento fuerte para recordar que somos hijos de Dios, que Jesús es nuestro Salvador y que María es nuestra madre", señala el obispo de Bayamo-Manzanillo Mons. Dionisio García.

"Nos hemos dado cuenta de algo que ya sabíamos, que el cubano es profundamente religioso y que su religiosidad popular sí está enraizada en la fe católica. A pesar de todos estos años de ateísmo y de no poder relacionarnos con el pueblo como hubiéramos querido, la gente se nos acerca y quiere ponerse al día en su relación con Dios".

> "A pesar de todos estos años de ateísmo ... la gente se nos acerca y quiere ponerse al día en su relación con Dios."
>
> Mons. Dionisio García

Para los preparativos logísticos la Iglesia creó una comisión que trabajó con otra semejante por parte del gobierno. La comisión mixta, Iglesia-Estado tuvo reuniones

mensuales de enero a noviembre y últimamente más frecuentes.

Uno de los coordinadores, de la parte de la Iglesia, es el padre José Félix Pérez, secretario adjunto de la Conferencia de obispos y párroco de Santa Rita, en Miramar, La Habana.

Su aspiración es que, a través del trabajo conjunto, se

logre una mejor comprensión mutua de la acción de la Iglesia y de la misión que debe desempeñar que va mucho más allá de la coordinación logística, explica.

En su opinión la Iglesia en Cuba vive un momento de "pleno crecimiento y vitalidad y para una gran parte de nuestro pueblo, de recuperación de los valores, de sus raíces y de un reforzamiento de una fe dormida y constreñida que ahora se sienten más libres de expresar".

En su parroquia ha constatado en los últimos cuatro años que "el número de personas que asisten a Misa y se bautizan por lo menos se ha duplicado".

Para Mons. García, el hecho de que en unos días de misión se hagan 500 bautizos en sólo una comunidad es todo un signo. Dice que, ahora que las expresiones de fe no son perseguidas como antes, el pueblo está re-encontrando su identidad y tiene deseo de que sus hijos sean bautizados. "Su fe está saliendo a flote". Pero subraya que la Iglesia no se está convirtiendo en una factoría de cristianos.

"Durante la misión preparamos a los padres que desean bautizar a los hijos menores de siete años. A los adolescentes y adultos se les exige catequesis o catecumenado".

La Hna. Laremi Lorenzini por las calles de Bayamo

La misión siempre llama
El pueblo abre sus hogares

BAYAMO, Cuba. (Noviembre, 1997). En bicicleta, en coche de caballos o simplemente a pie, la hermana Laremi Lorenzini no deja de hacer la misión.

Mientras recorre el sendero polvoriento del barrio de Las Caobas, los vecinos salen a saludar a la hermana vestida de blanco que habla el español con un ligero acento italiano.

"En Cuba, las hermanas de la Caridad hacen una labor distinta," explica la religiosa de las Misioneras de la Caridad de la Madre Teresa de Calcuta. En Bayamo ya las conoce la gente. Les hace gracia verlas andar en bicicleta con su hábito blanco.

"No nos permiten tener casa hogar de ancianos o niños y salimos a visitar enfermos en los hospitales, vamos a las cárceles o hacemos la misión," explica la Hna. Lorenzini.

"Por este camino es por donde entró la Virgen," indica Teresita de Jesús Méndez una de las misioneras que acompaña a la Religiosa. "Ya nos conocen y siempre nos han aceptado. Tratamos de sembrar la fe, hablamos de la Virgen y de la visita del Papa".

Un vez al mes, los misioneros agrupan a la gente, por edades, para las clases; también les han proyectado videos sobre Juan Pablo II. Cuando van a un barrio marginado, llegan con el televisor y el video. Además reparten los folletos plegables y organizan el recorrido de la imagen de la Virgen que va protegida en una pequeña urna.

La Hna. Lorencini y Teresita Méndez con niños del barrio de Las Caobas

"Todas estas familias han recibido ya a la Virgen", explica Méndez. Dice que se nota diferencia de hace ocho años. "Muchas personas que no habían perdido la fe, no querían decir nada, pero ahora nos dicen que aman a la Virgen. "Antes no identificaban a la Virgen con la Iglesia Católica, pero ahora nos ven haciendo misión y nos llaman". Y recuerda la casa de un militante del partido, "que nos llamó para que le enseñáramos el catecismo a sus hijos .Y como no hacemos nada oculto y aveces nos ponemos debajo de un árbol, los mayores se sientan a oír la clase".

Unos niños se acercan y con ellos dos chivos, atados con una cuerda que mordisquean la poca hierba que queda al borde del camino. Al otro lado del sendero, varios cerdos, también atados, buscan algo que comer entre un montón de escombros.

En una casa nos invitan a pasar para ver el lugar donde estuvo la Virgen. "Ahora estoy en esto," explica la señora de la casa. "Me gusta mucho... porque vinieron unos padres y todos los vecinos y tuvimos 33 bautizos, aquí en la sala".

La mujer reconoce que antes de las visitas de los misioneros no había ningún contacto con la Iglesia.

"Ya sabe usted como era eso, se hablaba en contra de la religión y quien era del partido no podía participar. Mi esposo lo era, y lo es, pero él ahora recibe a la Virgen. Cuando se hicieron los bautizos él vino y participó".

Un poco más lejos, al fondo del barrio una mujer que vive sola, saluda al grupo. "Aunque no tiene vivencia de Iglesia, tiene fe", explica Méndez. "Tanto es así, que aunque tiene pentecostales al lado, no han podido captarla".

La mujer no puede dejar su casa ni un momento, porque dice que le roban. Y por la noche tiene que meter dentro sus animales.

La hermana Lorenzini ha recorrido muchos barrios y explica que el Estado proporciona materiales y la gente construye sus casas. Son casas planificadas y el gobierno decide el tamaño y el número de habitaciones.

Camino del barrio del Caimito los misioneros pasaron por el barrio de Las Palmas y recibieron la invitación para empezar la misión. Sobre la ventana de una de las casas, el CDR anuncia sus actividades, y "la dueña es la misionera que me lleva la urna de la Virgen de casa en casa", comenta la religiosa.

"Somos de la Virgen, nos dicen, y es que reconocen más a la Virgen que a Dios", señala.

"La religión popular tiene más fuerza, pero no se puede despreciar porque tiene una base y de ahí construimos lo demás".

Tocando a las puertas, anunciando a Jesús
Los misioneros recorren los barrios

SANTA CLARA, Cuba.(Noviembre, 1997). Llegar al barrio El Condado, a las afueras de Santa Clara exige una buena caminata. A no ser que uno se acerque en carretón.

A lo largo del recorrido, unos viajeros bajan y otros se van apretando en los banquillos a ambos lados del vehículo tirado por un sólo caballo, o mula, según las posibilidades del dueño. Junto a nuestra carreta, numerosas bicicletas sortean una carrera de obstáculos humanos y algunas también toman pasajeros.

"Aquí nos bajamos", me indica Laura María Fernández que me acompaña en mi experiencia de misión de puerta en puerta.

El recorrido a pie, por un camino polvoriento, conduce al barrio en el que encontramos a varios misioneros repartiendo folletos sobre la Virgen y anunciando la visita del Papa. Airán Negrín y Marta Rosa García son de distintas parroquias pero se conocieron aquí evangelizando. Llevan dos años de novios.

Araceli Cantero y Laura María Fernández en carretón hacia la misión en el barrio El Condado

Otra misionera es Agripina Rivero quien a pesar de su edad disfruta tocando a las puertas. Le acompañan niños y algunos jóvenes y dice que han formado la comunidad Emmanuel. Y como al día siguiente llega la Virgen a la Catedral, el grupo está reclutando a gente para que se les una.

"Nos reunimos a las 6 AM para el Rosario y luego salimos para la Catedral", va repitiendo Negrín por las casas.

La llegada de la Virgen a la Catedral marcó el fin de la misión. Antes recorrió toda la Diócesis. En Fomento, un pueblecito rodeado de montañas, 10,000 personas pasaron ante la imagen. Angel Martínez es de allí y vio como todos querían verla y tocarla. También pasó la Virgen por Quemado de Güines y por la parroquia de Rancho Veloz y por Sierra Morena y Corralillo donde la recibieron masivamente en el parque, con niñas vestidas de blanco que ofrecían flores a su paso. El día de su fiesta, el ocho de septiembre la Virgen terminó su estancia en Encrucijada y en la Misa de despedida cantó el coro que cantará para el Santo Padre. También lo hizo el día en que la Virgen regresó a la Catedral y en la velada cultural *'Noche Cubana'* que se celebró por la noche.

La víspera fue de intenso trabajo. El padre Arturo González y un grupo de voluntarios trabajaron para decorar la fachada del templo .Y mientras lo hacían la gente se les acercaba a pedir carteles. "Este sí que es el Papa, este sí que tiene autoridad", decían.

El obispo Fernando Prego espera la llegada de la Virgen

Desde temprano del día siguiente empezó a congregarse la gente. El "padre obispo", que es como los católicos llaman a Mons. Prego, llegó con su sotana blanca. Y después llegó la imagen en un auto cerrado. Pero a la altura de la plaza la habían ido a esperar los jóvenes que no cesaron de cantar y ostentar las pancartas del Papa durante varias cuadras de recorrido.

Una lluvia de confeti artesano llenó el cielo ala llegada de la imagen, mientras las campanas no cesaban de repicar. Tuvo que pasar un buen rato para empezar el acto que se abrió con vivas a la Virgen y el himno nacional. Siguió el saludo del obispo y una sencilla catequesis. Entre canciones, el padre Arturo fue entrelazando unas letanías.

"Cuando nos falta la fe, cuando las dificultades nos rodean, cuando nos sentimos cansados... Virgencita de la Caridad, ayúdanos".

La Virgen, la patria, la cultura
Tres realidades que se unen en el Cobre

SANTIAGO DE CUBA - (Noviembre, 1997).'La Virgen, la patria y la cultura es el lema elegido para la jornada del Papa en Santiago de Cuba y el Arzobispo de aquella diócesis sabe bien por qué.

"Son temas connaturales a la zona porque es en la Provincia de Oriente donde surge la Patria. Además desde los orígenes se establece una estrecha vinculación entre la Virgen y los deseos de libertad," señala Mons. Pedro Meurice Estiú, Arzobispo de Santiago de Cuba.

Además, desde los orígenes se establece una estrecha vinculación entre la Virgen y los deseos de libertad, explica el Obispo.

El primer Santuario del Cobre surgió en 1684. La Iglesia de Cuba jugó un papel importante en la liberación de los esclavos que trabajaban en las minas del Cobre. Fue el capellán de la Virgen quien les ayudó a pedir la liberación al rey de España y cuando llegó el decreto real, éste se lee en la explanada frente al Santuario de la Virgen de la Caridad en 1801.

Pero además está el gesto del Padre de la Patria, Carlos Manuel de Céspedes, quien al comenzar la lucha de 1868 acude al Santuario para presentar sus armas a la Virgen del Cobre y pedirle protección.

Los gestos se repiten y cuando por fin se logra la independencia de España, los norteamericanos no permiten al ejercito libertador, bajo el general Calixto García, entrar en Santiago de Cuba por temor a las represalias. Pero él envía a su Estado Mayor para que ofrezcan a la Virgen la libertad de la nación y su futuro. Allí se celebra la primera Misa en Cuba independiente.

En 1915 son los mambises veteranos quienes piden al Papa Benedicto XV que proclame a la Virgen de la Caridad como Patrona de Cuba.

Para Mons. Meurice son estos gestos los que estrechan los lazos entre la Patria y la Virgen y los que explican por qué la acogida de las multitudes a la imagen peregrina que ha recorrido las diócesis durante la misión realizada en preparación a la visita de Juna Pablo II.

"Es algo metido en nuestra cultura. Es la Madre que define la identidad de los hijos y sus deseos de libertad".

Arz. Pedro Meurice

"Es algo metido en nuestra cultura", dice. " Es la Madre que define la identidad de los hijos y sus deseos de libertad".

Mons. Meurice no olvida que este año se cumplen 100 años de la independencia de Cuba y la Virgen va a ser coronada por Juan Pablo II el día 24 de enero en la Plaza de la Revolución del Mayor General Antonio Maceo.

Es un símbolo del pueblo cubano
La Virgen tiene un papel esencial en la religiosidad del pueblo

EL COBRE, Santiago de Cuba- (Noviembre, 1997). No existe transporte público para llegar al Santuario del Cobre y no son muchos los cubanos que pueden costearse un taxi. Pero a pesar de todo, hoy día, a la Virgen de la Caridad no le faltan flores.

El padre Jorge Palma es el capellán del Santuario y aún recuerda los años en que el Cobre era "un verdadero desierto: no había flores y se notaba un vacío profundo".

Eran los años después de la Revolución y "estaba mal vista la fe... pero es algo que cambió hace uno 10 años", dice. El cree que, en parte, coincidió con las visitas al Santuario de personas del exterior. Venían a ver a sus familias y estas les pedían venir al Cobre. Lo hacían sin miedo a la expresión religiosa y empezaron a llegar las flores.

Por eso el padre Palma se atreve a decir que "el exilio cubano ha contribuido a renovar la expresión de la devoción del pueblo a la Virgen". Señala que sus visitas

En el Santuario del Cobre, la imagen de la Virgen recibe a los peregrinos

han ayudado a romper la barrera del miedo y a partir de esas visitas se inició una explosión que ha sido gradual, culminando en la fiesta de la Virgen de la Caridad de 1996 en que coincidieron varios aniversarios en el Santuario y además fue un domingo.

Las personas llegaban por miles, la gran mayoría a pie. Y durante la procesión de la mañana "la cubrieron de flores, tanto, que se formó una alfombra floral por donde pasaba la Virgen."

El padre Palma lleva tres años en el Santuario. Es además el párroco del Cobre y vicario General de la Diócesis de Santiago de Cuba. Dice que la Virgen tiene un papel esencial en la religiosidad de los cubanos y que estos han llevado su devoción a personas de otras nacionalidades. "Los cubanos en la diáspora han transmitido esta devoción y aquí viene gente de todo el mundo".

El lo tiene comprobado por la monedas que depositan. "Son de Rusia, Checoslovaquia, México, Argentina, Uganda, Angola y de todas partes". Y como símbolo de esta universalidad comenta que le gustaría prepararle al Papa una bolsa con monedas depositadas en el Cobre.

En medio del monte, el santuario brilla como una joya que atrae las miradas de quienes se acercan por el camino polvoriento, unos 20 kilómetros desde la capital. Los chiquillos, deseosos de alguna moneda, se acercan a los visitantes ofreciendo piedras de cobre arrancadas de las minas. En el interior, la pequeña imagen se distingue en lo alto, de espaldas. Hay que subir a su capilla, por detrás del altar mayor, para verle el rostro. Y sólo cuando hay celebraciones la imagen

El padre Palma delante de la fachada lateral del Santuario

"Los cubanos en la diáspora han transmitido esta devoción y aquí viene gente de todo el mundo."

P. Jorge Palma

gira para ser vista por la multitud congregada en el templo.

A la entrada de este, un cuadro muestra a los 'tres juanes' en medio de una tormenta y a la virgen cubriendo los nubarrones. Un breve escrito explica a los peregrinos la historia de su aparición. Hacia un lado está la capilla de los milagros, con muestras de gratitud por los miles de favores concedidos.

"Gracias, Virgen de la Caridad" dice una vitrina. Sobre otra, bajo cristal, aparecen cientos de exvotos en plata. En otra estuvo, por años, el Premio Nobel de Literatura de Ernest Hemingway y fue retirado después de un intento de robo. Al recibirlo, en 1954, él se lo entregó a la Virgen. Su nieta quiso verlo y visitó el Cobre hace unos meses. Y el padre Palma le preguntó, por qué un hombre que no era religioso había traído su premio Nobel.

"Entiendo que el regalo era al pueblo de Cuba", respondió la nieta. " Y qué mejor lugar para simbolizar al pueblo cubano que el Santuario de la Virgen de la Caridad".

Nave central del Santuario. Sobre el altar la imagen de la Virgen en su camerino

Ella no se cansa de esperar
Cientos acuden a recibir a la Virgen

MAJAGUA, Ciego de Avila -(Noviembre, 1997). Al toque de la campana la gente acude a la pequeña Iglesia situada en una calle céntrica del pueblo de Majagua. El público va llegando en bicicletas a pie y también en el típico coche de caballos de la zona de Bayamo.

Mientras llega la imagen de la Virgen pasan algunos autobuses cargados de gente que se agolpa a las ventanillas para averiguar qué está ocurriendo. Son las cinco de la tarde y ya casi se ha cortado la circulación debido a la multitud. Pronto corre la voz de que está llegando la imagen. Y aparece un pequeño automóvil rojo que va sorteando los baches de la polvorienta carretera, hasta que la multitud lo detiene a unos pasos del templo para sacar en hombros a la imagen.

Sobre la puerta del templo un cartel señala el acontecimiento: "Salve, Virgen de la Caridad, Patrona de Cuba". Debajo, una mujer de entrada edad, tira de los cordones que hacen repicar las campanas, mientras la gente se agolpa entre vítores y aplausos a la Virgen. Es tal el entusiasmo y la prisa por entrar en el templo que al obispo de Ciego de Avila, Mons. Mario Mestril le arrastra la multitud. Muchos se quedan fuera, encaramados por las ventanas y otros, más ajenos a la comunidad católica, comentan sobre el acontecimiento al otro lado de la calle. Desde allí observan cómo se hace silencio y se escuchan los compases del himno nacional cubano que todos cantan con fervor.

En cada diócesis de Cuba, la llegada de la Virgen ha tenido una acogida semejante y los actos en su honor han ido acompañados de jornadas de misión, bendición de los enfermos y cientos de bautizos de niños menores de siete años. También han sido días para acercar a miles a la Iglesia a través de la Virgen y predicar la reconciliación entre los cubanos.

Junto al obispo Mons Mario Mestríl, la multitud recibe a la Virgen .

"Madre de los que no tienen pan, de los corazones endurecidos. Madre de los que no tienen ilusión, de los amargados y los presos," repetía el padre Vicente, párroco de la comunidad, desde el micrófono.

En los rostros se veían las lágrimas mientras la gente se apretaba para llegar a donde estaba la Virgen y dejarle unas flores. Mientras tanto, el coro no cesaba de repetir: "Hoy he vuelto a comprender que una madre no se cansa de esperar.".

Es la Madona de La Charca
Su historia es la historia de la fe de Cuba

Los fieles celebran delante de la imagen de la Injmaculada de la Catedral de Santa Clara

SANTA CLARA, Cuba - (Noviembre, 1997). Es de mármol de Carrara y la llaman la Madona de la Charca. Con el manto y rostro magullados, la imagen se yergue a la entrada de la catedral dando la bienvenida a los fieles. Y quienes saben su historia se la transmiten a los recién llegados a la fe, deseosos de saber por qué a esta imagen de la Inmaculada no se le ha querido restaurar.

Para el obispo de Cienfuegos, Mons. Emilio Aranguren, " es mejor que la imagen quede así con sus magulladuras". Dice que "es un símbolo de la fe de mi pueblo".

Han pasado 44 años desde entonces, pero Mons. Aranguren recuerda bien cómo a los siete años fue con sus padres a la bendición de la imagen que fue colocada en una fuente a la entrada de la su ciudad natal.

La imagen de la Inmaculada la habían donado las Damas Isabelinas y se colocó en el terreno que había donado Rómulo Hernández, parte de su negocio de gasolinera. Y allí estuvo, dando la bienvenida a los viajeros, hasta el comienzo de la Revolución. Pero, una noche, la imagen desapareció sin dejar rastro y en su lugar apareció un busto de José Martí.

La iglesia estaba pasando momentos difíciles y no hubo ningún tipo de reclamación, recuerda el Obispo. Pero algo inaudito ocurrió hacia 1980: Al allanar un terreno junto a un mercado paralelo, la escabadora tropezó con algo duro. Al tratar de ver qué era surgió la imagen que había sido enterrada allí.

"La gente la iba a ver y a limpiarla con cubo y cepillo y la llevaban flores", recuerda Mons. Aranguren, entonces sacerdote párroco de Sagua. También llamaban a las estaciones de radio pidiendo que se hiciera algo y hasta salió un escrito en el periódico hablando de la Madona de la Charca. Y cuando ya el padre obispo de Cienfuegos-Santa Clara, Mons. Fernando Prego se empezaba a mover para hacer algo, la imagen volvió a desaparecer. Hoy se sabe que se la llevaron en una grúa mientras la gente gritaba en contra. Se les cayó y la dañaron y la escondieron en una unidad militar.

En abril de 1995 la Santa Sede creó la nueva diócesis de Santa Clara, con Mons. Prego al frente y a Mons. Aranguren le nombraban obispo para Cienfuegos. Con este motivo recibió la visita de Caridad Diego, encargada de asuntos religiosos del Partido. Mons. Aranguren le sugirió que sería un gesto bonito, por parte del gobierno, devolver la imagen de la Virgen al obispo Prego para que la tuviera en la Catedral. La idea tuvo aceptación y se hicieron las gestiones.

"Cuando se colocó a la entrada de la Catedral, " recuerdo que lloré", dice Mons. Aranguren. "Su rostro dañado me recuerda los años que estuvo bajo tierra. Es un símbolo de la fe de mi pueblo. Es la historia de la fe en Cuba".

"Su rostro dañado me recuerda los años que estuvo bajo tierra. Es un símbolo de la fe de mi pueblo. Es la historia de la fe en Cuba."

Mons. Emilio Aranguren

Con la Virgen por las calles
La guagüita de la Virgen anuncia la visita de Juan Pablo II

LA HABANA, Cuba -(Noviembre, 1997). Durante varios meses el padre Santiago Fernández ha sido el compañero inseparable de la imagen de la Virgen de la Caridad y con ella ha recorrido todos los barrios de La Habana.

Pudiera decirse que el sacerdote ha sido el chofer más afortunado de Cuba y su guagüita blanca la que más saludos ha recibido por las calles.

"La gente nos reconoce y nos saluda," dice el sacerdote.

"Mira, ahí va la Virgen, les oímos decir, mientras se santiguan".

Por la noche, el sacerdote enciende la luz interior del camioncito y la imagen de la Virgen se puede ver desde afuera. Durante le día, el mensaje pintado sobre la carrocería, sirve de alerta para la gente.

"Con la Virgen de la Caridad esperamos al Papa," va predicando en silencio el automóvil cerrado. El gobierno no permite que la imagen vaya al descubierto sobre un vehículo, pero la gente pronto supo identificar a la diminuta y discreta viajera.

"Ahí va la Virgen de la Caridad. Danos paz, danos salud", le gritan al pasar.

El padre Santiago Fernández delante de la guagüita

El padre Fernández estuvo encargado de trasladar la imagen peregrina de la Virgen en su recorrido por las parroquias, templos o comunidades. En algunos lugares se quedaba un día, en otros más tiempo. Y en cada sitio tenía lugar una misión con distintas actividades y muchas visitas.

"En sólo un día han pasado por aquí unas 15,000 personas," señaló el párroco de la Iglesia de San Agustín, Mons. Carlos Manuel de Céspedes. "La Virgen ha convocado a todo un mosaico de personas, desde jineteras a miembros del partido, disidentes, católicos prácticos y hasta borrachos". Una de las personas que fue a visitarla le confesó que "yo soy atea, pero vine a ver a la Virgen.

> *"La Virgen ha convocado a todo un mosaico de personas, desde jineteras a miembros del partido, disidentes. católicos prácticos y hasta borrachos"..*
>
> *Mons. de Céspedes*

II. La juventud cubana descubre a Dios
Muchos jóvenes nunca habían puesto un pie en la Iglesia por temor

SANTA CLARA, Cuba - (Noviembre, 1997). Su nombre dice bastante: Se llama Vladimir López.

Es un joven cubano educado ya en la Revolución y con 17 años no había puesto un pie en la Iglesia. Su padre, un militar de alto rango, acababa de morir y él reconoce que "de Dios no sabía absolutamente nada. Los templos eran para mi lugares misteriosos, fachadas sumamente curiosas y puertas que llevaban a los desconocido, a lo prohibido".

Hasta que un día rompió esa barrera del miedo y acudió a la invitación de un amigo para ver una película en una parroquia de Santa Clara.

Aún hoy recuerda la angustia que sintió al subir la escalinata de la Iglesia. "Me invadieron temblores, tan arraigada estaba en mi la convicción de lo que iba a hacer era ilícito".

Quería dar la impresión de que pasaba por allí casualmente y sólo se asomaba a curiosear. Sentía sobre si la mirada de miles de conocidos que le echarían en cara el delito: "Te vi entrando en una iglesia".

"Los sacerdotes no me parecían realmente embaucadores que trataban de engañar al pueblo, al contrario, parecían disfrutar a plenitud, la presencia intima de Dios. Sí, definitivamente Dios existía".

Vladimir López

López se preparaba para una brillante carrera científica y sus familiares trataron de abrirle los ojos ante las consecuencias y la "vergüenza en que sumiría a miembros importantes de mi familia".

Pasaron los meses y en una parada de autobús escuchó una conversación sobre una Misa importante en la catedral. Así fue que el joven asistió a su primera Misa Crismal. Recuerda que las raíces del materialismo en su mente se estremecieron hasta la médula. Y mientras observaba el rito se decía que toda aquella gente no podía estar equivocada, "los sacerdotes no me parecían realmente embaucadores que trataban de engañar al pueblo, al contrario parecían todos disfrutar a plenitud la presencia intima de Dios. Sí, definitivamente Dios existía".

Al mirar a los jóvenes le impresionaba que practicaban abiertamente la fe. " No parecían menos inteligentes ni más confundidos que yo..." Y mientras pensaba todo esto alguien le tocó en el hombro. "Ya me han rereconocido", pensó. "Quieren verme bien la cara".

Y cuál fue su sorpresa cuando alguien le dijo: "la paz de Cristo hermano". Quedó desarmado y al estrechar su mano sólo acertó a responder "mucho gusto".

Desde aquel día se inicio un nuevo camino para él. Conoció al padre Arturo González y le dijo que quería conocer todo sobre Cristo. Pronto comprendió que , a pesar de su carrera como neurofisiólogo en un Centro de Investigación de la Capital, no tenía por qué disimular su fe cristiana.

En la catequesis le dijeron que la fe es un regalo de Dios. "Yo lo entendí muy bien", comentó convencido.
" Yo lo había vivido".

Se cansó de vivir sin Dios
Los jóvenes vienen de las cercanías para no perder la catequesis

SANTA CLARA, Cuba-(Noviembre, 1997). Al atardecer, en el patio de la Iglesia del Buen Viaje que hoy hace de obispado en Santa Clara, se escuchan las risas y el suave regocijo de la juventud, pero no se trata de una fiesta. Alrededor de la mesa en que horas antes había almorzado el Obispo, unos 13 jóvenes hablan de la fe que acaban de estrenar.

Jóvenes de Santa Clara reciben instrucción religiosa

Yoletti tiene que viajar ocho kilómetros, desde las afueras de Santa Clara, para reunirse.

"Vengo como puedo porque me gusta y quiero aprender. Luego lo comparto con mi familia" dice la joven que aparenta tener unos 20 años y hace poco se acercó a la Iglesia.

Hermes Yánez tiene 24 años y recuerda cómo sus abuelitos le hablaban de Dios en la casa. Aunque él no estaba bautizado, a veces le llevaban a la Iglesia "pero no me gustaba que me vieran. Tenía miedo a que "en el colegio me quitaran la pañoleta del uniforme", un símbolo de patriotismo. Hasta que un día el año pasado sintió el llamado de Dios, "que se siente en cualquier momento y sin esperarlo".

Hermes Yánez con su amiga Yoletti

En su caso fue por una amiga. "Bueno estás enfermo, pues arriba, tienes que hacer algo", le dijo. El confiesa que estaba cansado de vivir sin espiritualidad y conoció a Dios, se sanó y "a partir de entonces todo lo que tengo se lo agradezco a El".

El cambio ya lo han notado sus amistades a quienes trata de llevarles "lo nuevo que he conocido, pero si no lo quieren, yo sigo adelante y amigo de ellos tal como son. En algún momento el Señor les tocará".

Como tantos jóvenes de su generación sueña con "una novia americana para poder irme a vivir allá." Se ríe nervioso al darse cuenta de lo que ha dicho. Y después de una pausa habla del día de su bautismo, hace sólo un año.

"Me alegro de haberlo recibido ya grande, porque tengo conciencia de lo que hice".

Dice que no olvidará nunca lo que sintió en aquellos momentos, "el cambio de una vida a otra, porque con el favor de Dios voy cambiando poco a poco". Y señala que va recuperando los valores perdidos "del amor, el respeto por los demás, la hermandad y la capacidad de perdonar. Porque si no perdonamos no somos nadie."

> *"Pero no me gustaba que me vieran. Tenía miedo a que "en el colegio me quitaran la pañoleta del uniforme".*
>
> *Hermes Yánez*

Le veían como un joven diferente
Dejó la medicina para trabajar con la juventud

Enrique Rodríguez, izq. con un colega

> "La generación nuestra ha vivido sin una propuesta clara y consistente de los valores cristianos".
>
> Enrique Rodríguez

CAMAGUEY, Cuba. -(Noviembre, 1997). Por las calles de Camagüey muchos jóvenes le saludan. Parece que le conocen bien. Y es que a lo largo de casi 10 años de trabajo con la juventud, Enrique Rodríguez Gutiérrez ha hecho muchas amistades. El es dentista y tiene 26 años, pero está empleado a tiempo completo por la Iglesia.

"La generación nuestra ha vivido sin una propuesta clara y consistente de los valores cristianos, porque somos hijos de padres muy jóvenes de los inicios de la Revolución", dice.

De familia católica de siempre, Rodríguez recuerda bien los años difíciles de la adolescencia, siendo católico práctico."Nos sentíamos como gente distinta" lo que se traducía en difíciles relaciones con jóvenes de otros grupos, por los valores y situaciones de vida. "Ir a las escuelas del campo y tener compartir con los demás, ponía en riesgo los valores propios", señala.

Ahora piensa que los padre de entonces como los de ahora en Cuba han crecido sin formación religiosa. "Vivían en momentos donde no se planteó el proyecto cristiano de vida moral". Y recuerda que las únicas orientaciones de su época era un libro de una autora alemana que fomentaba la liberación sexual. "Se quito toda la formación ética cívica y no teníamos orientación para la vida. Sin una familia consciente del ambiente era muy difícil mantenerse". El trabajó como dentista y en 1990 se planteó trabajar para la Iglesia a tiempo completo. Piensa que esta inquietud es fruto de su actividad apostólica en misiones en los pueblos. Ahora está en la Comisión Nacional de la Pastoral Juvenil y en varias comisiones diocesanas. Y le encanta su trabajo con las publicaciones y al frente del Boletín Diocesano.

Noticias jóvenes desde las azoteas
Crean un noticiero juvenil

PINAR DEL RIO, Cuba - (Noviembre, 1997). La Iglesia en Cuba no tiene acceso a los medios de comunicación y los jóvenes de Pinar del Río han encontrado una solución.

Al acabarse la Misa el domingo, Yaxys Diane y su equipo colocan una mesa frente al altar y ayudados por un micrófono y una música de fondo, dan las noticias de la diócesis. Se trata del noticiero juvenil *'Arriba los corazones,"* que dura unos 25 minutos. También planean grabarlo para distribuirlo en las parroquias y con la cercanía de la visita papal el proyecto es dar las noticias desde las azoteas. Será: *Radio Base*.

Por una película será sacerdote
El film Jesús de Nazaret cambió su vida

BAYAMO, Cuba - (Noviembre, 1997). Como los jóvenes de su generación, Angel Luis Rodríguez no sabía nada de Jesucristo pero tenía curiosidad. Tenía 23 años cuando una película cambió su vida. Ahora se prepara para el sacerdocio.

Unos amigos le invitaron a una casa particular a ver un vídeo sobre el film Jesús de Nazaret de Francisco Zefirelli. "Aquello me impactó tanto, que no tengo palabras para expresar lo que sentí," señala el joven siete años después y aún obviamente emocionado.

"A partir de entonces me interesé por su persona y aunque no iba a la Iglesia traté de vivir y hacer lo que hacía El". Incluso a sus amigos les dijo que la película había marcado para él " un nuevo camino y que me sentía permeado de ese ideal de persona".

Rodríguez consiguió una Biblia y empezó a leer el Antiguo Testamento, "pero aquello no me gustó." Entonces tomó el nuevo testamento " y me di cuenta de que era todo lo que había visto en la película. Empecé a practicar lo que decía allí y mi vida fue cambiando y tomando otro rumbo".

Rodríguez aparenta menos edad de la que tiene pero, cuando se expresa, muestra que no es un niño y que ha reflexionado sobre los cambios obrados en su vida.

"Para mi antes lo principal era el poder, la riqueza, el placer... Estaba en un mundo que me esclavizaba. Lo más importante era hacer una carrera brillante, tener un puesto de honor", dice, comparándose con los "jóvenes materialistas, permeados de esta misma realidad".

El es de Bayamo, en la zona oriental de Cuba y tiene dos hermanas. Había sido bautizado a los seis meses. Pero reconoce que había vivido un tiempo muerto a la fe. A los jóvenes de su época sus padres les bautizaban por costumbre y no les dejaban practicar para que la religión no les perjudicara a la hora de elegir sus estudios.

"Ahora los jóvenes no se sienten amarrados como nos sentíamos antes cuando si eras católico no podías elegir lo que querías", dice. El, sin practicar su fe, pudo estudiar física y astronomía, pero en cuarto año de carrera ya había decidido seguir a Jesús, aunque no sabía cómo. Empezó a ir a una Iglesia pero recuerda que el sacerdote "estaba muy ocupado y no me orientaba". Es algo común hoy en Cuba, por la falta de personal en la Iglesia.

Rodríguez reconoce que hoy existen menos trabas para ir a la Iglesia y por eso la gente se acerca sin miedo. Pero a los jóvenes nos da pena entrar y si lo hacemos, nadie nos orienta y no sabemos qué hacer? Para nosotros todo es un enigma".

"Dejar todo me costó, tenía mis temores...
Por Jesucristo vale la pena.
Es como la perla preciosa que uno encuentra y por la que uno vende todo".

Angel Luis Rodríguez

Pero el joven persistió en su búsqueda y por fin encontró la ayuda de un sacerdote jesuita en un retiro de Adviento y a los tres años entraba en el Seminario de San Basilio Magno. Antes terminó sus estudios y trabajó dos años para que no se le anulara el título. En esos años tuvo experiencias de evangelización en un pueblo y conoció una muchacha católica. " Nos enamoramos desde el primer día y eso que estaba a punto de entrar en el seminario. No sabía qué hacer, pero me dije que no podía engañarme a mi mismo, ni tampoco a Dios y actúe con libertad". Se lo dijo al Obispo y se hicieron novios. Recuerda que "en ella encontré la Blanca Nieves que siempre busqué. Y ella en mi su príncipe azul... Nunca me había llevado tan bien con una muchacha... Pero me daba cuenta de que había en mi un llamado más fuerte que era Jesucristo. Se lo dije a ella y ella lo veía también. Tenía que decidir y ella me ayudó en todo. Al despedirnos lloramos los dos. Ella se ha casado y somos grandes amigos".

> "Nunca me había llevado tan bien con una muchacha... Pero me daba cuenta de que había en mi un llamado más fuerte que era Jesucristo".

Rodríguez reconoce que entrar en el Seminario fue difícil para él. "Dejar todo me costó, tenía mis temores". Pero se vino a dar cuenta de que "por Jesucristo vale la pena. Es como la perla preciosa que uno encuentra y por la que uno vende todo".

Como tenía ya una carrera le propusieron acelerar sus estudios de filosofía. El no aceptó, porque "la filosofía que yo había estudiado era marxista y además las humanidades se hacen aquí con más rigor".

Angel Luis Rodríguez delante de una imagen del Sagrado Corazón

El dice que "el sacerdote que hoy necesita Cuba ha de saber de todo, de deporte, de agricultura y hasta de marxismo, para poder conversar y atraer al joven que está deseoso de más". Pero ante todo señala que "su vida ha de manifestar a Jesucristo sin tener que predicar para ello".

En sus experiencias de misión en el campo ha visto "que los jóvenes tienen sed de Jesucristo y de conocer a Dios, pero no hay nadie que se lo anuncie".

Está seguro de que a la Misa del Papa en Santiago irá más gente que a cualquier discurso de 26 de Julio. Y señala que "después de la venida del Papa a la que acudirá tanta gente a la Iglesia, ¿qué vamos a hacer? Realmente nuestro país está necesitado de gente que se consagre a Dios".

III. Caritas Cuba abre caminos

No sólo ayudando sino creando conciencia y oportunidades de colaboración

Mons. José Siro González delante de una imagen del padre Félix Varela

PINAR DEL RIO, Cuba -(Noviembre, 1997). Aunque no siempre pueden ofrecer la ayuda que el pueblo pide y necesita, cientos de voluntarios de Caritas en las parroquias de toda la Isla, sí ofrecen una mano amiga y una motivación para la solidaridad.

"El gobierno empieza a comprender que no queremos crear una alternativa del Estado, pero ante las necesidades, hay que ayudar como sea", señala el Obispo que preside Caritas Cuba, Mons. José Siro González Bacallao

Y da ejemplos de su diócesis de Pinar del Río. Cuando Caritas estableció un dispensario de medicinas en el obispado, alguien del gobierno regional se presentó quejándose. Y cuando vio como era todo dijo "qué bueno, yo no tenía información".

Ahora el dispensario se acepta, explica Mons. González Y se han dado casos como el de un coronel del Ministerio del Interior que transportaba a su papá enfermo y se le rompió la ambulancia. No encontraba un vaso de leche, ni en el hospital. "Pídaselo al administrador de la Diócesis", le dijeron.

El Obispo señala que los proyectos de Caritas no se proponen sólo dar cosas, porque no siempre las hay. Además de motivar y entrenar para que la gente aprenda a ayudar a otros, están ofreciendo un liderazgo y un camino sobre lo que se puede hacer.

Y se atreve a pensar que en algunos casos el gobierno busca a la Iglesia para aunar esfuerzos. El señala el campo de la cultura y de la asistencia social.

En Pinar del Río ha habido encuentros con economistas sobre planificación económica, para trabajadores por cuenta propia sobre la microempresa, para educadores sobre pedagogía liberadora ...

> *"A la gente no se le quita la costumbre de decir 'compañero'. Pero el hecho es que vuelven a la Iglesia a bautizar a sus hijos".*
>
> Mons. Siro González

Existen programas con jóvenes con incapacidades mentales, Síndrome de Down, ayuda con medicamentos, trabajo con ancianos y hasta una guardería infantil bajo el concepto de madres cuidadoras.

Conocedor de la realidad nacional de Caritas, señala que no todo lo que existe se puede sacar a la luz. El sabe que en algunos lugares los ancianos en hogares del gobierno reciben el sacramento de los enfermos y tienen celebraciones litúrgicas de la Palabra de Dios.

"Las experiencias que se tienen hoy hace tres años no se soñaban", dice. Y recuerda ejemplos concretos, como el del director de programas de sexualidad en una provincia que pidió ayuda sobre el tema y al ver los materiales de la Iglesia dijo "¿cómo es posible que exista esto y nosotros pensemos que el único remedio sean los preservativos"? Y mandó tirar las cajas.

Algo similar ocurrió con los programas para incapacitados mentales.

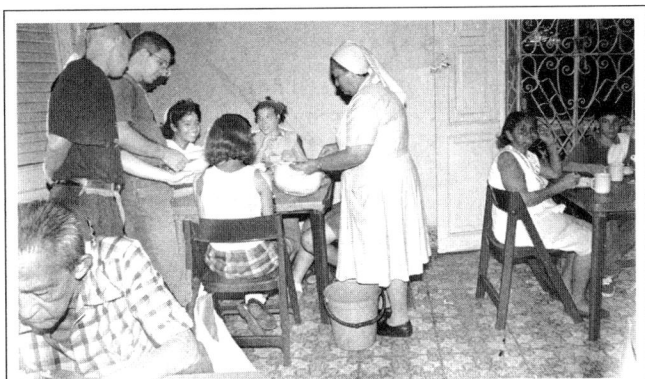

Los jóvenes ayudan a una Hija de la Caridad en el comedor de Caritas de Pinar del Río

"El único remedio, antes, era dejarles morir pero al ver lo que hace la Iglesia el Estado se pone a pesar en que hay un campo abierto y va tomando responsabilidad para hacer algo semejante." Así fue que un militar descubrió que su hijo no tenia por que ser un estorbo sino que tenia posibilidad de crecer.

"A la gente no se le quita la costumbre de decir 'compañero,' dice Mons. Gonzalez "Pero el hecho es que vuelve a la Iglesia a bautizar a sus hijos".

Y señala que "a las siete de la mañana ya están tocando a la puerta del obispado... y saben que la Iglesia está ahí para servir".

Le gusta pensar que " el Señor está permitiendo que vayamos sembrando y cosechando al mismo tiempo". Pero existe un campo que permanece cerrado: el de las prisiones. Dice que "es como una muralla".

Guarderías católicas
Un proyecto de apoyo a las familias

Niños de pre-escolar en una guardería de a las afueras de Pinar del Río

PINAR DEL RIO - (Noviembre, 1997). Por la ventanas de la sencilla casita de un barrio cercano a Pinar del Río se escapan las canciones y las risas de los niños.

"Hormiguita retozona, ven y enséñame a planchar," repite Yusilina Lazo al son de la música. Unos 30 niños de edad pre-escolar están sentados sobre el piso y la escuchan boquiabiertos. A veces balbucean las palabras, ante la mirada de varias cuidadoras infantiles.

Sobre una pared cuelga una inmensa bandera cubana y del otro lado, sobre un pedestal, parece vigilarlo todo la estatua de una monja con todos sus hábitos en tamaño natural.

Sí, se trata de Cuba, y es una guardería infantil de la Iglesia.

En un país que confiscó los colegios católicos hace casi cuatro décadas y donde toda la educación está en manos del Estado, Caritas ha iniciado este proyecto bajo el concepto estatal de 'madres cuidadoras'.

El centro está situado a 17 kilómetros de la ciudad y sirve a las madres que trabajan en centros laborales del pelado de las frutas. Sin la guardería no hubieran podido ir a trabajar. Es la necesidad que detectó hace años la Hermana de la Caridad, Liga Palacios. El centro empezó con 12 niños y ahora son 35 y hay una lista de espera.

Recibimos las visitas de Salud Pública y todo está bien", dice Maria Antonia Sojo, del equipo de Caritas diocesano. Los padres de los niños aportan 40 pesos cubanos, un costo comparable al de los círculos infantiles del Estado. De estos fondos salen los salarios del personal que contrata Caritas.

Además de cantar con los niños, Lazo les enseña cosas elementales como los colores. Dice que lo esencial es que aprendan a relacionarse. Ella estudió en la Escuela de Pedagogía y se siente muy motivada porque tiene a su hijo aquí. Además regresó a la Iglesia hace seis años, cuando se casó. "Me entró el deseo, por educar a mi hijo... y ¿dónde se educa mejor a un hijo que en la Iglesia"?

Ayuda entre apagones de luz
Dispensarios parroquiales en Bayamo

BAYAMO -(Noviembre, 1997). El local parroquial se ha quedado sin luz, pero no cesa la actividad. Varias voluntarias de Cáritas tratan de poner orden para que cada persona sea atendida.

"Vamos a seguir mientras encontramos algo para ver mejor," les dice Mariví Castro, mientras coloca una mesa y una silla que le servirán de oficina.

Y mientras ella escucha los pedidos de la gente y les pide las recetas del médico, en un pequeño espacio al fondo, Yusette Verdecia con Isette Basulto chequean el

Issette Basulto y Yusette Verdecia revisan las recetas médicas en Bayamo

dispensario para ver si tienen las medicinas. Hoy no ha venido el médico voluntario que les ayuda, pero ellas dicen que han aprendido bastante y ya saben lo que tienen que hacer.

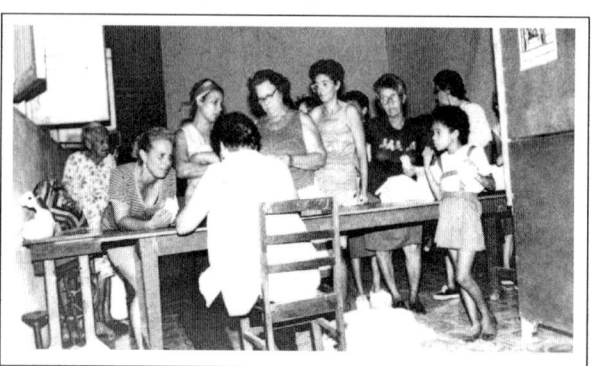

Mariví Castro reparte medicinas en la oscuridad en Bayamo

"Ante todo les damos un mensaje de que esto es el fruto del compartir de las comunidades", explica Castro. "Queremos que descubran que ellos también pueden acoger y compartir". A veces mientras la gente espera pueden ver un vídeo sobre el Papa... o de catequesis. Pero hoy no hay luz. Hasta que llega la hermana Laremi Lorenzini, Misionera de la Caridad de la Madre Teresa de Calcuta y pone en marcha un motor con batería que ilumina tenuemente el salón.

"Es lo menos que puedo hacer. Damos lo mejor de nosotros aquí," dice Verdecia mientras busca en el armarito.

"Tenemos un equipo diocesano de cuatro personas", explica Carlos Amador, director de Caritas. Como la diócesis es joven, Caritas está aún iniciándose. Igual que en todo el país, trata de fomentar un proceso de reflexión en las comunidades para que ellas mismas descubran lo que necesitan y traten de resolver. "Que se den cuenta de que no vamos desde afuera a solucionar. Ellos tienen las respuestas". El equipo sirve para entrenamiento y para facilitar el proceso.

Carlos amador muestra los programas de Caritas

"Conforme uno se acerca más a la gente más se ven la necesidades", dice. Y señala que la gente se tiene que dar cuenta de que "la plata no viene del aire. Que todos tenemos que ayudar".

Aunque la Diócesis se creo en 1995, con el obispo Dionisio García al frente, la ciudad data de 1513. Es la segunda ciudad fundada en Cuba, de gran importancia económica durante la época colonial. El Obispo se precia de las raíces patrióticas de Bayamo. "Los primeros que se lanzaron de manera práctica a la lucha por la independencia eran de aquí, " dice. Y resalta, que lo primero que hicieron al tomar la ciudad fue venir al templo y después del rezo de un Te Deum solemne en acción de gracias se bendijo la bandera cubana. En la plaza de la ciudad hay un monumento a Carlos Manuel de Céspedes , y a un lado está su casa, convertida en museo. Toda la historia está pintada en un fresco sobre el presbiterio de la Iglesia. Carlos Roldós, trabaja en el obispado de Bayamo y ha documentado bien todo lo referente al templo, incluso ha publicado una revista que recoje ese patrimonio artístico y los momentos de su historia. También supervisa las obras de restauración de los edificios diocesanos, incluído el futuro obispado de la Diócesis.

Arriba, el obispado de Bayamo-Manzanillo. Enrique Roldós dirige las obras de restauración de edificios diocesanos.

Cuando el Papa vaya a Santiago el 24 de enero, los fieles de Bayamo le entregarán una pergamino con él Himno Nacional.

"Al combate corred bayameses..." dice el primer verso. Y es que fue en Bayamo en donde el himno se cantó por primera vez y se hizo en la puerta del templo. Pero además del patriotismo, Mons. García resalta el sentido religioso de los bayameses.

No es sólo repartir cosas
Hay que motivar para que surja en la gente una actitud solidaria

CIEGO DE AVILA - (Noviembre, 1997). A Teresita Armas se le parte el corazón cuando le piden medicinas y no las tiene. Para no decir que no, les dice "vengan otro día".

El obispo Mario Mestril a la dcha. con su canciller Hernan Moya Gallardo, delante del obispado

La gente sigue acudiendo al pequeño dispensario de Caritas en el que trabaja con su esposo Roberto.

El fue ingeniero del pescado hasta el 96, pero a petición del obispo Mons. Mario Mestril, lo dejó todo para encargarse de Caritas en la diócesis.

El matrimonio tiene tres hijos y siempre se mantuvieron en la Iglesia. Y recuerdan que cuando en 1980 anunciaron que se casarían por la iglesia, la gente les decía que estaban locos.

"Lo hicimos con mucha fe en Dios y la fiesta fue grande y publicamente", dice Teresita. Pero añade que no hubo consecuencias, aunque "al hacer los estudios siempre teníamos que decir la creencia religiosa". Ella recuerda que sólo eran tres cristianos en su curso.

Como en todas las diócesis, la labor de Caritas no es sólo repartir cosas. Porque además no las hay. Es organizar y motivar a los voluntarios para visitar los enfermos y mantener algunos proyectos, y "es ante todo escuchar a la gente y hasta darle un abrazo. Después de hablar medicen que se van más tranquilos".

Ciego de Avila es una diócesis joven creada en febrero de 1996. Además del obispo hay cuatro sacerdotes, cuatro diáconos y ocho religiosas, para atender una población de 430,000 habitantes en una superficie que no llega a los 8,000 km. En 1996 la Diócesis realizó 2,345 bautizos.

Situada en el Centro del país, Ciego es históricamente zona de frontera ya que su "territorio se estrecha creando la trocha militar más importante," explica Hernán Moya Gayardo, un laico que además de ingeniero civil es el Canciller de la diócesis.

"Cruzar la trocha significaba llevar la guerra a todo el país", señala. Y es lo que pasó en la guerra de 1895 cuando José Martí logra cruzarla.

Hernán Moya tiene ya varios nietos. Dice que como Canciller "la forma de trabajar es distinta y obviamente uno se siente más realizado".

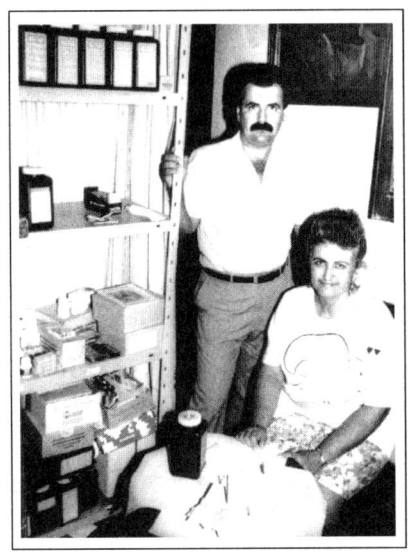

Teresita y Roberto Armas

IV. Una espera que ya da frutos

Antes de que el Papa pise tierra cubana los obispos hablan de lo logrado y de los retos por superar

LA HABANA -(Noviembre, 1997). El sentimiento es común entre los católicos en Cuba. Antes de que Juan Pablo II haya pisado tierra cubana, los frutos de su visita son patentes.

Basta con ver los templos llenos de fieles o haber vivido cualquiera de las misas de campaña realizadas en La Habana o en otras diócesis. Y basta también con observar el entusiasmo y el fervor con que recibió a la Virgen peregrina en sus recorridos por las parroquias.

Y aunque en Cuba perdura la falta de libertades, continúa el hostigamiento a disidentes y periodistas independientes y quienes no tienen acceso al dolar pasan hambre, los católicos se han lanzado a misionar de puerta en puerta, brindando la buena noticia de Jesucristo y la mano amiga de la iglesia.

"Es tal el entusiasmo y estamos tan necesitados de misioneros que a veces la gente se pone a evangelizar antes de haber recibido los sacramentos," dice el obispo auxiliar de Camagüey, Juan García, a quien todos llaman el obispo misionero.

"La gente tiene gran impulso y se brinda. Parece que está dando resultado. Aunque no lo sepan todo, tienen un carisma extraordinario y con la práctica van aprendiendo".

"Primero nos evangelizaron los españoles, después los evangélicos pero ahora son los cubanos quienes llevan la fe a sus hermanos".

P. José Sarduy

Entusiasmo y muchos retos

Pero el entusiasmo no es suficiente y hace falta formación.

Esto es un reto dada la escasez de personal para realizarla. En 1996 tuvieron lugar en Cuba 75,005 bautizos y 9,139 primeras comuniones. El personal de Iglesia a tiempo completo para el mismo año es de 281 sacerdotes y un total de 498 religiosos/as. Estas cifras son anteriores al reciente permiso para la entrada de 57 agentes pastorales del exterior. Y también al reciente recorrido de la imagen de la Virgen peregrina por las comunidades durante el que miles han pedido el bautismo para ellos o para sus hijos menores de siete años.

"Primero nos evangelizaron los españoles, después los evangélicos pero ahora son los cubanos quienes llevan la fe a sus hermanos", señala el Padre José Sarduy, vicario episcopal de la Diócesis de Camagüey.

"En mi zona se han visitado 60 comunidades con gente que brinda las casas para llevar a la Virgen", explica el obispo auxiliar de la Diócesis, Mons. Juan García. No ha habido problema ni con el gobierno ni con el comité popular".

El obispo reconoce que "a los católicos hoy no se les aprieta como antes. Se están respetando más las expresiones de fe". Pero muchos son ahora católicos recientes cuya fe no ha sido probada. "Si viniera de nuevo algún tipo de persecución, no sabemos como esta gente va a responder".

Los conocedores de la historia señalan hacia los años 60 en que muchos católicos de toda la vida abandonaron masivamente los templos. Los que quedaron son pocos.

En una de las parroquias de la Diócesis se hizo una estadística y el 94 por ciento de quienes asisten sólo lleva cinco años en la Iglesia. Un seis por ciento son los que estaban en 1961.

El padre Arturo González

"Son los que han permanecido firmes: los titanes de la fe que vivieron experiencias extraordinarias", señala Mons. García. Pero ahora han llegado los que nunca creyeron y en muchos casos son profesionales que persiguieron a los católicos. Los ejemplos abundan, como el de una directora de escuela que echó a otra maestra por ser católica y ahora ambas están en la misma parroquia. "Los que permanecieron lo sienten, pero en general se está dando un reencuentro de alegría," dice el Obispo.

Además existe "el grupo de quienes se fueron y renegaron, pero ahora han vuelto. Gente con altos cargos que hicieron daño a la misma Iglesia".

De ahí el papel reconciliador que ha de jugar la Iglesia, dice el padre Arturo González, canciller en la diócesis de Santa Clara.

"Vienen con la mentalidad de afuera, de escalar dentro de la Iglesia.." Hay que formarlas y recordarles que esto no es una comunidad de puestos, sino una comunidad de hermanos".

P. Arturo González

Un pueblo que necesita reconciliación

"Mi familia ha hecho mucho daño, y aunque ponga ocho carteles del Papa en la puerta es difícil perdonar," le confesaba recientemente un joven. Su familia había puesto el afiche del Papa en la puerta de la casa y la gente le había estrellado encima unos huevos.

"El pueblo se siente traicionado y aprende que tiene que volver a Dios", dice. Pero tiene temor de volver, porque "¿y lo que hice? ¿Se acordarán? Siente el bochorno y la vergüenza..."

Y la comunidad, dice el sacerdote que ha crecido con la Revolución, "puede ser la imagen del Dios misericordioso o puede hundir totalmente a las personas. Hay que prepararla para que sepa acoger a todos".

En su experiencia ha visto persona que llegan "totalmente arrepentidas de su pasado, pero aún vienen con la mentalidad de afuera, de escalar dentro de la Iglesia." Y dice que " hay que formarles y recordarles que esto no es una comunidad de puestos, sino una comunidad de hermanos". Hace falta que se de un cambio de valores, dice "es lo que se llama conversión".

El arzobispo de Santiago de Cuba, Mons. Pedro Meurice Estiú dice que "lo que está pasando en Cuba, sólo Dios lo sabe. Nos supera en todos los órdenes este despertar del pueblo, de los jóvenes, de los niños". Le parece que " no guarda proporción lo que nosotros hacemos y lo que recibimos a cambio. Es para mi una muestra de la gracia de Dios".

Mons. Adolfo Rodríguez, de Camagüey izq., con su obispo auxiliar Juan García

Y junto a la gracia, acción. El Arzobispo reconoce que la Iglesia en Cuba no ha permanecido con las manos cruzadas y ha mantenido la continuidad pastoral durante mucho años. Pero ante todo, señala que " lo característico de la Iglesia en Cuba ha sido la unidad en circunstancias muy difíciles. Y la hemos mantenido". Para él " esta unidad es el secreto de muchas de las cosas que hoy vive nuestra Iglesia".

Unidad y también credibilidad ante el pueblo, agrega Dagoberto Valdés, director de la revista Vitral de la Diócesis de Pinar del Río.

"Después del laicismo de este siglo y de las figuras principales de la Independencia este puede ser el momento de mayor credibilidad para la Iglesia en Cuba".

Dagoberto Valdés

En su opinión, " después del laicismo de este siglo y de las figuras principales de la Independencia este puede ser el momento de mayor credibilidad para la Iglesia en Cuba".

La razón, para él, es que "somos una Iglesia purificada,

una Iglesia encarnada que ha sufrido con el pueblo que durante mucho tiempo caminó con los desheredados y los marginados por la orilla del camino, mientras que los poderosos iban por las grandes avenidas".

Piensa que esto hace que "mucha gente sencilla reconozca a la Iglesia como compañera." Porque a partir de la cruz ha creado credibilidad. No es una cruz de muerte, sino una cruz fecunda, dice.

"Porque no nos hemos dejado vencer por las dificultades ni por el desaliento y la resurrección no es sólo al final, sino en cada momento, cuando se es fiel".

Testigo de una ardua historia
Tuvo que cerrar colegios y capillas

SANTIAGO DE CUBA (Noviembre, 1997).-Mons. Pedro Meurice es uno de los veteranos del episcopado cubano actual y más que conocer la historia, la ha vivido.

Recuerda bien los cambios drásticos por los que pasó la Iglesia cubana a raíz de 1958. En sólo ocho meses quedaron 80 sacerdotes de 800 y 200 religiosas de más de 2,000.

"Fueron años muy duros, de gran temor. Nadie estaba preparado para algo así". Y mientras recuerda, va mencionando los enfrentamientos políticos, el presidio de muchos laicos, las dificultades económicas de la clase media y alta que perdió los negocios y la gente que trató de hacer contrarrevolución".

Pero subraya que no por eso cesó la actividad pastoral. Ya existía una Conferencia de Obispos aunque el ritmo de trabajo no era el de ahora "Estabamos empeñados en sobrevivir, en la lucha por lo elemental". Y además los elementos de coordinación pastoral habían sido decapitados. Fue disuelta la Acción Católica, los colegios fueron intervenidos. Se acabaron las misiones populares y la catequesis fue menguando. Mons. Meurice era director diocesano y vio

"Fueron años muy duros, de gran temor. Nadie estaba preparado para algo así"

Mons. Pedro Meurice

como todo se venía abajo. "Teníamos mas catequistas que niños. No llegaban a 310 en toda la diócesis".

Y además al entonces joven sacerdote de 27 años le tocó ir a cerrar los colegios y las capillas; recoger el Santísimo y los ornamentos, donde se pudo hacer.

"Este es un libro que tiene 40 capítulos y hay gente que ha llegado en el último", dice tomando palabras del obispo Adolfo Rodríguez de Camagüey. " Para comprender bien la trama, hay que leer el libro desde el principio".

Silencio, presencia y vivencia
Tres palabras que esumen la reciente historia de la Iglesia en Cuba

CAMAGUEY. (Noviembre, 1997). Con tres palabras el obispo Adolfo Rodríguez, de Camagüey resume las etapas vividas por la Iglesia en Cuba en los últimos 39 años: Silencio, presencia y vivencia

• Al perderlo todo en los años 60 la Iglesia está desconcertada y adopta una actitud del silencio, explica el obispo más antiguo de la Cuba actual. " La Iglesia se vuelve sobre sí misma en actitud de conservación de lo poquito que quedaba en sus manos", dice. Son años de fuerte renovación litúrgica ya que no se podía hacer nada fuera de los templos. Es también la época de los grandes éxodos y cuando se está obrando un cambio social fuerte. Son también los años del controvertido nuncio apostólico Mons. Cesare Sachi y de una nueva diplomacia vaticana con el gobierno.

• En los años 70 se inician los año de la presencia. "La Iglesia cae en la cuenta de que, al no ser un sistema político, ha de ser capaz de vivir en cualquier lugar. Nadie puede impedirle el ser". Son estos los años en que la Iglesia se hacen presente y comparte con el pueblo todas sus circunstancias.

• Con la década de los años 80 la Iglesia inicia una vivencia nueva mientras se plantea el futuro. Las orientaciones emanadas para América Latina por las reuniones de obispos latinoamericanos en Medellín (1967) y Puebla

(1980), no aportan soluciones para Cuba, el único país del continente bajo un régimen comunista. ¿Por qué no hacer una reflexión propia? Y así surge la REC, (Reflexión Eclesial Cubana), un proceso de cinco años a nivel nacional, para tomar contacto con la realidad y las necesidades de la Iglesia Cubana en una sociedad confesionalmente atea. La consulta a todas las comunidades culmina en 1986 con el Encuentro Nacional Eclesial Cubano, que reunió a representantes de todas las diócesis durante cinco días en La Habana y a la que asistió el cardenal Eduardo Pironio como representante del Papa.

Mons Rodríguez señala que del ENEC surge la voluntad de ser una Iglesia misionera, encarnada y orante. Los católicos reclaman su derecho a construir la Patria sin tener que negar su fe y surgen proyectos para que el laicado pueda cumplir, en la sociedad, su vocación a ser sal y luz y a darle "alma al sistema".

Diez años más tarde, al celebrarse el encuentro conmemorativo, ECO, de 1996, la Iglesia en Cuba ya cuenta con realidades concretas: Caritas se ha establecido en todas las diócesis y es la única agencia de ayuda humanitaria independiente del gobierno. Existen publicaciones en las diócesis que son signo del compromiso de la Iglesia con la cultura y la sociedad. Existen también asociaciones de profesionales católicos y de jóvenes y se observa una mayor participación y responsabilidad de los laicos en la vida pastoral.

Con las celebraciones de los 500 años de la llegada de la fe a América, la cruz del V Centenario recorre todas las diócesis despertando el sentir religioso de las multitudes y es señal para los obispos de la acogida de la iglesia entre los cubanos.

Pero lo que realmente constituye una señal definitiva es la acogida de la carta pastoral, *'El amor todo lo espera'* del ocho de septiembre de 1993, de la que se distribuyeron más de 200,000 ejemplares. Para Roberto Sánchez, un laico de Pinar del Río que participó en el ECO, "la carta dio prestigio a la Iglesia y unificó toda una aspiración del pueblo cubano que se vio reflejado y defendido allí".

"La Iglesia cae en la cuenta -en los años 70- de que al no ser un sistema político, ha de ser capaz de vivir en cualquier lugar. Nadie puede impedirle el ser".

Mons. Adolfo Rodríguez

Hay que superar los prejuicios
Señala los pasos necesarios para lograrlo

PINAR DEL RIO. -(Noviembre, 1997). El obispo de Pinar del Río, Mons. José Siro González considera que al hablar del reciente proceso de la Iglesia en Cuba ha de mencioarse la visita a la Iglesia de cubana, en octubre de 1996, del arzobispo del Vaticano Mons. Pierre Taurant ' porque llega sabiéndose que la vista del Papa ya está fijada. "E l Santo Padre viene porque ya hay cierto espacio de realidad. En su opinión el arzobispo Tauran "viene a decirle al gobierno y al pueblo que la Iglesia no quiere crear conflictos, sino que reclama espacio para cumplir su misión".

Mons. González subraya la importancia de lograr un diálogo con el gobierno que lleve a algo esencial en las relaciones Iglesia y Estado en Cuba: "La superación de la mentalidad y de las estructuras de la etapa del estado confesional ateo que hoy subsisten ya sin sentido ni eficacia."

Para el obispo de Pinar del Río, "en Cuba es importante superar prejuicios que no son sólo rezago de otros tiempos, sino también experiencias negativas que siguen sucediéndose". Por eso piensa que lo que podría llamarse una 'normalización' de las relaciones Iglesia y Estado precisa unos pasos previos:

- Que se entienda bien lo que es una política de estado laico: un sistema que ni fomenta ,ni apoya, ni limita a ninguna religión.
- Que esta política haga sentir su influjo bienhechor en otras estructuras y ambientes estatales y se extienda fuera de la Oficina de Asuntos Religiosos.

"De esta manera no habría contradicción entre lo que se dice y lo que se hace y aumentaría mucho la confianza mutua necesaria para esa normalización".

Este cambio de actitud tendría que hacerse manifiesto en los centros de trabajo o de estudio, señala el Obispo. "La naturalidad con que se trate a un cristiano es la garantía para

> *"La naturalidad con que se trate a un cristiano es la garantía para que las relaciones mejoren... El clima de sospecha y de control casi policial no se corresponde con la definición misma de estado laico".*
>
> Mons. Siro González

que las relaciones mejoren". Y no se refiere a casos aislados que pudieran ser fruto de la incapacidad de un funcionario de bajo nivel, sino a "líneas de trabajo y orientaciones generales que etiquetan la labor de la Iglesia o sus reuniones o el compromiso social de los laicos como actividades mal llamadas 'contrarrevo-lucionarias' lo que no crea un ambiente favorable a la normalización. "El clima de sospecha y de control casi policial no se corresponde con la definición misma de estado laico".

Mons. González señala que en últimos años, la Iglesia en Cuba ha ido tomando iniciativas en varios campos y aunque esto inicialmente ha sembrado alguna tensiones, también ha provocado la necesidad de diálogo a distintos niveles.

"La Iglesia va pisando terreno y es como un derecho de piso que va tomando," comenta el obispo de Pinar del Río para quien es un hecho que se ha ido haciendo camino a distintos niveles.

Un ejemplo que el cita es el de las publicaciones diocesanas. Antes de 1986 la Iglesia no las tenía. Pero el ENEC apuntó hacia la animación del mundo de la cultura y fueron surgiendo a partir de 1991, después de la caída del bloque comunista.

"De esta manera no habría contradicción entre lo que se dice y lo que se hace¨

Mons. González

Y se refiere a la Revista Vitral en Pinar del Río. Su publicación de temas cívico culturales dio lugar a tensiones. El gobierno la calificaba de "polémica," y se vio la necesidad de dialogar. Primero fueron conversaciones con las autoridades, siguió algún encuentro informal y después algunos otros diálogos.

En la diócesis de Camagüey el obispo se ha ganado el título de "paladín del diálogo," y el no se cansa de repetir que "hablando los cubanos se entienden". Como principio él repite que "lo bueno hay que llamarlo bueno venga de donde venga... Porque sólo así se puede tener credibilidad para poder llamar 'malo' a lo que realmente lo es." El recomienda "evitar el rechazo visceral del sistema".

En su diócesis los encuentros de diálogo con el gobierno han sido por acuerdo mutuo y a alto nivel regional. Entre los temas propuestos, están : ¿Qué entendemos por Iglesia? ¿Qué entendemos por diálogo¿ ¿Por qué no creemos en ustedes y ustedes no creen en nosotros? ¿Qué es para ustedes estado laico, dado que aún parece confesional ateo.

El diálogo Iglesia Estado no ocurre sólo a nivel regional. Desde hace algún tiempo se ha llevado a cabo un diálogo sistemático entre la Comisión Permanente de la Conferencia de Obispos Católicos de Cuba (COCC) y la Oficina de Asuntos Religiosos del Comité Central del partido Comunista de Cuba. Ultimamente el gobernante Fidel Castro se reunió con los obispos Cubanos, encuentro que no había tenido lugar desde hace 12 años.

> "Hablando los cubanos se entienden.... Lo bueno hay que llamarlo bueno venga de donde venga... Porque sólo así se puede tener credibilidad para poder llamar 'malo' a lo que realmente lo es".
>
> Mons. Adolfo Rodríguez

Pero además otros niveles y estructuras de la Iglesia y del Estado van dando pasos en esta dirección. Existe una comisión mixta entre Caritas y Salud Pública, existen encuentros entre académicos sobre temas de interés nacional y se ha dialogado sobre la entrada de sacerdotes y religiosas para trabajar en Cuba, conversaciones que resultaron en el permiso concedido para un grupo de 57, en el mes de Noviembre.

En algunos casos el diálogo ha sido exigencia de la colaboración logística para preparar la visita del Papa y no queda claro cómo va a continuar. Pero en otros lugares, como Pinar del Río, lo que empezó por una revista 'polémica' se ha convertido en algo sistemático con una buena valoración por ambas partes, dice el Obispo. Han tenido lugar siete encuentros sobre diversos temas culturales, de economía o religiosos. A veces tienen lugar en un teatro de la Casa del Partido y los mismos representantes del gobierno han propuesto algunos temas como el de Religión y Sociedad Civil que se realizó "con un panel ante el público y en ambiente de comprensión y diálogo". En otra ocasión el tema fue la pequeña empresa, también con representantes del gobierno. Fue un encuentro de tres días con muy buenas evaluaciones. "Lo único negativo fue que no hubiéramos cobrado ni un centavo. A los representantes del gobierno les parecía que había que hacerlo valer", exolicó el Obispo.

Y a pesar de todo esto, el Cardenal Jaime Ortega Alamino, Arzobispo de La Habana habló del mismo tema antes de la llegada del Papa y señaló que "el diálogo con el Estado no tuvo avances durante el año de preparación de la visita del Papa Juan Pablo II".

Aunque es verdad que se han dado múltiples encuentros con instancias del gobierno a distintos niveles, dijo el Arzobispo de La Habana, aclaró que "para el diálogo se necesita que la Iglesia no se vea ante una instancia oficial de la cual dependa para su acción, sino que el encuentro, aún siendo oficial tenga las características de una revisión reflexiva de la situación entre personas capaces de tomar decisiones para el futuro".

Sus palabras fueron publicadas por la revista *Verdad y Esperanza* publicación de la Unión Católica de Prensa de Cuba (UCLAP). Para el cardenal Ortega en Cuba "existe certeza de transformaciones primordiales que se producen ya con la visita del Santo Padre: un cambio en los corazones, un re-descubrimiento de los valores cristianos, un gozo por descubrir o reencontrar la fe, una libertad interior que produce alegría y esperanza".

Dijo también que se "aprecia en el pasado reciente, un despertar, en el presente una gigantesca toma de conciencia y en el futuro una esperanza que nos llevará por caminos insospechados".

Señaló que "los no católicos pueden esperar de la Iglesia en Cuba todo nuestro esfuerzo por el bienestar, la felicidad y la paz del pueblo cubano".

"... existe certeza de transformaciones primordiales que se producen ya".

Card. Jaime Ortega

Los obispos preparan al pueblo
Escriben sobre el sentido de la visita

MIAMI -Antes de la visita de Juan Pablo II, los obispos cubanos se han dirigido al pueblo católico para explicar el sentido de la visita.

La visita del Santo Padre será para Cuba " como el paso de Jesucristo por la historia de nuestra Patria", han dicho al establecer el significado de la visita del Papa a la Isla que tendrá lugar del 21 al 25 de enero.

En una declaración dada a conocer en noviembre los obispos dicen que de la visita se podrán cosechar otros frutos con plenitud en la medida que la Iglesia pueda cada vez más:

- Predicar abiertamente a Jesucristo.
- Animar la esperanza del pueblo ante el futuro.
- Ayudar a la recuperación de los valores éticos personales, familiares y sociales.
- Ver reconocido su papel positivo en la sociedad con su triple misión cultual, profética y de servicio promocional.
- Promover la reconciliación entre todos los cubanos.

Los obispos recalcan que esto se alcanzará en la medida en que la Iglesia pueda contar con un espacio de mayor libertad para su misión.

"De mil maneras y por innumerables personas la misión de la Iglesia ha sido acogida en nuestro pueblo" dicen los obispos en el documento del 1ro de noviembre, titulado 'Démonos fraternalmente la paz.'

"Hemos comprobado cómo la Iglesia tiene una credibilidad y capacidad de convocatoria que la mantiene en el corazón del pueblo, del cual forma parte entrañable", señalan en el escrito de cinco páginas, dado a conocer al terminar su asamblea plenaria de trabajo celebrada a finales de octubre.

Con sus afirmaciones, los obispos corrigen las viejas apreciaciones de una Iglesia Católica alejada de la sociedad cubana. Y resaltan una realidad diferente: una Iglesia que se caracteriza por el servicio entrañable a todos los cubanos en sus necesidades materiales y espirituales y empeñada una evangelización comprometida con toda la verdad sobre el ser humano, lo que implica la promoción humana, los valores éticos y la vocación sobrenatural de toda persona.

"La vocación sobrenatural del hombre no es un añadido a su ser y en esta esfera desempeña la Iglesia la misión que le es más propia", dicen los obispos, al tiempo que reclamaban un mayor espacio para su amplia misión.

> *"Para cumplir esta misión en Cuba es necesario que la Iglesia cuente con los medios y espacios indispensables que le permitan predicar abiertamente a Jesucristo. Esta es la dimensión esencial de la libertad religiosa".*
>
> Obispos de Cuba

"Para cumplir esta misión en Cuba es necesario que la Iglesia cuente con los medios y espacios indispensables que le permitan predicar abiertamente a Jesucristo. Esta es la dimensión esencial de la libertad religiosa", dicen.

En la actualidad la Iglesia en Cuba sólo ha tenido algún acceso circunstancial a los medios de comunicación con motivo de la visita papal. Perdió sus colegios y sólo goza de libertad de culto dentro de las iglesias. Cualquier actividad religiosa fuera de los templos ha de contar con el permiso del gobierno. Este ha sido el caso de los actos religiosos en algunos lugares públicos con motivo de los preparativos de la visita papal, para los que la iglesia ha tenido que pedir un permiso, que no siempre fue concedido.

"No debe confundirse la libertad de culto con libertad religiosa", explican los obispos. Esta implica el reconocimiento de la acción de la Iglesia en la sociedad y no está limitada al libre ejercicio de culto. Junto a la actividad cultural, la Iglesia en Cuba tiene una misión profética y caritativa", señalan, citando documentos anteriores a raíz del Encuentro Nacional Eclesial Cubano (ENEC), de 1986.

Los obispos recuerdan en su declaración el lema de la visita de Juan Pablo II como "Mensajero de la verdad y la esperanza," señalando que "la esperanza cristiana no está reservada exclusivamente al más allá. Comienza a construirse aquí, en esta vida y en este mundo..." A los cubanos les dicen que para vivir "la esperanza cristiana es necesario abrir las puertas de nuestros corazones a Jesucristo en nuestras familias y en todos los ambientes donde desarrollamos nuestra existencia". Pero este abrir las puertas a Cristo no es un simple sentimiento subjetivo sin ningún compromiso con las realidades terrenas, sino que significa conversión, es decir, transformación de la vida, personal y comunitaria. Y añaden que "cuando la conversión se vive exclusivamente de modo individual es incompleta, se halla mutilada".

> *"No debe confundirse la libertad de culto con libertad religiosa... Esta implica el reconocimiento de la acción de la Iglesia en la sociedad y no está limitada al libre ejercicio de culto".*
>
> *Obispos de Cuba*

Promesas cumplidas sólo a medias
El acceso a los medios fue muy limitado

MIAMI-(Diciembre, 1997). Aunque el gobierno de Cuba acordó conceder a la Iglesia Católica algún acceso a los medios de comunicación para anunciar la visita de Juan Pablo II, los plazos de estos acuerdos no se cumplieron a tiempo, ni tampoco en el modo establecido, aunque si se dieron gestos positivos antes de la llegada del Papa. El gobierno anunció el permiso de entrada para 57 miembros del clero y religiosas del exterior

Cuba restauró como día feriado la fiesta de la Navidad, sólo por este año y en atención a la visita del Papa. También publicó el mensaje navideño del Papa a los cubanos en la prensa estatal y pasó por televisión fragmentos de las actividades navideñas del Vaticano.

Pero aunque la Iglesia entregó al gobierno los materiales de difusión preparados por la comisión de comunicaciones de la Iglesia, estos no han sido usados hasta el momento

El católico Gustavo Andújar coordino la preparación de tales materiales. "Tres documentales divulgativos para televisión y 12 programas breves de radio. Los temas coincidían con los usados para la evangelización en las comunidades: Jesucristo y la Iglesia; el Papa y su ministerio; Juan Pablo II: su persona y su papado; las visitas pastorales de Juan Pablo II y la visita a Cuba.

Mons. Aranguren

Representantes del Vaticano han participado en alguna sesión de la Comisión Conjunta Iglesia Estado para la preparación de la visita y aunque aún está sin resolver si el gobierno transmitirá la visita papal en vivo para los cubanos de la Isla, observadores señalan que todo pudiera solucionarse a última hora porque de lo contrario resultaría una situación embarazosa para el mismo gobierno.

Con referencia a las necesidades de transporte cada región presentó las cifras aproximadas de peregrinos y el asesor de transporte del gobierno señaló que se podría satisfacer el 49 por ciento de ellas. El resto la Iglesia tratará de resolverlo por medios privados.

A última hora el gobierno señaló que no contaba con los medios técnicos para asegurar el sistema de sonido para las misas papales. Los obispos tuvieron que resolverlo consiguiendo los equipos por canales de la Iglesia en el exterior. Esto es sólo un ejemplo de las muestras de colaboración y solidaridad de las iglesias hermanas. Chile envió 20,000 cassettes con música y la voz del Papa, México está imprimiendo 300,000 camisetas y afiches, el clero de Miami contribuyó para la impresión de un sencillo catecismo que se reparte en los esfuerzos de misión y en muchas puertas y fachadas se ve ya el cartel con el rostro del Papa anunciando su visita.

Las reuniones de la Comisión Conjunta se han hecho más frecuentes y en diciembre Fidel Castro recibió a los obispos cubanos, encuentro que no se había dado en más de 12 años. Ultimamente, también a nivel de diócesis, se han dado reuniones más frecuentes con representantes del gobierno. En todo ello, Mons. Aranguren señaló que "se va estableciendo una mayor confianza. Se empieza por lo logístico pero se va llegando a cuestiones de fondo: cuál es el ser de la Iglesia, su misión, su estilo de proceder".

En su opinión y a pesar de los retrasos y de las dificultades, los preparativos han ido tocando fondo, "pero sobre todo nos damos cuenta de que esto hay que rezarlo. No es sólo una cuestión de logística y buena organización. La propia visita del Papa lo está movilizándolo todo, hay elementos que nos sobrepasan…es el querer de Dios".

> "Pero sobre todo nos damos cuenta de que esto hay que rezarlo. No es sólo una cuestión de logística y buena organización. La propia visita del Papa lo está movilizándo todo".
>
> Mons. Emilio Aranguren

Ondearán las palmeras
Los ornamentos para las misas llevan bordadas palmeras reales

LA HABANA- (Diciembre, 1997). Una palma real con sus frutos, es el símbolo que decora los ornamentos de los obispos, sacerdotes y diáconos durante la visita de Juan Pablo II a Cuba.

Cientos de casullas, dalmáticas, mitras y estolas han sido bordadas a mano con mucho amor, para que las celebraciones se muestren bien cubanas no sólo en su música, sino también en las vestiduras.

El símbolo en la parte central de los ornamentos es una palmera real en bordado matizado de tonos verdes y amarillos. El tronco está matizado en colores. Las "hojas de la palmera tienen que brillar no por el hilo que se use, sino por la combinación de hilos en el bordado, explicaron las

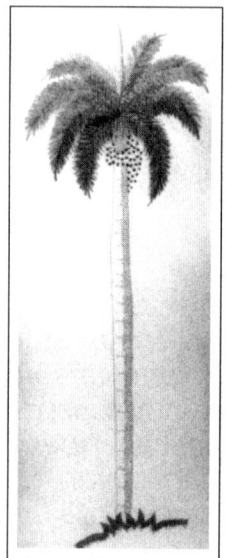

Muestra del bordado qpara los ornamentos de la visita papal

bordadora, Rosa y Emma que son parte de un grupo que ha estado bordando en distintos lugares de Cuba. Llevan meses trabajando " con mucho amor."

Dijeron que "usar la palmera, un símbolo tan cubano, es un modo de inculturar la liturgia,"

Cuando el Papa se reunió en París con los jóvenes, los ornamentos iban a tono con el evento. Llevaban un arco iris de colores.

"Cuba es un país de raíces cristianas y hemos querido que el diseño lo hiciera una persona de Iglesia."

Una sede para los preparativos
Ofrecida por el gobierno, se usó poco tiempo

LA HABANA- (Diciembre, 1997). Durante varios meses la sede de los preparativos de la Iglesia para la visita papal fue una casa cedida por el Estado en el barrio Sibomey de la Habana.

Se denominó 'Casa Papal,' aunque en ningún momento fue designada para lugar de residencia o descanso del Papa durante su visita.

La sede fue lugar de varias reuniones de la comisión conjunta Iglesia-Gobierno. También operaron allí los esfuerzos católicos de divulgación de la Visita, y la Oficina Católica de Prensa.

La dependencia, de dos pisos, tenía amplias habitaciones y en algunas aire acondicionado, "pero no resultó efectiva para el trabajo," señaló Manuel Hernández, encargado de los aspectos de divulgación. Su ubicación estaba demasiado alejada del centro de la ciudad y dadas las dificultades de transporte no era fácil el acceso.

Por esta razón, la sede se devolvió al gobierno a primeros de noviembre.

Informes en la prensa extranjera señalaron que en el edificio se habían detectado dispositivos electrónicos, pero la Iglesia Católica nunca confirmó tales rumores, reiterando que el motivo por el que se devolvió fue su ubicación geográfica .

Los talleres de elaboración de materiales se trasladaron a parroquias. La sede ha sido la parroquia de San Francisco.

La oficina de prensa católica, bajo Orlando Márquez, pasó a la Casa Sacerdotal.

"La labor de divulgación y preparación de materiales ha sido una tarea de toda la Iglesia, dijo Hernández". La orientación y los temas han partido de la Conferencia de Obispos", señaló. Una vez creados los materiales, el equipo de divulgación estudio el modo de hacerlo llegar a la gente: primero a las parroquias y de ahí al pueblo a través de los esfuerzos de misión.

Grandes carteles, en tela, han decorado los espacios abiertos de la misas de campaña en La Habana, con el cardenal Jaime Ortega. En ellos se leían mensajes de esperanza, como : 'Dios les ama con infinito amor' o 'Juan Pablo te esperamos'.

"Hemos buscado frases cuyo contenido es importante", dijo Hernández.

Delante del edificio: Pedro Jesús Romero y Miguel Angel Ortíz.

También se buscó talento artístico para crear los carteles a partir de telas vendidas por el Estado, "que sabía para qué eran". Los jóvenes los pintado con medios artesanos. Otros materiales han llegado del exterior o se han creado también en Cuba. Entre ellos: postales del Papa con una oración suya, posters, plegables y calcomanías para auto, bicicleta o puerta de las casas y banderines. En algunos momentos se ha hecho uso de la imprenta del Estado para imprimir los materiales.

Con ritmos de la tierra
Cientos preparan las misas y los cantos

LA HABANA.- (Diciembre, 1997). Todas las Misas de campaña con el Santo Padre van a quedar muy criollas y muy cubanas. De ello está convencido el padre Rodolfo

Llois, que ha coordinado la preparación de las celebraciones papales.

Las liturgias se han pensado con detalle. En cada lugar se usarán elementos que resalten el tema del mensaje papal. En Santa Clara habrá participación especial de familias en la procesión de ofrendas y en Camagüey los jóvenes tendrán una parte activa en el saludo de paz. En Santiago tendrá lugar una catequesis musical desde que se abra la plaza a las 8 de la mañana y la imagen de la Virgen de la Caridad será paseada entre la multitud. La misa de La Habana resumirá toda la visita, tocando temas de la Iglesia y el laicado hacia el Tercer Milenio

Se cuentan por cientos el número de personas que participarán en los coros. En la Habana son 400 voces, todas de gente de Iglesia. Esto sin contar las que estarán ayudando para mantener el orden o en tareas de sacristía.

El padre Rodolfo Llois

Además el padre Llois dice que para la música se utilizarán ritmos cubanos. La Misa de La Habana tendrá danzón, bolero, danza guajira y también cantos de España que han sido popularizados en Cuba. Y no faltará la contribución de cubanos en el exterior, como Roger Hernández, Toni Rubí, María Pérez y Rogelio Zelada, de la Arquidiócesis de Miami cuyo tema *Virgen Mambisa* será el canto final.

De toda la música de la visita papal se planea lanzar un disco CD.

Sellos conmemorativos
El gobierno lanza cuatro sellos

MIAMI.- (Diciembre, 1997). Con motivo de la visita de Juan Pablo II a Cuba , el gobierno cubano emitió, una semana antes de la llagada del Papa cuatro sellos conmemorativos.

Dos de los sellos son de 50 centavos y muestran, al Papa bendiciendo y a Fidel Castro saludando al Papa. La imagen está tomada de la visita del gobernante cubano a Juan Pablo II en el Vaticano.

Otro de los sellos, de 65 centavos muestra el busto de Juan Pablo II sobre la Catedral de La Habana. El cuarto sello es de 75 centavos y tiene la fachada del Santuario del Cobre y el busto del Papa.

El acto de presentación del sello tuvo lugar en la base de la Plaza Cívica de La Habana, junto al busto de José Martí y contó con la presencia de Fidel Castro y representantes del gobierno así como el Cardenal Jaime Ortega, el nuncio del Papa en Cuba, Arz. Benianmino Stella y el secretario de la Conferencia de Obispos, Mons. Emilio Aranguren, obispo de Cienfuegos.

> *El cuarto sello es de 75 centavos y muestra la fachada del Santuario del Cobre y el busto del Papa.*

Durante el acto tuvo unas palabras el historiador de la ciudad de La Habana, Eusebio Leal. La noticia de los nuevos sellos y el acto de presentación fueron transmitidos por la noche en el noticiero de la televisión cubana.

Cantarán a la esperanza
Con un himno preparado desde 1992

SANTIAGO DE CUBA- (Diciembre, 1997). No sabían cuando Juan Pablo II les visitaría, pero durante años los católicos cubanos se prepararon cantando el himno compuesto en su honor.

En él forjan sus deseos para Cuba, el pensamiento del Papa y el legado del patriota cubano José Martí.

"Dichoso aquel que anuncia la esperanza y el amor," repite el estribillo que se escucha ya en Cuba en muchas de las celebraciones de la Iglesia.

En 1992, sin saber cual sería el lema de la visita papal, el padre Jorge Catasús, de Santiago de Cuba, compuso un himno que parcialmente coincide con el mensaje fijado para el recorrido de Juan Pablo II en su primera visita pastoral a la Isla, en enero, como 'mensajero de la verdad y la esperanza."

El sacerdote santiaguero señala que "el mensaje cristiano está cargado de la esperanza de vida y el amor es la fuerza reconciliadora que une".

P. Jorge Catasús

El himno se inicia cantando a la naturaleza: los montes y manantiales y Jesús como "agua viva que calma nuestra sed".

Habla de la patria con conceptos de José Martí al decir que *"la patria es tierra amada y nunca pedestal; es ara en que se inmola la generosidad."*

Y recuerda el pensamiento del Papa sobre el Dios de la misericordia quien *"con brotes de ternura, nos colma de perdón"*, repitiendo también la reiterada invitación del Papa polaco a abrir las puertas a Cristo: *"Abramos nuestras puertas, que entre el Redentor, contando con su fuerza, venzamos el temor."*

El padre Catasus es ya un veterano en composiciones musicales. Estudió guitarra en el Conservatorio Esteban Salas de Santiago de Cuba y varias obras suyas están en el cancionero nacional de la Iglesia en Cuba y en grabaciones hechas en los Estados Unidos.

En el bicentenario del padre Félix Varela le hizo un poema *"Palabra encarnada"* al que puso música. Con motivo de la consagración del Santuario del Cobre como santuario menor hizo unas *"Décimas para celebrar una fiesta"* que recogen la presencia de la Virgen de la Caridad en la historia de Cuba. Y en 1986, con motivo del cincuenta aniversario de la coronación de la Virgen de la Caridad, le puso música al por qué y para qué debe reinar María en el pueblo cubano.

"Reine en el corazón del pueblo cubano... Siembre, siempre el amor, Madre del pueblo", va repitiendo el estribillo que se escuchará cuando la imagen vuelva a ser coronada simbólicamente por Juan Pablo II, el 24 de enero. El acto tendrá lugar durante la Misa de campaña el 24 de enero.

Un busto para el Papa

Realizado por el artista Luis Mariano Frometa

SANTIAGO DE CUBA - (Diciembre, 1997). Sobre una puerta de latón a nivel de una calle de Santiago de Cuba se lee el mensaje: Amor, patria y revolución.

Los santiagueros saben que allí trabaja un artista. Y hasta escuchan la música gregoriana que a veces escapa de aquellas cuatro paredes. A Luis Mariano Frómeta le gusta trabajar así: entre cantos de monjes y el olor de incienso. Dice que esto le transporta "a una época que no viví y que ahora recreo."

En aquel medio garaje convertido en estudio le acompañan sus amigos y esculturas que ha creado a lo largo de los años durante su larga carrera en la Escuela de Bellas Artes en Santiago y aprendiendo de grandes maestros. Los suyos fueron Jaime Sotera, René Cedeño, Teresa Sagaró y Mario Santí bajo quien realizó un Cristo agonizante. "El me decía que yo tenía condiciones para ser escultor".

Luis Mariano Frometa junto a su obra aún en barro

Y aunque Frómeta tiene regadas sus obras por la zona: a Carlos Manuel de Céspedes en Yara, a Frank País en Punta Gorda, a Antonio Maceo en Guantánamo... también el maestro cayo en desgracia y pasó su crisis. Así le conoció el licenciado en artes plásticas, Humberto González Bartra en 1993. Frómeta yacía en cama con una pierna fracturada y González pensó "este negro no se va a levantar de aquí nunca; tengo que hacer algo". Se quedó a conversar con él y después de seis horas hablando "de preocupaciones estéticas y filosóficas me di cuenta de su fe. Todavía me acuerdo de él cuando me siento flojo". Así surgieron la amistad y los proyectos. Entre ellos un inmenso busto del padre Félix Varela cuya figura Frómeta conoció a través de su maestra de primaria Carolina del Páramo. "Ella nos enseño su retrato y fomentó en mi el amor a su figura", recuerda el artista. "Se nos dijo que nos había enseñado a pensar, y eso me dejó pensando".

Años más tarde, al recordar su destierro y su próxima beatificación decidió hacer un busto, para que lo conociera la fundación Félix Varela en Nueva York. Además ha fundido ya varios medallones en bronce con su rostro. Y sueña con que se interesen los católicos del exterior "y nos manden

Frometa también ha hecho un busto del padre Félix Varela

óleos, pinturas, lienzos para hacer una exposición maravillosa en Santiago".

Bautizado católico en su infancia, no creció en una familia que practicara la fe, pero Frómeta recuerda que "en casa de todos los cubanos había un cuadro del Sagrado Corazón y la Virgen de la Caridad, de la que era muy devota mi madre".

Mientras se recuperaba, González Bartra le consiguió una Biblia y medicamentos y pronto el maestro estuvo en pie,

esta vez para crear un busto de Juan Pablo II, casi tres veces más del tamaño natural. El arzobispo Pedro Meurice le dio una fotografía del Papa "y empecé a trabajar con tremendo amor. No es una posibilidad de dinero, sino de algo espiritual que transciende más".

Cuando le visitamos lo tenía terminado en barro, aún húmedo. A falta de telas, lo cubría con papeles mojados, que se desgarraban cada vez que mostraba su obra. Para poder hacer el vaciado, no podía secarse. El maestro esperaba el visto bueno del arzobispo Meurice para iniciar el proceso que fundiría la obra en bronce, con el metal de campanas de iglesias, ya rajadas y fuera de uso. La escultura se colocará en el Santuario del Cobre.

Al maestro Frómeta le cautiva la seguridad que transmite la figura del Papa y ahora espera verle en persona y hacer una escultura en mármol de Carrara.

"Me siento feliz", dice, mientras comparte un buchito de café. " Es la cumbre de mi vida."

Un pequeño susto
A causa del padre Félix Varela

LA HABANA, Cuba. (Diciembre, 1997) Nunca pensé que el padre Félix Varela me causar tanto programa al viajar en Cuba

En el aeropuerto José Martí de La Habana había facturado mi pequeña maleta, pero al llegar al chequeo electrónico final me la encontré allí de nuevo esperándome. Me resultaba extraño tener que cargar con ella, después de haberla facturado. Me dijeron que habían detectado un objeto extraño y tenían que abrirla. Me apresuré a explicar que era periodista y seguramente se trataría del cargador del flash o de la pequeña grabadora. Saqué todos los equipos y volvieron a meter la maleta por el 'ojo electrónico'. Pero el objeto sospechoso seguía allí. Era algo redondo que aparecía en pantalla como una mancha negra. Metieron la mano sacando la ropa y algunos papeles y palpándolo todo. De nuevo el objeto aparecía en pantalla y los mismos empleados del aeropuerto estaban sorprendidos. Les sugerí que pudiera ser el mecanismo de ruedas del maletín, lo que les parecía imposible por la posición del objeto en pantalla.

> "...Cuando venga el Papa a Cuba le van a hacer un homenaje y hasta quizás le hagan santo."
>
> Un empleado del aeropuerto

Ante las miradas de todos los viajeros, se sacó todo minuciosamente y allí entre las páginas de unos boletines diocesanos apareció algo duro de bronce que yo misma había olvidado tener. El empleado de aduanas me lo enseñó con una sonrisa de alivio. "Aquí está el culpable de todo esto," me dijo mostrándome el medallón de bronce con el rostro del padre Varela que me había regalado un artista santiaguero.

"¿Sabe usted quién es"?, le pregunté. Y fijándose en la inscripción el joven de la raza negra fue leyendo : Padre Félix Varela. Mirándome me comentó. " No se mucho de él, pero si sé que cuando venga el Papa a Cuba le van a hacer un homenaje, y hasta quizás le hagan santo".

Medallón en bronce con el rostro del P. Félix Varela por el artista Luis Mariano Frometa

Los laicos necesitan más formación
Tienen mayor conciencia de su papel

LA HABANA (Noviembre, 1997). Enrique Collazo está convencido de que los laicos han de alimentar su fe con continua formación.

Enrique Collazo

Pero ¿Dónde y cómo?, se pregunta el Secretario de la Comisión Episcopal para el Laicado.

La necesidad es urgente y existe ya el proyecto para un Instituto Nacional de Formación. Collazo señala que existe el dinero y hasta la casa que pudiera servir de sede. Pero hace falta el permiso del gobierno para autorizar la compra y el uso de un local con tales fines..

Es un ejemplo de la limitaciones que enfrenta la Iglesia en Cuba para el simple ejercicio de su misión.

Collazo subraya que existe en Cuba un resurgir del laicado y el reto de que asuman su papel en la sociedad. Reconoce también que "hemos representado un factor de unión y reconciliación en los centros de trabajo".

El habla desde su experiencia. A él le pidieron que fuera el secretario del sindicato de trabajadores. "Votamos por ti porque eres el hombre que hace falta", le dijeron. Y eso que todos sabían que había sido preso político en la Isla de Pino a causa de su testimonio católico en la juventud. Por ello mismo no había tenido acceso a estudiar medicina. Al salir de la prisión trabajo en una oficina y le ofrecieron que rehiciese su vida. Pero ya tenía familia y los estudios le hubieran separado de ella. Prefirió la bioética. En el Centro de Epidemiología de La Habana ha ganado premios provinciales aunque su pasado ha sido obstáculo para presentarse a nivel nacional. Y cuando sus colegas le preguntan la razón de su dedicación laboral él les dice que es cuestión de conciencia profesional.

Lograr convicciones semejantes en los laicos es tarea urgente, dice. Y señala que "aunque la población laical tiene un alto nivel académico, su formación religiosa y ética deja mucho que desear". Por otra parte está el problema del éxodo. "Cada vez que se abren las puertas, la gente se marcha," dice. La última puerta es 'el bombo' de visas para Estados Unidos. Esto deja un gran vacío en los cuadros de dirigentes laicales y Collazo dice que hay que volver a empezar con lo básico y volver a explicar en qué consiste la vocación laical.

> "Aunque la población laical tiene un alto nivel académico, su formación religiosa y ética deja mucho que desear".
>
> Enrique Collazo

En proyecto existe ya un plan nacional para la promoción del laicado con objetivos específicos y líneas de acción. Los objetivos marcan las prioridades detectadas al consultar a todas las diócesis:
- Identidad: ser y quehacer del laico en la Iglesia y en la sociedad.
- Formación: a distintos niveles y sobre temas religiosos, cívicos y éticos, según las diversas profesiones.
- Mística y espiritualidad laical, según la vocación específica de transformar el mundo.
- Organización y movimientos laicales.

"Nuestro plan de trabajo es impulsar lo que las diócesis necesitan," dice Collazo. Piensa que hace falta fomentar los movimientos laicales, asegurando las líneas marcadas por la Iglesia para el apostolado laical.

En Cuba la familia está en crisis
Testimonios de matrimonios de Santa Clara

SANTA CLARA-(Noviembre, 1997). Al escuchar la predicación del sacerdote en una parroquia católica Luis Quesada, de 35 años recibió lo que él llama 'el susto de la fe'.

El era luterano pero había ido allí a recoger a su hija de la catequesis. Después de aquello, él y su esposa Marlene siguieron caminando "entre luces y sombras," ya dentro de una comunidad católica de la Diócesis de Santa Clara. El matrimonio había estado separado pero volvió a unirse.

Quesada es ingeniero agrónomo y dice que había estudiado "en una facultad roja" y era militante del partido. Pero cuando empezó a ir a la Iglesia, "como nunca fui un hipócrita decidí renunciar". En el Partido le dijeron que no lo hiciera, que no había problema. "El problema es mío", les dijo. Su renuncia resultó en año y medio de desempleo y "a mi edad cuesta trabajo empezar de nuevo".

Quesada y su esposa colaboran en la pastoral familiar y dicen que la familia cubana enfrenta un gran reto en la educación de los hijos. " Les llevamos a la Iglesia pero ellos viven un ambiente hostil y materialista".

"Es muy difícil transmitirle a un hijo lo que uno cree que es bueno, cuando en la calle lo que vale es el dólar y la prostitución", dice Juan Ríos, quien con su esposa Lourdes tiene un grupo de matrimonios en su parroquia.

Matrimonios de Santa Clara

"Por un tiempo mantenemos a los hijos debajo de la salla, pero al crecer es preocupante pensar que tiene que ir a la escuela del campo", dice Lourdes. En Cuba los estudiantes que quieren acceder a ciertas carreras universitarias tienen que ser 'becados' y a los 15 años son separados de la familia para seguir sus estudios mientras colaboran en tareas del campo.

Para José Manuel y Resalía Cuétara esa es una de las medidas que les gustaría cambiar en el sistema escolar cubano, porque "en las escuelas del campo la promiscuidad es contagiosa", dice ella.

Ríos señala que "todo en Cuba está hoy cabeza abajo." Y recuerda que cuando él era joven la juventud tenía ideales de estudios y de una carrera, "pero hoy quien no estudia es quien mejor viste y lo consigue todo fácilmente vendiendo su cuerpo".

En la familia de Juan Carlos Urquijo son tres generaciones de católicos comprometidos con la Iglesia. Han sido elegidos para llevarle las ofrendas al Papa durante la Misa. Ellos confían en la formación de sus hijos. "Hay que dejar que se desarrollen, sin temor de que vayan a fallar," dice.

A Nancy Verson, médico y madre de familia le duele la crisis de la familia en Cuba: Existe una población envejecida, aumenta el aborto, crece la emigración joven...

Ella misma tuvo que separarse de su esposo y su hijo porque, como hacen tantas familias, solicitaron una visa a través de la tómbola de los Estados Unidos pensando en sus hijos y que no les tocaría. Y les tocó. Pero su madre es ya mayor y ella no se quiso ir.

El mismo drama lo viven cientos de familias cubanas que dejan sea la lotería de visas la que decida su porvenir.

> *"Es difícil transmitir a los hijos nuestros valores porque lo que vale en la calle es el dólar y la prostitución...*
>
> *Todo en Cuba está hoy cabeza abajo... Hoy quien no estudia es quien mejor viste y lo consigue todo fácilmente vendiendo su cuerpo".*
>
> *Juan Ríos*

VIVA: para crecer con virtudes y valores

Para que aprendan los niños de los barrios

LA HABANA- (Noviembre, 1997). Se llama VIVA y trata de fomentar las virtudes y los valores en los niños cubanos. Lo hace a base de juegos y dinámicas y está teniendo tanto éxito que sin ser un programa religioso crea en niños y familias el deseo de formar comunidad.

Cuando los animadores de VIVA llegan a un barrio, buscan un local, una casa o se instalan en un parque público. Allí colocan sus materiales y visitan los hogares, de puerta en puerta, invitando a los niños de la localidad.

Se inicia algún juego o se cantan canciones y sobre todo se toma interés por la vida de los presentes: ¿Qué has vivido esta semana? Cuéntanos algo que quieras compartir.

Las preguntas pueden ser relacionadas con el tema del día. De hecho ya se han desarrollado varios ciclos de talleres que se proponen un desarrollo integral de los niños que tenga en cuenta la realidad sociocultural de Cuba.

"Era una carencia detectada desde la catequesis," explica la Hija de la Caridad, Sor Aida Ramírez, del obispado de La Habana. "No hay ser humano", nos decían. Y nos pedían materiales para la reconstrucción de la persona en el pueblo cubano".

Sor Aída reunió a varias personas y del grupo fue surgiendo un material para un espacio alternativo de contacto informal con los niños. Así surge VIVA, (virtudes y valores), que hoy cuenta con un equipo nacional bajo la Comisión de Catequesis y unas 1,100 personas involucradas en varias diócesis.

Los talleres constan de varios momentos: "Con juegos y dinámicas se parte de lo que el niño ya sabe", explica la religiosa de Jesús y María, Inés Llerandi del equipo nacional de Viva. "Se le ayuda a tomar contacto con su vida y a mirar a su alrededor y a su experiencia diaria". En un segundo momento, el animador ayuda a la reflexión sobre la experiencia, reforzando lo positivo. Un tercer momento lleva al compromiso de cómo vivir lo aprendido.

"Cada taller es un espacio de acogida sin rechazo", dice la hermana Paola Clerico. Y aunque llegan niños de todo tipo, en el ambiente que se crea se van cambiando comportamientos.

"El proyecto está pensado para los niños que no están conectados con la Iglesia," explica la Hna. Patricia

---

UNA MUESTRA DE DOS CICLOS VIVA

<u>Ciclo 3- Mis sentimientos.</u>
Talleres:
1. Tengo sentimientos
2. Mis sentimientos ¿Cómo son?
3. Te quiero mucho, poquito, nada.
4. Mis penas y alegrías
5. Mis miedos
6. Mis rabias
7. Lo que me gusta y me molesta de los demás.
8. Mis sentimientos cambian y se enredan.

<u>Ciclo 4 - Mis amigos</u>
1. Mi amigo secreto
2. Ser amigo para tener amigos
3. Una experiencia de amistad
4. Mi grupo de amigos
5. Lo que puedo dar a mi amigo
6. Juego con mis amigos
7. Nos ayudamos
8. Amigos iguales y diferentes.

Tamayo. "Casi siempre están los niños y las familias observan por fuera, pero cuando les ven animados entran ellas también. Luego en casa se refuerza lo aprendido".

El programa fomenta los valores cristianos pero no toca lo religioso directamente.

Por ejemplo, el ciclo sobre 'mi barrio' consta de diez talleres con temas como: las noticias de mi barrio, la bodega, la gente, mi escuela, la iglesia, hoy vamos de paseo o ¿Qué puedo hacer por mi barrio?

Este ciclo fomenta los valores de : solidaridad, participación, sentido de grupo, honestidad, justicia, identidad sentido de pertenencia, ética y estética.

"Los materiales se han ido haciendo sobre la marcha y con las sugerencias de las personas que lo llevan a la práctica", dice la Hna. Llerandi. "Nos damos cuenta de que los mismos animadores no tienen esos valores que queremos resaltar. Al formarse para formar ellos se van formando", dice. Y comenta que es importante que el animador aprenda a manejar la situación del niño "sin ser impositivo, algo que en nuestra patria todavía no se da, por las circunstancias".

Las religiosas de Jesús María: Inés Llerandi, Paola Clerico y Patricia Tamayo trabajan con Viva

Los ciclos desarrollados hasta ahora incluyen: ser persona, mi familia, mis sentimientos, mis amigos, mi barrio, mi país, lo niños del mundo, para que salgan de lo inmediato.

VIVA usa un método participativo que se propone integrar en los niños : pensamiento, afectividad y acción: llegar a la conducta, pasando por el sentimiento y la claridad de ideas.

El método no está centrado en el animador, sino en el educando y el grupo. Y el aprendizaje es vivencial: aprender haciendo; experiencial : desde la propia experiencia y socializador: en grupo.

"Integrar en los niños : pensamiento, afectividad y acción. Llegar a la conducta, pasando por el sentimiento y la claridad de ideas".

La hermana Tamayo subraya que VIVA es parte del énfasis de la Iglesia, a nivel nacional, sobre la restauración de la persona. Una necesidad subrayada por los obispos en 1989 y durante los encuentros nacionales de 1986 (ENEC) y 1996 (ECO). Por eso representantes de Viva recorren las diócesis ofreciendo el programa. Y además, con la ayuda del sacerdote claretiano Alfredo Plazas, el equipo nacional ha identificado los rasgos de la espiritualidad del proyecto: encarnación, acogida, solidaridad, esperanza y opción por los excluídos y marginados.

Que todo cubano participe
Hacen público el Proyecto Varela

LA HABANA.- (Noviembre, 1997)Antes de que llegara el Papa a Cuba Osvaldo Payá Sardiñas deseaba que la visita de Juan Pablo II a la Isla fuera para los cubanos un desafío.

"Ojalá que el pueblo se sienta emplazado a vivir un cristianismo más auténtico", se decía.

Y para no quedarse en palabras, el fundador del Movimiento Cristiano de Liberación decidió que aprovecharía la visita papal para presentar en la Nunciatura Apostólica cubana el Proyecto Varela, que propone al gobierno cubano un primer paso de apertura a una participación más amplia, libre y responsable de los cubanos en el futuro del país.

El Proyecto Varela se apoya en la Constitución de la República Cubana que garantiza a los ciudadanos el derecho a proponer cambios en el orden jurídico y también ofrece los procedimientos para que, mediante la consulta popular, el pueblo decida. La Constitución garantiza el derecho a realizar procesos semejantes bajo el artículo 63 y 68.

El Movimiento contempla la recogida de 10,000 firmas entre todos los que libremente lo quieran hacer. La petición ciudadana se entrega en mano a ciudadanos con derecho a voto y después de tener su consentimiento.

Cada ciudadano la devuelve, firmada o no. El texto de la petición y las firmas se entregarán a la Asamblea nacional del Poder, para que someta a consulta popular, mediante un referendo de cinco propuestas, a saber:
- Derecho a asociarse libremente.
- Derecho a la libertad de expresión y de prensa.
- Amnistía.
- Derechos de los cubanos a formar empresas.
- Una nueva ley electoral.

Payá y sus seguidores planean enviarle una carta al Papa con el proyecto y para que los encomiende a Dios y a María en sus oraciones".

Payá es un habanaero, católico de toda la vida, que ha vivido en su carne las dificultades que han pasado los creyentes en Cuba. Aún recuerda el día en que su madre recogió a los siete hermanos en una habitación de la casa y agachados mientras las turbas fuera gritaban, "gusanos, al paredón."

Osvaldo Payá y su esposa Ofelia

El único delito de los padres había sido educar a los hijos en la fe. Cada domingo iban solitos a misa, entre las miradas y palabras desagradables. " Me parecía normal que si iba a ser católico, me tendría que acostumbrar a aquello," recuerda Paya quien nació en 1952 y estudió en una escuelita de barrio con los hermanos maristas. No olvida los comentarios de su madre el 1 de enero de 1959: " Se acabó la guerra, ganó Fidel y perdió Batista." Payá dice que era la primera vez que los oía nombrar, ya que su familia no estaba implicada en la política, ni tampoco era de dinero. "Nuca pensamos marcharnos... pero tampoco nos sometimos".

A los siete años, Payá no tenía categorías políticas pero estaba dispuesto a sufrir por la fe. En su mente y en su corazón permanece fresca la imagen de un sacerdote con la cara llena de sangre, por las pedradas recibidas en la calle. El era un niño y le acompañaba, como monaguillo, a llevar la comunión a los enfermos

Recuerda también como "salíamos a misa los domingos, los cinco hermanos y la gente nos gritaba" gusanitos, monaguillos... Nuestra identidad católica era grande," señala.

> "Si el cambio es violento, el gobierno que venga será un gobierno de fuerza y si esperamos que el cambio llegue desde afuera, entonces el pueblo no será protagonista del cambio".

La numerosa familia se reunía en casa de los abuelos y juntos iban a Misa, pero el 19 de marzo de 1961 los adultos tuvieron el presentimiento de que algo fuerte iba a ocurrir. Decidieron que no debían ir los niños. Y así fue, la parroquia fue atacada por las turbas y los adultos regresaron llenos de golpes y sangre. Payá recuerda que "sin saber lo que era un obispo o una carta pastoral, crecí con fuertes convicciones".

Ya joven, fue al servicio militar obligatorio, que en los años 60 trataba de 'reeducar' a la juventud con métodos comparables al los de los campos de concentración. Y cuando se presentó en la universidad para estudiar física pura, quienes le entrevistaron, "muy amables trataban de ayudarme diciéndome que yo sólo era católico porque me obligaban mis padres".

Activo en su parroquia, colaboró en la acción pastoral en La Habana y después a nivel nacional durante los preparativos del Encuentro Nacional Eclesial Cubano de 1986 y en la reflexión eclesial previa, conocida como la REC. Su compromiso de fe y su clara vocación laical de transformación del mundo le llevaron, en los años 80, a plantearse seriamente la aplicación de la doctrina social de la Iglesia. Le parecía que la Iglesia debía tener una postura más clara de denuncia, pero, dada la situación de Cuba, sus planteamientos resultaban comprometedores o al menos no oportunos para una Iglesia que, por entonces, ponía gran cuidado en que no pareciera estar politizando su tarea pastoral.

Lejos de querer comprometer a la Iglesia y para evitar lo recelos Payá y el grupo que por entonces se había constituido en una 'peña católica de reflexión,' optó por crear el

Movimiento Cristiano de Liberación. Dejaron de reunirse en un salón parroquial "conscientes de que no podemos pedirle a un obispo que haga esto o aquello, sino que vamos a hacerlo nosotros en la calle y según nuestra vocación laical".

El punto de partida del movimiento, que no se define como un partido político, es el Evangelio, y la clave la liberación "porque es lo que necesita nuestro pueblo", dice. A pesar de su inspiración, no es un movimiento sólo para católicos.

Payá no se cansa de decir que "hay que liberar al pueblo de la cultura del miedo a la que está sometido". El señala que en Cuba hay una pérdida de fe en que Cuba puede cambiar "y nosotros tratamos de promover el protagonismo del pueblo, por vías legales".

Este 'nosotros' se traduce en varios centenares de personas, con una sencilla estructura y una voluntad de lograr cambios por el testimonio personal y a través de proyectos de lo que llaman "obediencia civil" porque se trata de demostrar, por vías legales, que es el gobierno el que viola sistemáticamente su propia ley".

"Conscientes de que no podemos pedirle a un obispo que haga esto o aquello, sino que vamos a hacerlo nosotros en la calle y según nuestra vocación laical".

Está convencido de que "si vamos a adoptar un cambio pacífico, tiene que haber una coherencia entre medios y fines". En su opinión, la mayoría del pueblo de Cuba quiere un cambio y quiere que sea sin revancha. "Porque si el cambio es violento, el gobierno que venga será un gobierno de fuerza y si esperamos que el cambio llegue desde afuera, entonces el pueblo no será protagonista del cambio".

Piensa que "ya se está produciendo la reconciliación nacional a nivel de pueblo dentro de Cuba... Pero nosotros promovemos la liberación personal del ciudadano, para que el individuo, como persona y solidario con los demás descubra su capacidad para el cambio".

Payá subraya que lo suyo no es un grupo político sino una acción civil. Y dice que vive el problema cubano como un problema religioso

"Tiene que haber un encuentro del cubano con la condición que Dios le pone dentro: descubrirse ser humano, hijo de Dios con una dignidad, y no someterse a la cultura del miedo a la que está sometido." Las repetidas palabras del Papa al pueblo cubano durante su visita, 'no tengáis miedo' apoyan los esfuerzos de Payá y las líneas que sigue en su misión.

La reconciliación es una urgencia en Cuba
Porque la sociedad está quebrantada

LA HABANA-(Noviembre, 1997). Cuando a principios de la década de los años 70, los seminaristas de La Habana alternaban sus estudios con las labores en el campo, por exigencia del gobierno, el padre René David dedicaba varias horas al trabajo de la construcción del hospital Ameijeira, en la zona de Centro Habana.

Aunque de origen francés, sólo con algunos años vividos en Cuba, el profesor de teología en el Seminario de San Carlos y San Ambrosio, de la Habana, quería con ello dar ejemplo a sus alumnos, aunque esto no era bien visto por todos.

Su espíritu abierto y dialogante le llevó, al iniciarse la década de los '80, a reflexionar sobre la realidad de la fe en Cuba y sobre un sistema comunista que pretendía dedicarse a los pobres y a la lucha por la justicia, mientras violaba derechos fundamentales, se proclamaba ateo y perseguía a la Iglesia.

"Es más razonable creer en Dios que no creer en Dios", decía el sacerdote. Y argumentaba que un país comunista "no debía tener un ateísmo militante, no debería promulgar una cosa que no es científica". El sacerdote buscaba maneras de realizar un diálogo cultural : "hacer caer en la cuenta al sistema de sus errores y ayudarle a conservar lo mejor de sus intuiciones". Cuando compartía sus ideas con otros colegas le aconsejaban que utilizara la teología de la liberación, pero él les decía que "en Cuba el problema no era el mismo de América Latina, sino que hacía falta un teología de la reconciliación. Quizás la Iglesia podía ayudar a revisar actitudes y favorecer una reconciliación, en lugar de crear prejuicios e incomprensiones".

1997- Un espacio recobrado-223

Entrevistado en La Habana, el padre David señala que su reflexión partía de una crítica del ateísmo y no fue del agrado del sistema. Y aunque reconoce que también el Evangelio proclama como ideal una sociedad sin clases y propiedad común de los bienes... señalaque lo hace como propuesta libre, mientras que un sistema político lo impone. Buscando caminos de reconciliación, no podía dejar de señalar los conflictos en cuestiones de libertades, violaciones de derechos y propiedad.

En los años 80, su reflexión no fue del agrado de todos. Incluso entre los católicos hubo quienes le consideraron ingenuo, de tendencias acomodaticias, o por lo menos desconocedor de la realidad cubana, que no era simplemente un socialismo a la europea como conocía el sacerdote francés.

El padre René David

Durante esos mismos años, en que se estaban desarrollando en Cuba las comunidades católicas la Reflexión Eclesial Cubana (REC), dos tendencias opuestas se fueron decantando: los católicos que deseaban para la Iglesia una actitud más profética de denuncias y señalamientos y quienes, en una línea de reconciliación buscaban "construir la civilización del amor a partir de esta sociedad socialista," como acabó afirmando el documento final del Encuentro Nacional Eclesial Cubano (ENEC), en 1986.

El padre David reconoce que el tema de la reconciliación ha tomado fuerza en la Iglesia Cubana desde entonces "porque es una exigencia evangélica inalienable". El reconoce que la reconciliación supone que el otro campo responda... pero de parte de la Iglesia y del cristiano, dice, debe haber siempre una iniciativa y una disponibilidad. Señala que Dios no ha esperado a que los hombres sean buenos para venir hacia ellos. El siempre tiene la iniciativa, siempre da el primer paso y la Iglesia ha de hacer lo mismo. "No debe actuar como la dama ofendida que espera a que vengan de rodillas a pedirle perdón".

Pero, el sacerdote se apresura a aclarar que los motivos para esta reconciliación no son políticos ni diplomáticos, sino exigencia del Evangelio, porque la misión de la Iglesia "es reconciliar a los hombres con Dios y entre ellos mismos".

Para este teólogo que trabaja calladamente en la formación de los futuros sacerdotes en Cuba, no hay una clave única que resuma el misterio cristiano. Dice que en Cuba hay también necesidad de liberación porque no existe la libertad deseable, "pero hay una prioridad de reconciliación porque existe una sociedad quebrantada, dividida y en una gran crisis social que es casi más grave que la económica". Y aunque inicialmente su reflexión iba orientada a una reconciliación de los aspectos del sistema en contradicción con la iglesia, dice que hoy el tema es mucho más amplio: "Hace falta reconciliación entre todos los cubanos y también con los cubanos en el exterior".

> "Hay una prioridad de reconciliación porque hay una sociedad quebrantada, dividida y en una gran crisis social que es casi más grave que la económica".
>
> P. René David

Para servir a su pueblo
Son los futuros sacerdotes que han crecido con la revolución

LA HABANA -(Noviembre, 1997). Padres que dejaron la fe por proteger a los hijos; abuelitas que enseñan a sus nietos a rezar, jóvenes que descubren algo más al entrar en una iglesia...

Conversando con los seminaristas que hoy tiene la Iglesia en Cuba, los testimonios repiten muchas historias semejantes.

Karel Gómez nunca olvidará a su abuelita. Ella sí que iba a la Iglesia y tenía libros religiosos que el joven de la raza negra leía "aunque como quien lee un cuento o una novela de ficción".

A Gómez le gustaba la música y buscando en la radio una emisora de su provincia de Santa Clara, le salió al paso algo diferente. Varias voces rezaban el Rosario. El conocía el Padre Nuestro y el Ave María "que había aprendido como quien aprende una poesía." Pero ahora le llamó la atención la repetición, el ritmo de la plegaria. " Y aquellas palabras fueron llenando mi interior, me hacían sentirme bien."

Al día siguiente se dirigió a la Iglesia católica de su pueblo, conoció al sacerdote, inició la catequesis y en la Navidad de 1992 recibió el bautismo. Se siente orgullosos de su conversión a través del Rosario y dice que aunque no ha podido volver a escuchar aquella emisora—dice que no se escucha ya en Cuba, sabe que se trata de Radio Paz, emisora de la Arquidiócesis de Miami y señala que "le estoy muy agradecido porque le debo también mi vocación."

Karel Gómez, seminarista de Santa Clara

Gómez tiene 17 años y es uno de los estudiantes más jóvenes del Seminario de San Carlos y San Ambrosio de la Habana. Muchos de sus compañeros "son como yo, convertidos ya de grandes y educados en el materialismo ateo".

Es también el caso de Obel Sánchez, un seminarista de 27 años quien fue bautizado de niño pero no iba a la iglesia. A los 19 años le invitó una vecina. Era Navidad y Sánchez dice que "aquella Navidad el Niño Jesús nació en mí".

La primera vez que Luis Andrés Pérez entró en una iglesia tenía 11 años y alguien le preguntó si quería ayudar en Misa como monaguillo. No lo había hecho nunca pero le gustó. Ahora tiene 27 años y espera ordenarse sacerdote dentro de cinco. "Por ahora todo va bien", dice. "Con mucha alegría".

Tomás Hurtado es un año más joven y siempre fue católico práctico. Desde joven se planteó el sacerdocio pero hizo su decisión a los 20 años, durante su año de prácticas

El padre René Ruíz, Rector del Seminario

como maestro. Al hacer una prueba a una joven, ésta le dijo que quería ser jinetera "porque su tía vivía muy bien así".

"Nuestros jóvenes son en su mayoría convertidos de hace 6 o 7 anõs", explica el padre René Ruíz, Rector del Seminario. "La mayoría fueron bautizados de adultos", dice.

Llegan ya con carreras y preparación académica pero con un gran vacío doctrinal y humano. Han sido marcados por la sociedad cubana, dice y "no se puede acelerar su formación". Incluso antes de entrar en el seminario el joven ha de seguir un proceso que en algunas diócesis se lleva a cabo reuniendo a los candidatos en una casa de 'pre-seminario'. Es el caso de Camagüey en donde el Padre José Sarduy hace vida comunitaria con un grupo al tiempo que imparte clases y lleva directamente su formación. Algo así se hace en Pinar del Río y Olguín. En otras diócesis esto se hace formado pequeñas comunidades con reuniones cada mes.

"Les falta una vivencia eclesial", dice el Rector. "Cuando yo crecí era distinto, la vivencia católica me entraba por todos los poros".

Nacido hace 48 años, en La Habana Vieja, el padre Ruiz se ordenó en 1976 y fue párroco de la Catedral y administrador y prefecto de disciplina del Seminario por tres años. Después de varias experiencias de párroco, le pidieron volver al seminario como Rector. Y aunque trabaja con un equipo dice que "es una gran responsabilidad ayudar a discernir una vocación y decidir si sirve o no". Su meta: "que el joven se encuentre con Cristo y llegue a ser un buen pastor".

> "Nuestros jóvenes son en su mayoría convertidos de hace 6 o 7 anõs... La mayoría fueron bautizados de adultos".
>
> P. René Ruíz

Hoy la Iglesia en Cuba cuenta con 107 seminaristas. Pero no todos están en la Habana. Unos 30 inician sus estudios en el Seminario de Santiago de Cuba. Y aunque el número de estudiantes es alto, dice que han de pasar varios años para que se note el aumento en la población sacerdotal. En el 98 se gradúan dos, pero en cuarto año de filosofía hay 17 que deberán ordenarse dentro de cuatro años. El próximo curso año entrarán en La Habana 15 candidatos y 12 en Santiago. Si todos permanecen, dentro de ocho años serán ordenados 27 sacerdotes. El padre Ruíz dice que un 40 por ciento persevera, lo que no está mal si se compara con su generación. " En 1966 éramos 15 en el curso y nos ordenamos cuatro."

Los seminaristas Tomás Hurtado, Obel Sánchez. Luis Andrés Pérez

Formar personas es una prioridad
Se trabaja en recuperar los valores del cubano

LA HABANA - (Noviembre, 1997). Las religiosas y religiosos presentes en cuba pertenecen a 73 congregaciones distintas pero enfrentan unidos los retos de la misión y formación de sus miembros en un ambiente que ha perdido los valores .

"Nos hemos dado cuenta de que los jóvenes que nos llegan hoy, con frecuencia confunden el primer encuentro con Dios con la llamada a la vocación en un instituto

SEMINARISTAS POR DIOCESIS- 1996	
Pinar del Río	5
La Habana	28
Matanzas	3
Santa Clara	17
Cienfuegos	4
Ciego de Avila	2
Camagüey	17
Holguín	14
Bayamo/Manzanillo	6
Santiago de Cuba	11
TOTAL	107

religioso," señala la Hna. Inés Llerandi que preside la Conferencia Cubana de Religiosos (CONCUR).

"No se puede construir una vida religiosa cuando todavía no hay persona ni hay un cristiano," dice. Por eso en la actualidad, "la mayoría de las congregaciones han tenido que empezar a ese primer nivel de hacer personas", señala.

Ahora la mayoría de los grupos dedican 5 o 6 años de formación de los candidatos antes entrar en un postulantado. Eso se hace con programas y con la ayuda de un equipo nacional que reflexiona con los formadores. Incluso existe otro equipo con los formandos que tiene encuentros cada dos meses.

A nivel nacional se trabaja en recuperar los valores del cubano: acogida, hospitalidad, la alegría, convivencia... El pasado año organizaron una fiesta en Navidad al estilo cubano. "Pero lo que nos preocupa también es cómo esos valores se llevan a los conventos porque vemos que el convento de hoy debe ser distinto al que hemos vivido y el de Cuba mucho más".

La hermana Llerandi reconoce que hoy en Cuba "no es fácil el camino de la formación pero estamos muy contentos porque estamos muy unidos buscando juntos".

En la actualidad hay en Cuba 559 religiosas en 52 institutos y 174 religiosos en 21 institutos— 148 de estos son sacerdotes.

"Los jóvenes que nos llegan hoy, con frecuencia confunden el primer encuentro con Dios con la llamada a la vocación en un instituto religioso".

Hna. Llerandi

La Iglesia cubana restaura los templos
Nuevo interior para la catedral de la Habana

LA HABANA -(Noviembre, 1997). En Cuba las obras de restauración fueron pocas hasta recientemente. Se hacían con permiso y se pagaban en moneda nacional. Pero desde 1993, en que se liberó el dólar, desaparece la venta de materiales en moneda nacional. Desde entonces los proyectos se han hecho con ayuda financiera de iglesias hermanas o fundaciones extranjeras. Se paga la mano de obra en moneda nacional y los materiales y su transportación en dólares.

El ingeniero Hector Rivera señala que "hoy día se está llevando a cabo el mayor número de reconstrucciones desde la revolución", entre los que se cuentan, la Iglesia de Santa Rosa de Lima en La Habana que es primer templo en reconstruirse, prácticamente desde los cimientos y las obras de la Catedral. La Iglesia se ha apoyado mucho en trabajo voluntario de los profesionales católicos, dice Rivera. Así comenzaron él y Carlos Morell. Hasta que se les pidió trabajar a tiempo completo. El es el asesor de las Obras de reconstrucción de la Arquidiócesis de la Habana y está encargado de todos los aspectos técnicos de la Misa Papal.

> *"Hoy día se está llevando a cabo el mayor número de reconstrucciones desde la revolución".*
>
> Hector Rivera

Carlos Morell supervisa las obras en la Catedral de La Hababa

Tras las recientes obras en el interior de la Catedral, explica Morell, ésta recuperó su forma original del siglo XIX, anterior a las reformas hechas por el Cardenal Manuel Arteaga. Se ha reconstruido el Coro de los Canónigos en caoba cubana tallada y se ha colocado en el centro del presbiterio el altar de mármol que estaba adosado a la pared. La cátedra del obispo se ha colocado en el centro del coro y encima se ha colocado la talla de la Inmaculada que da el nombre a la catedral, que es del siglo XVIII, sobre un repostero creado en España por la artista Rosa Cubero.

Morell y Rivera trabajan en equipo con otros arquitectos

El ingeniero Hector Rivera

e ingenieros. Ellos son muestra del personal a tiempo completo con el que hoy cuenta la Iglesia en Cuba. Rivero señala que proviene de una familia católica de toda la vida, mientras que Morell dice que, aunque bautizado católico, dejó de practicar para no tener problemas durante sus estudios. Dice que las imágenes del Sagrado Corazón y de la Virgen de la Caridad se mantuvieron en su casa por la creencia de sus padres, aunque no se practicaba.

"Es la mentira de nuestra generación", dice. El volvió a la práctica religiosa, ya de casado y gracias a las conversaciones sobre temas religiosos con unos vecinos. "En los años 90 volvimos a analizar nuestros temores", recuerda, "y nos fuimos acercando. Aprendí a descubrir un camino distinto al que llevaba; otro mundo para el ser humano".

Un aula para dialogar con la cultura
En el convento de San Juan de Letrán

LA HABANA-(Noviembre, 1997). Fieles a su tradición cultural desde su llegada a Cuba en 1510, los padres dominicos han reabierto un espacio para el diálogo con la cultura, con el nombre Aula Fray Bartolomé de las Casas, en La Habana.

"Como dominicos nuestra vocación es la verdad y el diálogo con otras culturas," dice fray Manuel Uña Fernández, Vicario Provincial de la Orden de Predicadores en Cuba.

Con sede en el Convento de San Juan de Letrán, en el Vedado, el aula ha querido recuperar los intercambios académicos que existieron antes de la Revolución del 59. Los dominicos fundaron la Universidad de La Habana en el antiguo convento de la Habana Vieja, junto al palacio de los Capitanes Generales

El proyecto del Aula se inició hace tres años en un intento de "exponer la verdad con respeto...", dice el padre

"Se está logrando que nos escuchemos, que podamos hablar y exponer la verdad con respeto al otro".

Padre Uña, O.P.

Uña. Los temas son puntuales y las presentaciones las hacen relevantes figuras de la cultura cubana, no necesariamente católicas.

"Lo importante es caminar, abrir caminos, ver bien el paisaje y observar lo que hay a nuestro alrededor", señala el Prior. "Hasta ahora hemos visto paisajes muy bonitos... Se está logrando que nos escuchemos, que podamos hablar y exponer la verdad con respeto al otro".

El padre Manuel Uña, O.P. delante del cartel que señala 19 programas parroquiales

Casi 300 años de tradición
En sus aulas se educaron grandes maestros

SANTIAGO DE CUBA-(Noviembre, 1997). Para celebrar los 275 años de su existencia, el Seminario San Basilio de Santiago de Cuba inició "un espacio abierto para el encuentro cultural."

Al crear en 1996 el 'aula San Basilio Magno' el Seminario quiere volver a sus raíces. Fue fundado en 1722 por el arzobispo Fray Jerónimo Valdés, con la aprobación del Rey de España Felipe V, constituyéndose en el primer centro pedagógico de la Isla.

El actual rector es el sacerdote jesuita Joan Rovira. Señala que durante el primer siglo de su existencia el Seminario no sólo preparó a los futuros sacerdotes cubanos sino que además, "en sus aulas pusieron los cimientos de su carrera profesional muchos ilustres personajes de la zona oriental de la Isla, entre ellos entre ellos el maestro del padre Félix Varela, Juan Bernardo O'Gaban y José Antonio Saco".

A mitad del siglo XIX, el Arzobispo de Santiago, San Antonio María Claret, decidió dedicar el centro sólo a la formación del clero, "con lo que lo alejó de las cuestiones más vivas de la cultura del momento". Pero además, la guerra de 1985 había llevado al país y a la región oriental en particular, a la ruina económica, por lo que el "obispo Barnada decide invertir los fondos del Seminario para paliar los graves daños de la contienda y el Seminario se paraliza". Su edificio es donado en 1907 a los Hermanos de La Salle que llegan a Cuba para fundar un colegio en Santiago.

El padre Joan Rovira S.J.

En 1931, el arzobispo Zubizarreta decide inaugurar un nuevo edificio muy cerca de la Basílica de Nuestra Señora de la Caridad en el Cobre "en donde el Seminario vive uno de sus mejores momentos". El precio que pagó por ello, señala el padre Rovira "es el alejamiento de los centros culturales de la ciudad".

Esto quizás contribuyó en parte a su traslado a la ciudad en 1968, al antiguo convento de las Siervas de María en la loma de los Desamparados, donde permanece hoy. Pero en aquellos años las circunstancias históricas del momento no permitieron una labor cultural más allá de la formación de los futuros sacerdotes. Sin embargo, recientemente, "hemos visto oportuno un contacto efectivo con el mundo de la cultura universitaria santiaguera", como modo de recuperar el papel cultural desempeñado en otras épocas.

Tiene programados temas religiosos, éticos y cubanos a cargo de reconocidos especialistas.

Así surge la idea del Aula San Basilio Magno: una propuesta de tipo académico para el encuentro cultural, el diálogo y el enriquecimiento interdisciplinar. Tiene programados temas religiosos, éticos y cubanos a cargo de reconocidos especialistas. Las sesiones, abiertas al público, tienen lugar los primeros miércoles de cada mes en distintos locales de la ciudad.

Como una casa editorial
Vitral apoya la edición de proyectos editoriales

PINAR DEL RIO -(Noviembre, 1997). Empezó hace tres años como una revista pero ahora Vitral funciona casi como una casa editorial de la Diócesis de Pinar del Río.

Tanto es así que, en los últimos meses, Vitral ha sacado ediciones especiales monotemáticas sobre temas de cine, poesía o religión y hasta una apoyando al grupo rock 'Ilusión'.

"Son proyectos de cultura que no tienen otro lugar donde exponer," explica el director Dagoberto Valdés. "Es nuestro modo de aportar algo a la reconstrucción de nuestra sociedad civil".

Oscar Yanez es periodista y uno de los colabores de la revista. Se presenta como "ateo practicante" y dice que Vitral y el Centro Cívico Social de Pinar del Río, bajo el que funciona la revista, hicieron una opción de apoyar todo lo que parecía muerto y lo curioso es que al hacerlo, están motivando "el que a nivel institucional se ofrezcan otras alternativas". Quiere decir que ahora, "el Estado está pensando en hacer algo."

Reunión de colaboradores de Vitral con Dagoberto Valdés, izq.

Es así que para quienes no quieren publicar en Vitral, por razón de su puesto de trabajo, ha surgido la revista "La Gaveta", una iniciativa privada en offset. "Son espacios que la oficialidad tiene que tolerar", dice Yánez," porque de lo contrario los proyectos se ofrecen a Vitral y lo publicamos". De esta manera se va enriqueciendo la cultura, dice. Y además, el abaratamiento de la tecnología permite hoy todo tipo de revista y mientras no sean para vender, el gobierno las tolera.

Religiosidad y sincretismo en Cuba
Evangelizar sin rechazar la cultura del pueblo

REGLA - (Noviembre, 1997)Es día de confesiones y el padre René Echevarría espera sentado en la parte posterior de la Iglesia Santuario Nuestra Señora de Regla, por si alguien quiere celebrar el sacramento de la reconciliación. Cuando alguien entra en el templo, él le llama suavemente y le entrega un folleto que explica algo de la fe católica. Los fieles lo agradecen y prosiguen para orar a su santo favorito o arrodillarse delante de la pequeña imagen morena que preside encima del altar.

> *"Esta es la mezcla que viven muchos cubanos a quienes se les ha tratado de cortar las raíces... Soy parte de ellos. Se acercan sin ningún bloqueo y es más fácil conversar."*
>
> P. Echevarría

"La gente que acude aquí demuestra una triple manera de profesar la fe," explica el sacerdote de la raza negra.

"Están los fieles comprometidos que conocen a Cristo. Están los que viven una piedad popular y vienen a pagar sus promesas o a pedir favores y están los sincréticos que viven el encuentro de dos culturas religiosas".

Desde su puesto de observación el sacerdote sabe distinguirlos bien. "Fíjate en el modo de vestir, o en la manillita o el collar", me dice. Y va explicando que al mirar a los santos católicos, estas personas rinden culto a sus 'orishas', que son como sus mediadores ante el único dios, 'Olofi.' "Vienen al templo católico buscando el apoyo de Dios, aunque sus ritos no se hacen aquí".

Mientras habla, se acerca un hombre de la raza negra interesado en saber más sobre la jerarquía dentro de la Iglesia Católica. El hombre se llama Lázaro es maestro y muestra cierto conocimiento religioso.

"Yo me considero católico, pero también practico la religión Yoruba", dice después de unos minutos de conversación. Señala que, en la religión Yoruba, lo máximo es Olofi, que se iguala al Dios de la religión católica. "Pero el Olofi de nosotros no tiene el poder que se ve en la religión católica," comenta. "El está muy lejos, por eso creemos en las deidades. En el caso mío, si quiero pedirle algo a Dios se lo pido al 'Elegua' o intermediario y si vengo la Iglesia católica se lo pido a un santo. Yo lo hago con San Antonio".

Lázaro vive en el barrio de la Vívora, en La Habana y viene al Santuario de Regla en bicicleta, cruzando la bahía en uno de los remolcadores que hacen ese servicio.

Dice que empezó a acercarse al Santuario hace dos años y ha encontrado mucha paz. Tiene 45 años y fue bautizado católico de niño, pero por la situación política se alejó de la Iglesia y fue perdiendo la fe. Señala que "al faltarnos las cosas y sentir el vacío de cosas materiales busqué algo espiritual". Reconoce que no le tenía mucha fe a la religión católica. Siendo negro "iba a la Iglesia y encontraba sacerdotes blancos y españoles... lo veía todo muy lejos. Ahora he venido aquí y me encuentro a un padre negro y ya es algo más nuestro". Además, dice, está la Virgen de Regla que también es de color.

El padre Echevarría tocando el vilín en la Sacristía de la Iglesia de Regla

Lázaro describe su proceso de búsqueda: "Me faltaba el amor y esa tranquilidad que veo en los católicos". Dice que en la religión Yoruba no se tiene porque se ha ido degenerando y prostituyendo y se lucra con ella. "Si se va a sacrificar un animal cuesta carísimo y si se hace una fiesta también. Hay una inflación muy grande".

Al contrario, ha visto que puede venir a un templo católico a orar y abrir el corazón y encuentra paz.

Pero en " lo que para nosotros es el templo, que son las casas, no se ve eso; se ve que se le trata distinto al que tiene dólares... Hay toda una serie de abismos que lo van asfixiando a uno". Por otra parte, ha notado que la Iglesia Católica ha cambiado; que hay un acercamiento al pueblo. "Cuando se habla en las misas no se dicen cosas tan celestiales sino cosas que uno entiende. Y cuando habla el cardenal Jaime Ortega, dice cosas que estamos viviendo y que uno ve. La Iglesia sí está cambiando".

Santuario de Nuestra Señora de Regla

En más de una ocasión el Cardenal de La Habana ha señalado como uno de los retos que enfrenta la Iglesia el de la tentación mágica en la práctica religiosa. " No puede haber en la religión cristiana ningún tipo de evasión de la realidad," dijo el Cardenal Jaime Ortega al dirigirse a los cubanos por televisión antes de la llegada del Papa. "No es una religión de ritos, ceremonias o rezos evasivos..."

Pero la Iglesia católica sabe que, dada la religiosidad sincrética del pueblo cubano, no es fácil establecer la línea de separación. Y el reto es evangelizar sin rechazo a la cultura del pueblo.

Lázaro acude al Santuario de Regla para participar en el culto y encontrar la paz. Dice que no está en ninguna comunidad católica porque "sería un divorcio de la práctica Yoruba y una traición". Es un hombre que, en su búsqueda también se ha acercado a la masonería, que

"Yo me considero católico, pero también practico la religión Yoruba...Al faltarnos las cosas y sentir el vacío de cosas materiales busqué algo espiritual".

"cree en Dios como el arquitecto supremo".

El padre Echevarría explica que "ésta es la mezcla que viven muchos cubanos a quienes se les ha tratado de cortar las raíces". Como sacerdote negro se siente bien en Regla. "Soy parte de ellos. Se acercan sin ningún bloqueo y es más fácil conversar".

La Iglesia Católica en Cuba cuenta con una docena de sacerdotes negros y muchos más que son mestizos. "Al ir cambiando la población católica, irán surgiendo más vocaciones", dice el sacerdote que en un tiempo fue músico y sigue tocando el violín.

En Cuba han existido diversidad de prácticas religiosas de origen africano. Hoy perduran tres ramas: La Santería o Regla de Ocha, inspirada en la religión Yoruba de Nigeria; el Palo Monte de origen Bantú y la sociedad secreta de Abakuá, sólo para los hombres, que tiene su origen en el Calabar nigeriano.

Cuando la Iglesia anunció, antes de la visita de Juan Pablo II, que el Papa se reuniría con representantes de otros credos, hubo críticas por parte de miembros de la Iglesia Yoruba. En realidad los grupos son independientes sin ninguna jerarquía de representación. Además la Iglesia Católica los considera parte propia, respondió el Cardenal Ortega. "Ellos se bautizan, son parte nuestra", dijo.

"El gran reto es su evangelización".

> *" Iba a la Iglesia y encontraba sacerdotes blancos y españoles... lo veía todo muy lejos. Ahora he venido aquí y me encuentro a un padre negro y ya es algo más nuestro."*
> *Lázaro, devoto de la Virgen de Regla*

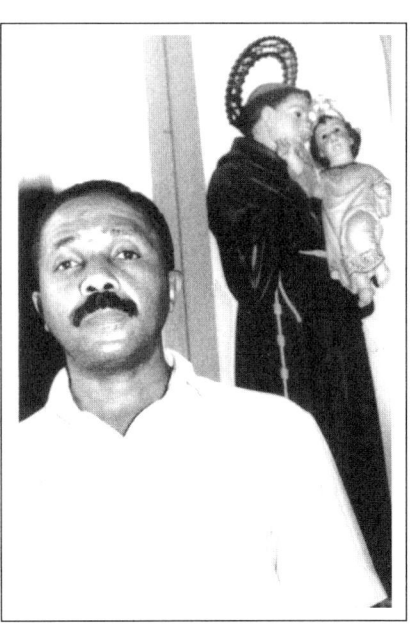

Lázaro delante de su 'eleguá', San Antonio

El Papa Juan Pablo II en tierra cubana
LOS OJOS DEL MUNDO SOBRE CUBA

Los ojos del mundo se volvieron sobre Cuba durante la visita papal y en ello radica, quizás, el impacto mayor de la visita de Juan Pablo II a la Isla. El mundo entero vio lo que se dijo y lo que ocurrió en la Isla durante esos días y también lo vio y escuchó el pueblo cubano.

Yo tuve la suerte de poder estar presente en los encuentros que tuvo el Papa con el pueblo en las cuatro ciudades: Santa Clara, Camagüey, Santiago de Cuba y La Habana. Gracias a la ayuda de Mons. Emilio Aranguren, obispo de Cienfuegos, quien como Secretario de la Conferencia de Obispos viajaba con el Papa, pude viajar por carretera en su automóvil con otras personas.

Un día antes de la llegada del Papa, en La Habana se respiraba un ambiente celebrativo y de distensión. Algunos sacerdotes recorrían las calles en autos equipados con altavoces, anunciando la visita. Grupos de jóvenes colocaban carteles en puertas y farolas y muchos los bici-taxis ostentaban libremente carteles con la foto de Juan Pablo II.

Estuve presente en el aeropuerto para la llegada del obispo cubano Eduardo Boza Masvidal, antiguo obispo auxiliar de La Habana y hoy obispo auxiliar en Los Teques, Venezuela. Venía a Cuba invitado por los obispos cubanos para, con ellos, recibir a Juan Pablo II. Fueron momentos emotivos en que los católicos allí reunidos no disimulaban su cariño por el obispo que les visitaba por segunda vez desde que había sido expulsado de Cuba en 1961.

Horas antes de la llegada del Papa, las calles a lo largo de su recorrido estaban ya repletas de gente. Yo me situé en la zona cercana a la Casa Sacerdotal, por la calle 23. A través de altavoces, se podían escuchar los actos de recibimiento en el aeropuerto. También se recibían avisos sobre el recorrido del Papa y su cercanía. Su paso en el 'papamóvil' saludando a la gente fue rápido, pero el ambiente de fiesta permaneció por largo rato. Ese mismo día salí para Cienfuegos para unirme a mis compañeros de camino. Y al amanecer nos unimos a las caravanas de autobuses que salían ya para Santa Clara para la Misa con el Papa.

Allí seguí las normas establecidas para la prensa. Me presenté con todos mis credenciales en las oficinas destinadas para el chequeo de los periodistas y el acceso a la zona de prensa. Y cuál no sería mi sorpresa cuando me hicieron dejar todos mis equipos en una sala, obligándome a salir, para hacer una inspección. Pedí que la hicieran en mi presencia, yo sólo observaría sin interferir, pero no me lo permitieron. Protesté con firmeza. No hubo modo.

Poco después me entrevistó alguien de los medios cubanos y no dudé en comentar el incidente. Santa Clara fue el primero y último lugar en donde utilicé mis credenciales para realizar mi labor de periodista durante la visita papal. Constaté que mientras a los periodistas les tenían recluidos en zonas restringidas, no siempre aptas para ofrecer la mejor información o hacer la mejor fotografía, el pueblo y los turistas, muchos de estos con sus cámaras fotográficas, paseaban libremente entre la gente, tomando fotos o conversando con cualquiera. A partir de aquel momento yo hice lo mismo.

Desde Santa Clara volvimos a tomar la carretera en dirección a Camagüey en donde, después de los saludos en la Casa de la Merced y de un encuentro con otros peregrinos, recibimos hospedaje en las oficinas de Caritas para descansar a penas unas horas antes de salir para la Misa con el Papa.

De nuevo, al terminar la Eucaristía en Camagüey, salimos hacia Santiago de Cuba en donde nuestro hospedaje, por un mal entendido, quedó frustrado. Monseñor Meurice nos mandó para el Cobre. Allí la Virgen de la Caridad nos abrió su casa.

El regreso a La Habana, después de la Misa, lo hice en avión con todos los periodistas, lo que me permitió asistir al día siguiente en la Misa de La Habana y al encuentro del Papa con representantes de la Iglesia, obispos, religiosas y laicos, en la Catedral.

Los reportajes y experiencias captados esos días se abren con la llegada del obispo cubano exiliado, Eduardo Boza Masvidal.

De regreso a su patria
Mons. Boza Masvidal acude a recibir el Papa

LA HABANA, Cuba. (Febrero, 1998) - Era cerca de la media noche del 19 de febrero, cuando el obispo exiliado Eduardo Boza Masvidal hizo su entrada en la recepción de los viajeros del Aeropuerto José Martí de la capital de Cuba, decorada con un cartel de bienvenida.

Lo abrazos se fueron sucediendo mientras la frágil figura avanzaba con lentitud hacia la puerta. Por varias horas le habían estado esperando familiares, amigos, el obispo auxiliar de la Habana Alfredo Petit y el obispo secretario de la Conferencia de Obispos Cubanos, monseñor Emilio Aranguren.

El único obispo de Cuba expulsado del país en 1961, Mons. Boza no había visitado su patria desde 1988. Durante su estancia, para acompañar al Papa en su visita a la Isla, el obispo cubano tuvo varios encuentros emotivos , incluída una Misa en su antigua parroquia de La Caridad .

El obispo Boza Masvidal llega al aeropuerto de La Habana

Se la encontró en reparaciones, un signo de los tiempos y repleta de gente: muchos periodistas y mucha personas mayores que no le habían olvidado.

Cuando inició la procesión de entrada hacia el altar unos seminaristas rompieron en aplausos y la iglesia entera se hizo eco durante varios minutos.

"No pueden imaginar cuanto significa para mi estar aquí... " dijo conteniendo la emoción. Y empezó a llorar entre reiterados aplausos de los fieles.

En la homilía su llamado fue a tender puentes, al diálogo, al perdón, a la cordura. El mismo llamado que repitió en otros encuentros.

"Es una visita histórica. Yo me siento feliz de poder acompañar al Santo Padre," dijo durante una entrevista.

" Creo que todos los mensajes del Papa hay que meditarlos, asimilarlos, porque esta visita debe tener una proyección histórica y debemos hacer que signifique un virar hacia adelante para nuestra Patria".

> *"...va a servir para fortalecer la fe de nuestro pueblo y todos esos valores morales y espirituales que tanto necesitamos".*
>
> Mons. Boza Masvidal

Dijo que la visita va a producir muchos frutos espirituales y "va a servir para fortalecer la fe de nuestro pueblo y todos esos valores morales y espirituales que tanto necesitamos".

A demás se refirió a todo el pueblo cubano en Estados Unidos y en Miami, pidiendo "que den gracias a Dios por estos días y que se aprovechen también de sus enseñanzas".

Viaje breve pero intenso

Con tiempo, se dan a conocer los detalles del intinerario papal

LA HABANA- (Febrero, 1998). En su primera visita pastoral a los católicos de Cuba, Juan Pablo II tendrá un apretado y movido horario, ya que, en menos de cinco días visitará cuatro diócesis de la Isla en donde celebrará la Eucaristía al aire libre, para regresar cada tarde a la Habana para encuentros específicos. La residencia papal será en la Nunciatura Apostólica.

En el avión papal estarán a bordo el Santo Padre con unos 30 miembros del séquito y 50 representantes de los medios de comunicación.

Se prevé que antes de aterrizar, el avión papal sobrevuele la Diócesis de Pinar del Río, en la zona occidental de la Isla, para que no quede territorio cubano sin la bendición del Papa.

A la llegada del vuelo al aeropuerto José Martí subirán a bordo para recibir al Santo Padre :el Nuncio Apostólico, el Jefe de Protocolo y el Cardenal Arzobispo de la Habana. El Santo Padre será acogido en tierra por el Presidente de la República. Dos niños presentarán un canasto de tierra cubana para que el Papa la bese. Estarán presentes las autoridades civiles políticas y militares, el Cuerpo diplomático y los obispos de Cuba.

Denise Iliana Alonso y Mayeline Serrano Romero esperan el paso del Papa por la calle 23 de La Habana

Desde el momento de la llegada a la Habana hasta la salida para Roma, forman parte del séquito papal: El cardenal Jaime Ortega, Arzobispo de La Habana, el Nuncio Apostólico Mons. Benniamino Stella, el obispo secretario de la Conferencia Episcopal, Mons. Emilio Aranguren, el obispo coordinador de la visita papal   Mons. Carlos Baladrón y el Secretario de la Nunciatura Apostólica.

En cada diócesis el obispo local recibe al Papa en tierra y presenta a las autoridades locales.

Durante su estancia en Cuba, el Papa pronunciará cuatro homilías y seis discursos. Las homilías tendrán lugar durante la Misa de campaña en cada una de las diócesis. Los temas designados son: La familia en Santa Clara, el jueves 22, la juventud en Camagüey el viernes 23, María, la Patria y la Cultura en Santiago de Cuba, el sábado 24. Este acto incluye la coronación de la Virgen de la Caridad del Cobre que será sacada en procesión al lugar de la celebración. La Misa final será en La Habana el domingo 25.

Cada tarde el Papa tendrá encuentros específicos:

Preparativos del estrado papal en La Habana

- El jueves 22 por la tarde el Papa tendrá una visita de cortesía con el presidente de la República en el Palacio de la Revolución
- El viernes 23 por la tarde, un encuentro con el mundo de la cultura en el Aula Magna de la Universidad de la Habana, en donde el Papa orará brevemente ante los restos del Siervo de Dios padre Félix Varela.
- El sábado por la tarde se dirigirá al mundo del dolor durante el encuentro en el Santuario de San Lázaro, en el Rincón, a las afueras de La Habana.
- El domingo 25, después de la Misa en la Plaza, se encontrará con los obispos cubanos en la Nunciatura Apostólica y con el clero, religiosas y laicos en la Catedral. Antes de la Misa tendrá un encuentro en la Nunciatura con representantes de otros credos.

Los traslados de por la tarde, en La Habana, serán en auto panorámico, incluído el traslado final al aeropuerto, el día 25, para el acto de despedida que será a las 6:30pm.

Le saludan con espejos
Desde los tejados en Pinar del Río

PINAR DEL RIO (Febrero, 1998).- Los católicos de la Provincia de Pinar del Río, en el extremo occidental de la Isla, salieron a la calle subieron a las azoteas el 21 de enero, a las 3:15 de la tarde para saludar al Papa Juan Pablo II. Su avión sobrevoló la Provincia para bendecir al pueblo pinareño. Este será el primer saludo de los cubanos al Papa, al iniciarse su primera visita pastoral a la Isla durante los días 21 al 25 de enero.

" Con espejos que reflejen nuestro respeto y acogida y pancartas que manifiesten nuestro cariño, daremos un recibimiento digno al Vicario de Cristo", había señalado la nota divulgada por la diócesis.

"Todas las campanas y altavoces de todas las Iglesias y capillas sonaron a esa hora de la tarde para demostrar nuestra alegría". El domingo 25 todos estamos se dieron cita en la Santa Misa presidida por el Sumo Pontífice en la Plaza José Martí de la Habana".

Por calles y carreteras
El pueblo salió a la calle con pancartas

LA HABANA.- (Febrero, 1998). El día antes de la llegada del Papa, toda Cuba se dio cita en una vigilia de oración que se celebró a la misma hora en todas las iglesias y comunidades de la Isla. Pero una vez concluido ese momento de silencio, todo fue algarabía, canciones y entusiasmo por la visita.

"¡Qué viva el Papa, viva el Cardenal. Que viva Cristo, que viva la paz"!

Por toda la calle 23 en La Habana ese escuchaban vítores como éste en boca de grupos de personas que con pancartas y guitarras se dirigían a los puestos que se les había designado para aclamar al Papa a su paso por las calles. A la parroquia del Carmen se le iban sumando otras y al pasar por el Hotel Habana Libre, las canciones y el alboroto hicieron salir a docenas de periodistas que no podían creer que aquello estuvieran pasando en Cuba.

Con un cartel del Papa bajo el brazo un muchachode 12 años caminaba con el grupo cantando. "Para mi es un honor conocer al mensajero de la paz y de la esperanza, " dijo el joven que había acudido solo a la marcha. Comentó que "el Papa ha conocido casi todo el mundo y nada mas que le falta conocer al pueblo cubano. Lo vamos a recibir con mucho amor y mucha alegría".

Cuando aterrizó el avión del Papa, todas las campanas se echaron al vuelo y en las calles se escucharon los aplausos.

Bici-taxi por las calles de La Habana

Católicos de la parroquia de El Carmen recorren las calles al encuentro del Papa

"Se oye, se siente, Juan Pablo está presente," empezaron a cantar a coro Denise Alonso y Maybeline Serrano. Pasaron varias horas hasta que llegó la caravana papal. Y fue todo tan rápido, que apenas dio tiempo a verle. Pero María Eugenia León estaba muy contenta. " Me parece un sueño haber visto al Papa," dijo. "Esto sólo acaba de empezar".

Cientos de autobuses
El pueblo acude a las Misas papales

CIENFUEGOS - (Febrero, 1998). Para las tres de la madrugada la Plaza de la Catedral, en Cienfuegos, estaba

Uno de los autobuses

ya repleta de autobuses y también de gente. Habían llegado con linternas, para poder leer los carteles en las guaguas que les llevarían a Santa Clara para la misa papal.

Se había organizado una caravana, con promedio de siete guaguas por parroquia. La primera salió de Copenayagua y fue recorriendo los pueblos y recogiendo a gente hasta que todas, llenas, se unieron para llegar juntas hasta Santa Clara. En el camino se podían contar más de 100.

La caravana llevaba una ambulancia y un camión de repuesto, por si alguna fallaba. Las personas más vinculadas a la parroquia pagaron seis pesos y recibieron sus boletos primero. Después de que Fidel Castro pidiera al pueblo una buena acogida al Papa, más gente quiso ir y en Cienfuegos tuvieron que añadir varios vagones de tren.

Un bohío Cubano
En Santa Clara prepararon un ambiente familiar

El obispo Fernando Prego con la imagen de Santa Clara para el Papa

SANTA CLARA -(Febrero, 1998). Como en Santa Clara el tema era la familia, quisieron dar a la visita del Papa un ambiente familiar. Y puesto que el lugar usería campestre, el arquitecto Luis Orlando Fernández o 'Esquitín', como todos le conocen, tuvo que construir un estrado papal que fuera un típico bohío cubano.

El en proyecto colaboraron José Luis Fleites y la proyectista Isabel Barrio.

Pero Esquitín se apresura a recordar que no se hubiera podido lograr sin la colaboración de mucha gente.

A la derecha del altar resaltaba una palmera real junto a la imagen de la Virgen de la Caridad. Sobre el frente del Bohío, en su parte central se colocó el escudo de Juan Pablo II.

No faltó la juventud
Llegó cargada de ilusiones

CAMAGÜEY - (Febrero, 1998) En todo tipo de transporte fueron llegando los jóvenes a Camagüey la noche antes del encuentro con el Papa. Temprano de madrugada ya estaban en pie y reunidos en una vigilia de oración en la Iglesia de la Merced.

Entre ellos estaba Alexandra Rodríguez González de 18 años quien, aunque tiene familia en Miami, nunca se ha planteado

Luis Orlando Fernández diseñó el altar

Alexandra Rodríguez González

dejar el país porque sabe "que los que se van añoran el cielo cubano y no parecen siempre felices."

Después de escuchar al Papa hablar sobre la familia en Santa Clara, la joven dijo que "es verdad que la familia cubana está muy desintegrada. Los padres olvida que detrás de un hijo hay una persona con ideales y convicciones". A ella le gustaría ir a la universidad y piensa que una "debe estar dispuesta a luchar en cualquier parte. Para mí lo mejor es hacerlo aquí en Cuba".

Cuando se preparaba para la visita del Papa se decía: "El Papa viene a mi, yo soy la que tengo que cambiar, yo soy parte del pueblo cubano y si me renuevo por dentro y me abro a Jesús, Cuba también cambiará. Creo que el cambio de Cuba está en el corazón de los cubanos".

Alegría y colorido
En el estrado papal de Camagüey

Elizabeth García Maydelina Pérez y Juan Boutros

CAMAGUEY-(Febrero, 1998) El mundo entero pudo ver el diseño que Maydelina Pérez Delgado ideó para el estrado Papal en la Misa de Camagüey. La joven artista plástica quiso que los colores fueran alegres, pero sin competir con el monumento de Ignacio Agramonte que serviría de marco.

Los materiales sencillos :Un fondo de madera pintada de rosa con una cruz blanca, también pintada. Un toldo de color claro decorado con hojas de malanga y en el acceso al altar muchas flores y los típicos tinajones camagüeyanos.

El estrado iba a tono con el ambiente alegre de la juventud. Todo fue estudiado de antemano y el equipo hizo múltiples visitas a la plaza para asegurarse que todo iría bien. En Camagüey se permitió que el grupo para la construcción fuera de la Iglesia, dado que la diócesis está llevando a cabo la restauración de la catedral y cuenta con una brigada de trabajo para ello

Quienes coordinaron los trabajos son profesionales jóvenes y comprometidos con la Iglesia: Elizabeth García Vitar es la arquitecto y Juan Boutros Amor es el ingeniero. También colaboró el artista plástico Omár González y el ingeniero civil Miguel Avalos.

Aspecto del altar junto al monumento a Ignacio Agramonte en Camagüey

Como el manto de la Virgen
Fue el estrado papal en Santiago

SANTIAGO DE CUBA-(Febrero, 1998). En el camino hacia Santiago de Cuba, un descanso en el camino, en La Caldosa, cerca de las Tunas, varios cubanos tenían instalados sus negocios de refrescos.

"Cristo es amor" decía un inmenso cartel delante de uno de ellos. Su dueño había conocido al Señor hace dos años y era parte de una comunidad evangélica.

En Santiago de Cuba el 24 de enero, todas las calles de la ciudad seguían el mismo tráfico hacia la plaza de Antonio Maceo. El fresco de la mañana se convirtió en fuerte calor y la gente tomaba posiciones bajo los árboles, al fondo de la plaza mientras seguía la catequesis que se hacía por los micrófonos bajo la dirección del hermano de La Salle, Luis Franco. Eran pequeños dramas sobre alguna parábola del Evangelio. También se escuchó una narración dramatizada que iba contando el hallazgo de la imagen de la Virgen de la Caridad sobre las aguas en la Bahía de Nipe, alternando con oraciones.

Al fondo se distinguía bien el estrado papal, al que el arquitecto Hector Pavón Lorie quiso darle un aire de transparencia. Por eso utilizó una estructuras blancas que como brazos se unen en la parte superior, pero sin pared alguna.

El Hno. Luis Franco dirigía a los fieles desde el micrófono en Santiago

En la base de cada estructura blanca se divisaban los colores negro, amarillo, carmelita y rojo simbolizando las mezclas de raza en el pueblo cubano. Todo sublimado con el blanco y coronado por la cruz. Y para proteger al Papa y a los celebrantes, un toldo azul sujeto por un cable.

Un diseño que al mirarlo recordaba el manto de la virgen y el diseño de la Ermita de la Caridad en Miami.

Pero el arquitecto Pavón Lorie no lo había tenido en cuenta al hacer el suyo. Su idea era realzar al máximo los elementos de la Plaza del Mayor General Antonio Maceo con capacidad para 200,000 personas. Él la conocía bien y como arquitecto la había estudiado.

El proyecto del estrado papal fue sometido a concurso y Pavón lo ganó. Dice que "como profesional y como arquitecto es un honor... Es la obra que me realiza para la posteridad".

Antes de concebirlo vio otros videos de visitas papales a Miami y América Latina.

Católico de toda la vida Pavón trabaja con el obispado, asesorando en las obras grandes de reconstrucción. Para el estrado trabajaron con él, el ingeniero Pedro Márquez, el arquitecto Bernardo Carbonell, el ingeniero Esteban Ferrer y Hector Pavón.

Hector Pavón Lorie, arquitecto del estrado papal en Santiago

Terminada la catequesis desde los micrófonos se anunció la entrada de la Virgen. Y todo el pueblo se aglomeró junto al pasillo central para verla pasar.

Minutos después el avión del Papa cruzaba los cielos y la multitud romp[ieo en aplausos. Cuando anunciaron su llegada a la plaza, José Antonio Grignón y Anubis de la Caridad Piñero tomaron posiciones sobre un pequeño escalón, empinándose para ver mejor. Hasta que impaciente Anubis se subió sobre los hombros de su novio. "Aquí llega, aquí llega", dijo emocionada mientras los demás sólo veían el techo del papamovil blanco. " No lo puedo creer, he visto al Papa, exclamó".

Un testigo del año 1936
Estuvo presente en la coronación de la Virgen

Torcuato D'Escoubet

SANTIAGO (Febrero, 1998). -Aunque han pasado 62 años desde que presenció la coronación de la Virgen de la Caridad, en 1936, Torcuato D.Escoubet mantiene viva la memoria de aquel día en que miles de católicos de toda la Isla acudieron a Santiago.

Por primera vez sacaban a la imagen de su Santuario del Cobre. "Era de noche y la traían en una carroza iluminada", recuerda. Allí, en la alameda, frente al puerto, la pusieron sobre el altar para una vigilia de oración toda la noche.

"Cuando entró la Virgen repicaron todas las campanas y fue precioso", dice D'Escoubet, aún emocionado. El recuerda que para la corona de la Virgen se habían pedido joyas y oro "y la gente había dado lo que podía, con mucho amor". Durante el acto escucharon al Papa Pío XII por Radio Vaticano

D'Escoubet es uno de los más ancianos católicos de Cuba. Pero a sus 87 años se mantiene activo en el obispado de Cienfuegos y aún sigue misionando en su comunidad.

"Nunca pensé que llegara a ver coronar a la Virgen por el mismo Papa", comentó, en camino hacia Santiago, por carretera, durante la visita papal. Como hace 62 años, el viaje duró unas 12 horas, aunque esta vez, fue en varias etapas, para asistir a la misa de Juan Pablo II en Santa Clara y en Camagüey. En el camino hubo tiempo para recordar una vida llena de anécdotas y celo evangelizador.

En los años 50 D'Escoubet era uno de los pilares de los Caballeros Católicos, fundador de la Coral de Cienfuegos, amante de la zarzuela y del teatro. Y hasta le tocó ir a visitar al Nuncio para pedirle que mandara un obispo a su diócesis, vacante desde la marcha del obispo Dalmau.

Vendedor viajante hasta entonces, dice que con los cambios de la revolución castrista guardó su maletín y se dedicó de lleno a misionar. Se iba al campo y mantuvo más de una iglesia abierta hasta que llegaba un sacerdote y él se iba a otra parte.

En sus tiempos más jóvenes, D'Escoubet fue un buen cocinero y en Aguada todos, incluso el obispo Fernando Prego, recuerdan su 'Bacalao del Nazareno,' cada año antes de Semana Santa. D'Escoubet pedía a la gente los ingredientes, limpiaba la casa y hacia el almuerzo. A cambio la Comunidad le limpiaba la Iglesia y le hacía sus tareas de sacristán.

Entonces Mons. Emilio Aranguren era un seminarista, ahora es su obispo. Madrugador como él, los primeros pasos del obispo son hacia la cocina para ver a Torcuato. "¿Ya colaste,?" le saluda cada mañana preguntando por el café.

En el obispado D'Escoubet tiene su rutina de trabajo. Cuela el café, hierve la leche para los desayunos, prepara la capilla para la misa, sale para correos y hace sus visitas.

Por las tardes, el es quien atiende, en el obispado y antes de acostarse lo revisa todo. Con él en casa, su obispo, que es el Secretario de la Conferencia de Obispos de Cuba, sabe que puede ausentarse tranquilo.

Mons. Carlos Baladrón, obispo de Guantánamo

El Papa crea una nueva diócesis

SANTIAGO -(Febrero, 1998). En presencia de miles de cubanos congregados en la Plaza Antonio Maceo de Santiago de Cuba, el Papa promulgó la creación de la nueva diócesis de Guantánamo, bajo el obispo Carlos J.P. Baladrón Valdés, quien hasta el momento servía como obispo auxiliar en La Habana.

Nacido en Campechuela, provincia de Granma, había

sido nombrado obispo auxiliar de La Habana en noviembre de 1991. Hasta el momento fue Vicario en la Zona Este de la capital y párroco de La Milagrosa en Guanabacoa.

Un recorrido por la Isla sembrando esperanza
Fervor, aclamaciones y verdades

LA HABANA- (Febrero, 1998). Con la fuerza de la verdad, Juan Pablo II sembró esperanza en Cuba y se ganó los corazones.

Durante su visita a cuatro diócesis de la Isla, del 21 al 25 de enero, el Papa no se cansó de proclamar la verdad sobre el ser humano y denunciar todo aquello que en aquella sociedad y en el mundo atenta contra la persona. No planteó cosas nuevas, pero dichas en Cuba y ante la mirada del mundo, tenían un sabor y una fuerza diferente.

Los trabajadores de la Casa Sacerdotal esperan al Papa en la calle 23

A su llegada el Papa dejó claro el programa de su visita: "Anunciar la verdad sobre Jesucristo, el cual nos ha revelado la verdad sobre el ser humano, su misión en el mundo, la grandeza de su destino y su inviolable dignidad".

Eran los grandes temas que iría analizando en sus discursos posteriores. Pero de entrada subrayó que el mensaje del evangelio "conduce al amor, la entrega, al sacrificio y el perdón... un camino que lleva a la esperanza de un futuro mejor". Y para dejar claro el motivo de su presencia en Cuba, repitió las palabras del inicio de su pontificado: "No tengan miedo de abrir sus corazones a

> "No esperen que todo les venga dado," les dijo. "Asuman su misión educativa buscando y creando los espacios adecuados en la sociedad civil".
>
> El Papa en Santa Clara

Cristo, dejen que El entre en sus vidas, en sus familias, en la sociedad, para que todo sea renovado". Una renovación que necesitaría también el esfuerzo de los cubanos, porque "ustedes son y deben ser los protagonistas de su propia historia personal y nacional."

El pueblo escucha y también responde

A pesar del calor, del poco descanso y de largas esperas, en pie, para ver al Papa, los cubanos supieron escuchar y también responder. Al hilo de sus palabras iban surgiendo slogans que se repetían a coro y ayudaban al Pontífice a interrumpir sus homilías y a tomarse un pequeño descanso.

"Juan Pablo II te quiere todo el mundo", empezaron diciéndole a su paso por las calles de la Habana, desde el aeropuerto hasta su residencia en la nunciatura.

"Se oye, se siente, el Papa esta presente", repetía el pueblo, aún tímido, en la primera misa en Santa Clara, en

El Papa aclamado en Santa Clara

donde subrayó el patrimonio cristiano de la familia cubana y sus actuales crisis. Allí recalcó que la autoridad pública no tiene el derecho de sustituir a los padres y a estos les recordó que "sin esperar a que otros los reemplacen ... deben poder escoger para sus hijos el estilo pedagógico, los contenidos éticos y cívicos y la inspiración religiosa en que desean formar a los hijos integralmente. No esperen que todo les venga dado," les dijo. "Asuman su misión educativa buscando y creando los espacios adecuados en la sociedad civil".

En Camagüey, el ambiente se había caldeado, quizás por el contagio de la juventud. El Papa reaccionó ante los gritos de los jóvenes, "Juan Pablo, hermano, pareces un cubano", le decían. El propuso el camino de la virtud, también a los jóvenes no creyentes. Y a pesar de las palabras exigentes y de hacerles notar que "cuando un joven vive a su manera, idealiza lo extranjero, se deja seducir por el materialismo desenfrenado, pierde las propias raíces y anhela la evasión..." la juventud le respondía entusiasmada "Que el Papa se quede en Camagüey".

Los jóvenes vitorean al Papa en Camagüey

Sube la temperatura en Santiago

En Santiago de Cuba, el calor fue grande y el Papa lo hizo notar. Pero la temperatura de la visita también había subido y el "no tengan miedo" repetido por el Papa a su llegada era ahora el grito de la multitud. El arzobispo de Santiago de Cuba, Pedro Meurice había tocado el tema de la Patria y al hacerlo dejó claro que el pueblo cubano era un pueblo respetuoso de la autoridad "pero necesita aprender a desmitificar los falsos mesianismos. Este es un pueblo que ha luchado largos siglos por la justicia social y ahora y ahora se encuentra al final de una de sus etapas buscando otra vez como superar las desigualdades y la falta de participación…"

"La Iglesia, inmersa en la sociedad, no busca ninguna forma de poder político ... quiere ser germen fecundo del bien común".
Juan Pablo II en Santiago

Sin embargo el Papa dejó claro que "la Iglesia, inmersa en la sociedad, no busca ninguna forma de poder político para desarrollar su misión, sino que quiere ser germen fecundo del bien común". Esto implica también asumir "posiciones valientes y proféticas ante la corrupción del poder político y económico", aclaró el Papa.

En presencia de Raúl Castro, el Papa reclamó que la Iglesia " defendiendo su propia libertad defiende la de cada persona, la de las familias, la de las diversas organizaciones sociales, realidades vivas, que tienen el derecho a un ámbito propio de autonomía y soberanía".

En este respecto, su reto fue especialmente reclamar para los laicos su papel de 'sal y fermento' en medio de la sociedad de la que forman parte, para lo que "tienen el deber y el derecho de participar en el debate público en igualdad de oportunidades y en actitud de diálogo y reconciliación". Subrayó que el bien de la nación ha de ser procurado por los propios ciudadanos a través de medios pacíficos y graduales, para lo que cada persona tiene que gozar de "libertad de expresión, capacidad de iniciativa y de propuesta... y de la adecuada libertad de asociación".

Al final de la Eucaristía y en presencia de miles de cubanos congregados en la plaza el Papa promulgó la creación de la nueva diócesis de Guantánamo, bajo el obispo Carlos J.P. Baladrón Valdés, quien hasta el momento servía como obispo auxiliar en La Habana.

A nivel público el Papa no había hecho aún ninguna petición en favor de quienes en Cuba sufren prisión por tratar de ejercer sus libertades. Lo hizo esa tarde en el Santuario del Rincón, pero sólo después de haberlo planteado privadamente, dos días antes, durante su visita a Fidel Castro.

Saludos al Papa cuando pasa delante de la imagen del Sagrado Corazón en el edificio de la Biblioteca Nacional

"... Tienen el deber y el derecho de participar en el debate público en igualdad de oportunidades y en actitud de diálogo y reconciliación".

Juan Pablo II, Santiago

Existe también el sufrimiento del alma

Al encontrarse con el mundo del dolor en el Rincón, Juan Pablo II hizo notar los esfuerzos positivos del gobierno en el cuidado de la salud y criticó las medidas que hacen sufrir a la población, en clara referencia al embargo norteamericano. Pero señaló que "el sufrimiento no es sólo de carácter físico... existe el sufrimiento del alma, el que padecen los segregados, los perseguidos, los encarcelados por diversos delitos o por razones de conciencia, por ideas pacíficas aunque discordantes... Sufren un aislamiento y una pena por la que su conciencia no los condena, mientras desean incorporarse a la vida activa..." El Papa apoyó los esfuerzos en vista de la inserción social de la población penitenciaria".

> *"Sufren un aislamiento y una pena por la que su conciencia no los condena, mientras desean incorporarse a la vida activa..."*
> Juan Pablo II, en el Rincón

Como una paloma de paz

Una paloma blanca con las alas desplegadas y envolviendo a los celebrantes y al Papa fue la imagen que concibió el arquitecto Carlos Morell al diseñar el estrado del altar para la misa papal en la Plaza José Martí de La Habana.

Morell y el ingeniero Hector Rivera querían que el Papa estuviera protegido pero querían también transmitir un mensaje de paz. El diseño iba coronado por una cruz de madera que se elevaba a 14 pies del suelo y Rivera señala que "por la cruz de Cristo nos viene la paz".

Querían que el mundo entero captara el mensaje, al seguir el acto por la televisión. Todo lo concibieron con sencillez, en colores claros y con el símbolo cubano de las palmacias que adornaban la escalinata central, cubierta con una alfombra roja.

Carlos Morell diseñó el estrado de La Habana

Desde este estrado habanero, el Papa volvió a tocar los

temas ya abordados y como quien ofrece 'una de cal y otra de arena,' subrayó algunos de los puntos de coincidencia con el gobierno, la crítica al capitalismo y su oposición al embargo norteamericano, para volver a repetir que "siempre hay quienes necesitan de la voz de la Iglesia para que sean reconocidas sus angustias, sus dolores y sus miserias".

Juan Pablo II se hizo eco de la lectura proclamada minutos antes " El Espíritu del Señor me ha enviado para anunciar a los cautivos su libertad..." y dijo que en el evangelio de Jesús la libertad se apoya sobre el sólido fundamento de la verdad", no como algo intelectual sino como "la verdad sobre el ser humano y su condición trascendente, sus derechos y deberes, su grandeza y sus límites".

Piden al Papa libertad en plena Plaza de José Martí y a vistas de todos

Sus palabras fueron interrumpidas muchas veces y a ratos se escuchaba el eco que, desde el fondo de la multitud repetía, "libertad, libertad..." Entre las pancartas se leía una pidiendo "libertad para presos de conciencia y presos políticos" que incluía nombres y apellidos.

Un pueblo irreligioso morirá

Con palabras de José Martí el Papa rechazó el falso conflicto entre la fe en Dios y el amor y servicio a la Patria. "Todo pueblo necesita ser religioso", dijo con palabras de patriota cubano. "Un pueblo irreligioso morirá, porque nada en él alimenta la virtud. Las injusticias humanas disgustan de ella; es necesario que la justicia celeste la garantice".

En las primeras filas de invitados, Fidel Castro, acompañado por el escritor Gabriel García Márquez y su esposa y por representantes del gobierno seguían la ceremonia. Cuando llegó el momento del saludo de paz, el público se acercó a estrechar la mano del gobernante cubano, incluídos algunos sacerdotes extranjeros, "como gesto de reconciliación. "Deseando la paz para Cuba", aclaró después un sacerdote boliviano.

> " ...A buscar el modo de consolidar una identidad cubana armónica que pueda integrar en su seno sus múltiples tradiciones nacionales".
> El Papa en la Universidad de La Habana

Pero la reconciliación y el diálogo ha de forjarse entre los mismos cubanos, había expresado el Papa al encontrarse el 23 de enero con el mundo de la cultura en el Aula Magna de la Universidad de la Habana. Allí reconoció que en Cuba, la mayor parte de los artífices de la cultura, sin distinción de credo, son hombres de diálogo, capaces de proponer y de escuchar.

El pueblo cubano necesita a Dios

"Les animo a proseguir en sus esfuerzos por encontrar una síntesis con la que todos los cubanos puedan identificarse; a buscar el modo de consolidar una identidad cubana armónica que pueda integrar en su seno sus múltiples tradiciones nacionales", les dijo.

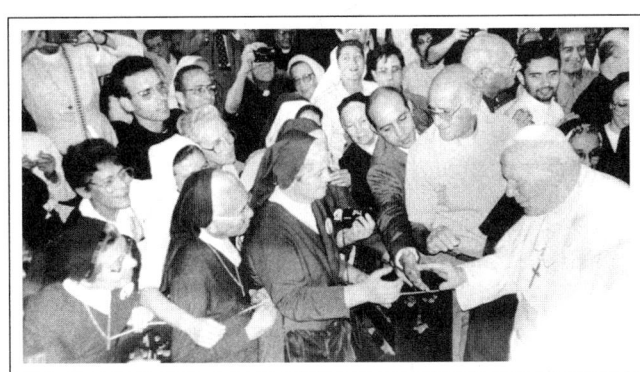

En la Catedral con los católicos

A pesar de que la visita del Papa era una visita pastoral, la prensa en general no prestó gran atención a los encuentros del Papa con los obispos cubanos y con el personal de la Iglesia. Y sin embargo fue en estos encuentros en donde quedaron marcados los caminos a seguir después de la visita del Papa: Defensa del ser humano, sus libertades y

Un seminarista llora mientras ondea para el Papa la bandera cubana

necesidad de formación integral, el cuidado de la familia, la atención a la religiosidad popular y el apoyo a los laicos en su misión hacia la sociedad, son algunos de los temas abordados por el Papa, quien también volvió a reclamar para la Iglesia los espacios necesarios para cumplir su misión, incluyendo un acceso progresivo a los medios de comunicación. Ante los obispos, el Papa hizo una referencia al exilio para que colaboren al progreso de la nación cubana, "evitando confrontaciones inútiles y fomentando un clima de positivo diálogo y recíproco entendimiento".

El último encuentro con el Papa tuvo un carácter de intimidad. La Catedral de la Habana estaba repleta cuando llegó el Papa para reunirse con los sacerdotes, religiosas y laicos de todas las diócesis. Al entrar y al salir del templo por la puerta principal, recorrió despacio el pasillo central entre aplausos, vítores y apretones de manos. El encuentro fue breve pero intenso y después el Papa volvió a alejarse en su papamobil atravesando las calles de la Habana Vieja, entre los saludos del pueblo.

Un seminarista se había subido a un muro de la fachada de la catedral y lloraba mientras ondeaba una inmensa bandera cubana. En el corazón de los católicos quedaba la convicción y el reto de las palabras de despedida del Papa: "El pueblo cubano les necesita porque necesita a Dios".

"El pueblo cubano les necesita porque necesita a Dios".

Juan Pablo II

Después de la visita del Papa
UNA IGLESIA, DOS ORILLAS

La euforia generada por la visita de Juan Pablo a Cuba no se limitó a la Isla, ni sólo a Miami. El mundo entero quedó sorprendido por el desarrollo, sin incidentes, de una visita papal a un país en donde la Iglesia Católica aún vivía bajo fuertes controles por parte del gobierno y sin poder vivir su misión en plenitud.

Fueron cuatro días 'paréntesis' en los que el pueblo creyente y el que no lo era, se lanza a la calle sin miedo a expresar sus convicciones. Fueron cuatro días en los que la programación habitual de la televisión cede, no sin las debidas presiones por parte de la Santa Sede, para la transmisión de las misas papales. Y fueron días en los que los intentos por dificultar la transmisión de algunos de los discursos no impiden al pueblo escuchar una propuesta alternativa sobre la persona humana y sobre la sociedad.

En Cuba todo esto genera, al menos en las comunidades de creyentes, un espíritu nuevo. Los católicos han sido protagonistas, han demostrado su capacidad de hacer y la Iglesia cubana ha reforzado su prestigio ante el mundo.

Las consecuencias no se hacen esperar y durante los primeros meses después de la visita papal, las oficinas de Caritas, agencia caritativa de la Iglesia, no dan abasto para responder a las ofertas de ayuda humanitaria que llegan de todas partes. Con estas ayudas la Iglesia en Cuba refuerza también su posición ante las instancias estatales, dado que, en muchos casos, las ayudas de iglesias hermanas van orientadas hacia proyectos sociales nuevos, no necesariamente para la comunidad católica, sino que diseñados y supervisados por la Iglesia han de ser en beneficio de todo pueblo.

Es verdad que la euforia que se desencadenó después de la visita del Papa pronto da paso a la vida ordinaria de los cubanos, con las mismas limitaciones para la vida, la libertad y a practica de la fe y así lo constatan las declaraciones y documentos de esta etapa. Pero en medio de esta vida dificil ha quedado algo nuevo. El Papa ha liberado el espíritu y la esperanza. Nada pareciera haber cambiado y sin embargo mucho ha cambiado, señalan algunos documentos.

La visita del Papa no tuvo sólo consecuencias materiales. Logró también que cayeran los muros de la distancia, la incomunicación y la sospecha que a lo largo de más de 40 años han separado a algunos católicos y no católicos a ambas orillas del estrecho de La Florida.

Para muchos, hasta el momento temerosos de pisar tierra cubana, en gran parte por miedo al qué dirán y a las presiones de ciertos ámbitos del exilio, la visita de Juan Pablo II a la Isla es una buenísima excusa para viajar a Cuba. Y una vez allí, sumergidos en la experiencia de aquellos días y en el contacto con los hermanos cubanos, experimentan cambio y conversión.

Es así como, entre los católicos de la diáspora también surge cierto espíritu nuevo de intercambio, de compromiso, de ganas de ayudar. Durante los primeros meses, después de la visita papal a Cuba, surgen proyectos espontáneos de ayuda para reconstruir las iglesias, intercambios de grupos de música católica, un sin fin de simposios académicos sobre Cuba que incluyen aspectos sobre el papel de la Iglesia, reflexiones y encuentros de sacerdotes cubanos y de laicos de una y otra Iglesia. También el Arzobispo de Miami, quien brevemente pisó tierra cubana para asistir a la Misa del Papa en la Habana, regresa con un poco más de calma, para conocer mejor la realidad.

Al corregir las pruebas constato que los artículos aquí recogidos hablan de esta etapa en que, al menos por un tiempo, pareciera que las dos iglesias se funden. Son artíulos que hablan de logros y de dificultades y que se escriben en Cuba y fuera de Cuba pero con un renovado interés común por el futuro de la Isla.

Sí, Cuba y Miami están más cerca. Y lo están las dos comunidades católicas que, de un modo algo más concreto viven los retos y las limitaciones de ser: Una misma Iglesia pero en dos orillas.

El embargo no es la única causa del sufrimiento
Habla en cardenal Jaime Ortega Alamino Arzobispo de La Habana

MIAMI, (Mayo 1998) - El embargo económico de los Estados Unidos hacia Cuba no es la única causa de los sufrimientos del pueblo cubano y de la situación económica del país, señaló el Cardenal cubano Jaime Lucas Alamino durante una entrevista en la Habana.

En declaraciones en abril en la revista Palabra Nueva de la Arquidiócesis de la Habana, el Cardenal señaló como otras causas "los errores cometidos en el campo de la economía y las deficiencias del mismo sistema económico". También seãló otras situaciones históricas como el derrumbe del bloque de países socialistas y especialmente de la Unión Soviética, con quienes Cuba negociaba prioritariamente y de quienes recibía apoyo económico.

El cardenal Ortega bendice a los fieles. Delante, el nuncio Mons. Benniamino Stella

Al referirse a la condena del Papa al embargo, durante su visita de enero a la Isla, el Cardenal dijo que Juan Pablo II no hizo "un estudio de la situación global del país, sino que se refirió a un factor de los que más peso tienen en la crisis económica actual de Cuba, pidiendo a quienes corresponde que cambien esas medidas que pesan mucho en esa crisis y que el Sumo Pontífice considera injustas a la luz de la moral cristiana".

Mons. Ortega subrayó que el hecho de que el Papa, al calificar el embargo "como moralmente injusto y éticamente inaceptable", no mencionara otros factores no significa que estos sean ignorados o menospreciados. "En algunos de ellos, por su carácter histórico irreversible, ya no se puede incidir, como es el caso del derrumbe del campo socialista; otros como las medidas económicas restrictivas, pueden cambiar y esto depende de la voluntad de los hombres", dijo.

Añadió que "la invitación a que Cuba se abra al mundo", hecha por el Papa, es un llamado a la superación de los errores y límites internos que junto con otros factores configuran la situación general de la economía nacional".

El Cardenal reconoció que, como respuesta al llamado del Papa para que 'el mundo se abra a Cuba' varios países han decidido restablecer o mejorar sus relaciones con Cuba, entre ellos España, Guatemala, Santo Domingo y Argentina.

Hizo referencia positiva a las medidas aprobadas por el presidente Bill Clinton que permitirán vuelos directos a Cuba, envíos de dinero a familiares en la Isla y búsqueda de modos para la venta de medicinas a Cuba.

Al mismo tiempo el Arzobispo reconoció que la apertura ha de ser "forzosamente recíproca, pero es cierto que algunos esperan que se vea más marcada la apertura de Cuba al mundo".

Y aunque señaló como signo de inicial de apertura la puesta en libertad "de más de trescientos prisioneros a petición del Santo Padre," añadió que "a mi entender, se van haciendo necesarios también nuevos gestos y actitudes significativas".

El Cardenal reiteró su oposición a cualquier propuesta de ayuda humanitaria por parte del gobierno de Estados Unidos, mientras el mismo gobierno mantenga las restricciones económicas del embargo. Pero subrayó la gratitud de la Iglesia en Cuba y del pueblo cubano a las ayudas humanitarias llegadas a Cuba "desde Estados Unidos por medio de organizaciones católicas ... y por iniciativa de los propios cubanos que residen en el exterior". Dijo que "a través de Caritas Cubana hemos recibido de esas organizaciones más ayuda en medicamentos y en alimentos que de ninguna otra en el mundo. Bien saben los

> "La invitación a que Cuba se abra al mundo, hecha por el Papa, es un llamado a la superación de los errores y límites internos que junto con otros factores configuran la situación general de la economía nacional".
>
> Card. Ortega

miembros de esas organizaciones la inmensa gratitud que sienten hacia ellas la Iglesia en Cuba y el pueblo cubano. Ese tipo de ayuda humanitaria... es, hoy por hoy, indispensable y exalta la solidaridad humana y cristiana que el santo Padre quiere que sea universal".

El Cardenal reiteró el compromiso de la Iglesia en Cuba en el camino del diálogo con las autoridades de la nación. Dijo que "en esto como en otras cosas debemos continuar nuestros esfuerzos sesgún las líneas trazadas por el Papa". Y reconoció que quedan cuestiones pendientes "que son difíciles, como la invitación del Santo Padre a buscar nuevas perspectivas en el campo de la enseñanza y la educación de los niños, los adolescentes y los jóvenes, una participación creciente de los laicos en la vida civil y acceso habitual de la Iglesia a los medios de comunicación social".

El Cardenal dijo que el "pueblo no olvida la experiencia profunda de alegría y esperanza " de las misas papales y señaló que la gente sigue pidiendo los textos de las homilías, por lo que se están preparando guiones para que en las homilías de cada domingo se traten todo el año los grandes temas tocados por el Papa.

"No basta releer sus palabras," dijo" hay que comprender por qué fueron dichas, qué alcance tienen y sobre todo qué se puede hacer para ponerlas en práctica".

La Iglesia no distribuye ayudas de gobiernos
Aclaran los obispos ante artículos de la prensa

MIAMI, (Mayo 1998) - La Iglesia Católica en Cuba nunca ha distribuido ayudas provenientes de gobiernos, dijeron los obispos cubanos en una declaración el 14 de mayo.

La reacción se hizo púlica al día siguiente de hacerse pública la información sobre un posible proyecto por el que el gobierno de los Estados Unidos donaría hasta $100 millones de dólares en alimentos y medicinas al pueblo de Cuba para distribuirse a través de organizaciones independientes como la Iglesia Católica. Pero los obispos aclararon que "la Iglesia Católica en Cuba, a través de Caritas, sólo se han distribuido entre la población ayudas humanitarias enviadas por distintas Iglesias hermanas, agencias internacionales, personas privadas o asociadas pero nunca ha distribuído ayudas provenientes de gobiernos. De igual forma seguiremos trabajando en el futuro".

Los Obispos agrdecen "todos estos gestos solidarios para con el pueblo cubano".

El día anterior, el gobierno de Estados Unidos había aprobado la reanudación inmediata de vuelos directos desde Miami a Cuba con envíos de ayuda humanitaria por grupos de asistencia de los Estados Unidos. En cumplimiento de las medidas anunciadas el 20 de marzo, también se anuncio que se agilizaría el proceso para aprobar las licencias de venta de medicinas de Estados Unidos a Cuba. A partir del jueves 14 se permitieron los envíos de $1,200 al año a familiares en la Isla. Los ciudadanos autorizados que viajen a Cuba podrán hacerlo en vuelo directo pero no podrán entregar a sus familiares más de $300 ni podrán llevar remesas de otras personas.

En su declaración los obispos señalan que "la Iglesia también aprecia de modo especial" dichas disposiciones que "facilitan el contacto entre cubanos separados fisicamente, a la vez que pueden producir mayores beneficios para la población y generar un clima de distensión entre nuestros países".

El Arzobispo de Miami de visita en Cuba
En la Catedral de la Habana por todos los cubanos

MIAMI, (Mayo 1998) - La belleza de la campiña cubana, el compromiso de fe de los laicos y la unidad de la Iglesia cubana son algunas de las cosas que constató el Arzobispo John Clement Favalora durante su vista de cinco día a la Isla, del 25 al 29 de mayo.

"He sido muy bendecido con este viaje", dijo el Arzobispo al regresar, asegurando que en su útima Misa en la Catedral de La Habana había orado "por todos los cubanos, los de la Isla y los del exilio. Para que se logre su unidad. Cuba es una, no importa donde se encuentre su gente".

Al despedirse en el aeropuerto de La Habana el Arzobispo explicó que el motivo de su viaje había sido visitar "al cardenal Jaime Ortega y a mis hermanos los obispos cubanos, para mostrar mi apoyo a ellos y al trabajo de la Iglesia en Cuba. Señaló que "el excelente liderazgo eclesial del Cardenal es muy admirado y respetado por todos los obispos de La Florida y por toda la jerarquía eclesiástica de los Estados Unidos".

El viaje del Arzobispo con su obispo auxiliar Thomas Wenski y representantes del servicio de Caridades Católicas de los obispos de Estados Unidos, Catholic Relief Services (CRS) fue el primer vuelo directo a Cuba desde se relajaran en marzo las restricciones de vuelos a la Isla. El viaje, en dos aviones privados, hubiera debido acompañar a otro vuelo con ayuda humanitaria, lo que no fue posible por algunos errores burocráticos al hacer el papeleo. El vuelo con 15 toneladas de medicina y suministros médicos, valorados en medio millón de dólares, había de realizarse el jueves 11 de junio.

Vista parcial de la catedral de La Habana

Además de conversar con el Cardenal y los obispos, durante su estancia en Cuba, el arzobispo Favalora visitó el Valle de Viñales y la diócesis de Pinar del Río, recorrió las calles de La Habana y algunos de los proyectos de la iglesia y se encontró con el representante papal, Mons. Benniamino Stella y con representantes de la Oficina de Asuntos Religiosos del Gobierno Cubano y de la Sección de Intereses de los Estados Unidos en Cuba.

Aunque estaba planeada una visita a Santiago de Cuba, en avión, el Arzobispo prefirió dejarlo para otra ocasión "porque pensé que hubiera sido todo demasiado rápido y no podía absorver tanto. Ya tendré otras oportunidades para hacerlo", comentó a su regreso, durante una serie de entrevistas para los medios católicos de la Arquidiócesis de Miami.

Con la fuerza de lo cotidiano
El Card.Ortega a los periodistas católicos de EU

NUEVA ORLEANS, (Junio 1998) - Procurar el diálogo y ensancharlo buscando siempre espacios más abiertos para la misión de la iglesia ha sido el programa de la Iglesia Católica en Cuba, señaló el cardenal Jaime Ortega ante periodistas católicos de Estados Unidos y Canadá.

Durante la Convención de la Prensa Católica reunida en Nueva Orleans, el Arzobispo de La Habana dijo el 3 de junio que para "ser capaz de anunciar el evangelio liberador y enaltecedor de la persona humana", la Iglesia ha de buscar el diálogo, manteniendo "su independencia y su identidad como comunidad de fe, alejada de toda instrumentalización política ni por parte del Estado ni por personas o entidades con programas políticos alternativos."

"Un estancamiento en la vida interna del país, puede disminuir o condicionar en gran medida la esperanza y el dinamismo que desencadenó en los medios internacionales la visita del Papa".

Card. Ortega

Representantes de 644 publicaciones católicas, con un total de 25 millones de lectores, escucharon al Cardenal cubano, quien fue el conferenciante principal durante la Convención anual que incluyó tres días de banquetes, de talleres e intercambio.

Mons. Ortega habló de la Iglesia en Cuba después de la visita papal y dijo que ésta había producido un impacto histórico "al modo de una piedra lanzada en un lago, generadora de ondas concéntricas que no cesan de dibujar en superficie círculos cada vez más abiertos y de mover en profundidad las aguas estancadas donde parecía flotar la Isla de Cuba en estos últimos años, sobre todo en lo tocante a su relación con el mundo exterior".

Dijo que el Papa fue a Cuba a ejercer su oficio de Pontífice—hacedor de puentes— no sólo en la necesaria relación del hombre con Dios, sino además "tratando de ligar entre sí a hombres y pueblos separados por concepciones políticas o ideológicas, o enemistades históricas o barreras culturales".

Constató que "después de la visita papal el mundo parece moverse hacia Cuba," aunque "no se logra ver esa misma intensidad en la dinámica interna de la nación".

Al mismo tiempo reconoció que cinco meses es poco tiempo, pero se espera al menos descubrir "en actitudes y palabras oficiales ciertos enfoques nuevos, así como un número mayor de gestos indicadores de una mentalidad más amplia y flexible para el futuro".

El Cardenal señaló que el Papa removió con sus mensajes "las aguas profundas de nuestro subsuelo" al hablar al corazón de los cubanos que acudieron por miles a escucharle sin que nadie los convocara. Y dijo que a pesar de las emociones de aquellos días no eran palabras destinadas a mover sentimientos superficiales. "Ahí se alzan ante nosotros, como un conjunto impresionante de pensamiento doctrinal, filosófico, social y de ética personal y política".

El Cardenal reconoció que las relaciones del Estado con la Iglesia Católica han "experimentado cierto desarrollo en los últimos tiempos" pero esto se hace "menos evidente en otros campos de la vida civil."

Dijo que a la Iglesia le preocupa la imprescindible interacción recíproca de lo interno y lo externo en la vida de la nación. "Un dinamismo en las relaciones internacionales con un mayor flujo de inversiones desde el exterior hacia Cuba puede influir positivamente en una dinamización de la sociedad cubana, pero un estancamiento en la vida interna del país, puede disminuir o condicionar en gran medida la esperanza y el dinamismo que desencadenó en los medios internacionales la visita

> *"Después de la visita papal el mundo parece moverse hacia Cuba... No se logra ver esa misma intensidad en la dinámica interna de la nación".*
>
> Card. Ortega

del Papa," lo que el Cardenal consideraría lamentable y por lo que reza todos los días para que "ambos dinamismos puedan conjugarse y fecundarse mutuamente."

A los miembros de la prensa, acostumbrados al ritmo acelerado de las comunicaciones de hoy, les hizo reflexionar sobre los ritmos más lentos de los terceros mundos y la tentación de querer dinamizarlos de un golpe, tanto en lo económico como en lo político y social produciendo situaciones de inestabilidad y de crisis.

Y a propósito de esta gradualidad de la tansformación de la sociedad, aludida por Juan Pablo II en su visita, recordó al padre Félix Varela, quien "consciente de que, en su tiempo, la independencia era un ideal todavía inalcanzable y se dedicó a formar personas, hombres de conciencia... Eso lo llevó a creer en la fuerza de lo pequeño, en la eficacia de las semillas de la verdad, en la conveniencia de que los cambios se dieran con la debida gradualidad hacia las grandes y auténticas reformas". Ese espíritu valeriano es el que mantenido la Iglesia en Cuba a través de los años, dijo Mons. Ortega.

"Para resolver las dificultades de mi país valen los pasos pequeños y consistentes... Los efectos transformadores de la misión del Papa en Cuba, que alcanzan ya a la Iglesia Católica, llegarán también hasta las estructuras de la sociedad cubana".

Card. Ortega

"Esta paciencia de una Iglesia que es milenaria y que se apoya en el Evangelio del amor y de la reconciliación, le ha permitido ser parte activa en una transición en las relaciones de la Iglesia y el Estado en Cuba que van desde el choque directo y la confrontación, pasando por el desconocimiento de la Iglesia como realidad sociológica, hasta la aceptación de la existencia de la Iglesia y hoy se vislumbra un reconocimiento progresivo y más amplio de su función social".

Por eso el empeño de los obispos de Cuba en "reclamar el lugar que le corresponde a la Iglesia en el entramado social donde se desarrolla la vida del pueblo", y, según el llamado del Papa para los obispos, a mantener e incrementar un "diálogo franco con las Instituciones del Estado y las organizaciones autónomas de la sociedad civil".

El Cardenal recalcó que "procurar este diálogo, ensancharlo, buscando espacios más abiertos par la misión de la Iglesia, ha sido el programa de la Iglesia Católica en Cuba."

En tono más personal el Cardenal dijo que cómo el padre Varela "creo en la fuerza de lo cotidiano, de lo pequeño, y esto no sólo para lo que toca a la misión de la Iglesia." Dijo que "para resolver las dificultades de mi país valen los pasos pequeños y consistentes... Los efectos transofrmadores de la misión del Papa en Cuba, que alcanzan ya a la Iglesia Católica, llegarán también hasta las estructuras de la sociedad cubana".

Memoria y proyecto
A la venta el libro oficial de la visita papal, al cumplirse el primer aniversario

MIAMI, (Julio 1998) - La visita del Papa a Cuba no ha terminado. Y porque así lo cree la Iglesia en Cuba está publicando un libro con los mensajes papales y 172 fotografías a todo color que estará a la venta en Miami.

Portada del libro del Vaticano

Con el título: *Juan Pablo II en Cuba: Memoria y Proyecto*, el libro recuerda la visita Papal al tiempo que mira hacia adelante.

Se trata del libro oficial de la visita del Papa a Cuba y ha sido preparado por la Editorial del Vaticano y la Conferencia de Obispos Cubanos y estará a la venta antes de Navidad. Además de marcar el primer aniversario de la visita papal, su salida al mercado coincide con la preparación de la visita de Juan Pablo II a México, en las mismas fechas del viaje a Cuba hace un año.

"Queremos mantener vivo el mensaje del Papa: su palabra y sus gestos", explicó el padre José Félix Pérez. "Su visita no fue un paréntesis que se cerró. Su mensaje sigue presente".

El sacerdote, que pasó por Miami para iniciar la promoción del libro entre los católicos cubanos, dijo que hay que considerar la publicación de un libro así como parte de la misión evangelizadora de la Iglesia, misión que potenció Juan Pablo II con su visita. La Iglesia ve al Papa "como el sembrador de las semillas de verdad y de esperanza en Cuba. Ahora es la Iglesia quien riega esas semillas".

La tirada del libro es de 15.000 ejemplares. La mitad quedan en Cuba, y la otra mitad se venderá en diversos puntos fuera de la Isla en donde residen los cubanos en la diáspora. Por lo tanto el número de libros a venderse en Miami, es limitado." Comprarlo no se puede dejar para última hora,"señala.

El libro tiene 216 páginas, 170 fotos a todo color, muchas de ellas obra de Araceli Cantero, quien informó sobre el viaje para La Voz Católica. Se ha hecho en papel patinado, y contiene además la crónica del viaje, todos los textos del Papa, testimonios y varios artículos escritos por seglares cubanos.

La presentación la hace el cardenal Jaime Ortega y el epílogo lo hace el Nuncio papal en Cuba, Mons. Beniamino Stella. Los artículos tocan los siguientes temas:

-Historia de la evangelización en Cuba.
-La figura del padre Félix Varela.
-Las raíces cristianas de la cultura cubana.
-El Santo Padre y su misión en la Iglesia de hoy.
-La vitalidad de la Iglesia en Cuba.
-Las relaciones Iglesia y Estado en Cuba.

El padre Pérez indicó que la venta del libro en el exterior permitirá " poder costear la inversión dado que en Cuba no se puede pensar en venderlo".

Las ganancias serán entregadas a la Iglesia en Cuba.

Parte del problema y también de la solución

Sacerdote de Cuba lanza un reto a los cubanos

MIAMI- (Julio 1998) - Con una llamado a la unidad y al compromiso en acciones solidarias, el sacerdote cubano José Conrado Rodríguez pidió a los cubanos que caigan en la cuenta de que son parte del problema y de la solución del problema de Cuba.

"La pelota esta de nuestro lado y de nosotros depende que se siga jugando y que todo este esfuerzo nos lleve... a la solución de los problemas que a todos nos duelen y que nos afectan a todos," dijo durante la reunión del Instituto de Estudios Cubanos celebrado en Miami a finales de junio.

"Hasta el momento, el intento fallido de lograr un cambio en la Isla nos desalienta... Cuba es un laberinto en el que los que están dentro no sabemos salir y los que estamos fuera no sabemos cómo entrar", dijo citando al ex-gobernante español Felipe González.

Y recordando el éxito logrado por gran parte de los cubanos en la diáspora, afirmó que "en relación a Cuba todos hemos fracasado: ustedes y nosotros". Pero subrayó que "contrariamente a los que piensan algunos y no se cansa de proclamar el gobierno de la Isla ustedes forman parte del problema y de la solución de la cuestión cubana."

"... No descansar hasta que ustedes, nuestros hermanos triunfadores del exilio, asuman como una responsabilidad ética y espiritual el lograr, juntamente con los cubanos de la Isla encontrar esa salida hacia el futuro".

P. José Conrado Rodríguez

Ante intelectuales de universidades de Estados Unidos y del extranjero, el sacerdote manifestó su misión específica de "no descansar hasta que ustedes, nuestros hermanos triunfadores del exilio asuman como una responsabilidad ética y espiritual el lograr, juntamente con los cubanos de la Isla encontrar esa salida hacia el futuro".

Porque ¿"De qué serviría el éxito de los cubanos del exterior si no nos diera la oportunidad de ayudar a la Cuba que sufre y espera por el concurso de todos sus hijos para salir del atolladero en el que hoy se siente sumergida"?, preguntó

El sacerdote de Santiago de Cuba , que en la actualidad estudia en España, habló de: *Los desafíos a la sociedad cubana Isla-Diápora post-Juan Pablo II*' y dejó claro que, en su visita, "el Papa hizo su parte y a los cubanos les toca hacer la suya". Subrayó que se precisa un acuerdo unánime sobre la necesidad de un cambio, porque "no es un secreto para nadie que Cuba anda mal, muy mal".

Durante dos días de intercambio, los expertos hablaron sobre *'La sociedad cubana a finales del milenio'* Las presentaciones abordaron aspectos sociales, sociológicos y del arte y la cultura en Cuba, en la diáspora y en el ámbito social latinoamericano de finales del milenio.

También hubo testimonios sobre la visita del Papa.

"Lo que el Papa ha sembrado en Cuba es la liberación de elemento espiritual... para todo aquel que cree que la vida humana no se reduce a meras relaciones materiales", dijo Nazario Vivero, teólogo cubano que trabaja con los Obispos de Venezuela.

"Las visitas de puerta en puerta han liberado a los laicos del miedo y nos han permitido encuestar a la opinión real del pueblo".

P. Jorge Catasús

Vivero, que es miembro del Pontificio Consejo de Laicos del Vaticano dijo que el Papa había sembrado "una dinámica de salida de sí, de exponerse para asumir cada uno el propio destino", o lo que llamó "quitarle las riveras a la sociedad cubana".

En su análisis de los discursos papales, Vivero destacó las palabras en el Santuario de San Lázaro, por considerar el lugar un símbolo del dolor de Cuba, que no es sólo físico, y porque abre a la esperanza al recuperar el sentir cristiano sobre el valor redentor del dolor", que es como decirles a los Cubanos :l o que ustedes están pasando no es en vano. La resurrección pasa por la Cruz".

Para Vivero, lo importante del mensaje papal a los cubanos fue darles una palabra sobre 'lo humano' al señalarles que lo importante no es que surjan 'mesías' sino que cada uno piense por sí mismo y acepte responsabilidad". La consecuencia es una convocatoria serena pero firme para que cada cubano "sea sujeto de su existir y que no sean los 'ismos" o las estructuras las que roben la instancia fundamental. Se trata de una propuesta humanizadora que no se había proclamado en Cuba en los últimos 39 años", dijo Vivero.

"A los cinco meses de marcharse el Papa aún no nos hemos recuperado de todo el cansancio, no sólo cansancio físico," dijo el padre Jorge Catasús, sacerdote cubano de Oriente de visita en Miami. Señaló que la Iglesia cubana sabe que el protagonismo de los laicos es crucial. Y afirmó que "las visitas de puerta en puerta han liberado a los laicos del miedo y nos han permitido encuestar a la opinión real del pueblo" para saber que no hubo rechazo. Pero aclaró que para los esfuerzos de misión antes de la visita papal se contó con materiales impresos masivamente con permiso del gobierno. "Sabemos que no tendremos mas ese papel, ni tinta ni la autorización".

El padre Catasus señaló que es un hecho que muchos jóvenes se sienten y se saben más libres para vivir su verdad y su fe y que la Iglesia trata de ser fiel a su proyecto de planificación pastoral participativa. Se trata del proceso iniciado a partir del Encuentro Nacional Eclesial Cubano(ENEC) y del encuentro conmemorativo (ECO) de 1996. Ambos se prepararon con procesos participativos de análisis de la realidad social y eclesial y en ambos la participación de los laicos fue representativa de las diócesis.

En su intervención, Jorge Domínguez recordó que el proceso actual se puso en marcha hace años. "La visita del Papa construye sobre un proceso que ya venía ocurriendo y del cual no recordamos muchos de sus detalles," dijo el profesor de la Universidad de Harvard.

Resaltó como ejemplo que las palabras del arzobispo Pedro Meurice al recibir al Papa en Santiago de Cuba, palabras de fuerte realismo sobre la crisis cubana que no fueron del agrado del gobierno. Domínguez señaló que no eran originales ni en los temas de fondo ni en su retórica. "Sin restarles mérito... lo que hace el Arzobispo es rescatar y descubrir lo que los obispos cubanos ya habían dicho el 8 de septiembre de 1993 y que pocos habían escuchado".

En su opinión "el impacto más importantes de la visita del Papa es que hubo televisión nacional e internacional: se dio publicidad a lo que ya venía ocurriendo".

"El impacto más importantes de la visita del Papa es que hubo televisión nacional e internacional: se dio publicidad a lo que ya venía ocurriendo".

Jorge Domínguez

Puentes de fraternidad

Sacerdotes cubanos de fuera y dentro de la Isla intercambian inquietudes pastorales

MIAMI, (Julio 1998) - Empezó como una inquietud de un puñado de sacerdotes y se ha convertido en un proceso de mayor conocimiento entre el clero cubano de dentro y fuera de la Isla.

"En estos encuentros nos damos cuenta de que ellos necesitan de nosotros como nosotros de ellos," dijo el padre Jose Luis Menéndez durante una presentación ante la prensa de Miami.

Desde el pasado mes de octubre se han realizado tres encuentros entre sacerdotes de Cuba y de la Diáspora. El primero fue en Santo Domingo, el segundo en Puerto Rico y recientemente en el Seminario Regional de San Vicente de Paul en Palm Beach.

"No existe entre los sacerdotes el más mínimo tipo de rechazo hacia la Iglesia que vive fuera de Cuba, sino acogida afectiva".

P.Toni Rodríguez

"Cuando se informa al clero en Cuba sobre estas reuniones se acogen como algo positivo," dijo el padre Toni Rodríguez de Pinar del Río. "No existe entre los sacerdotes el más mínimo tipo de rechazo hacia la Iglesia que vive fuera de Cuba, sino acogida afectiva", agregó. Y señaló que a lo largo de las reuniones, "hemos conocido más la realidad del pueblo cubano que vive fuera. Esperamos que los sacerdotes aquí conozcan mejor al pueblo de Cuba a través de nosotros".

"Las dos iglesias habíamos crecido sin un contacto en mayor profundidad".

P. Gustavo Miyares

En los encuentros han participado, por parte de la Arquidiócesis de Miami: el obispo Gilberto Fernández como representante del Arzobispo, el padre Gustavo Miyares como coordinador del comité y los sacerdotes, Federico Capdepón, Fernando Hevia, Tomás Marín, Santiago Matheu, José Luis Menéndez, José Pablo Nickse, Juan Quijano, Jesús Saldaña y Juan Sosa.

Por parte de Cuba: el obispo de Bayamo-Manzanillo Dionisio García y los sacerdotes Ramón Suárez Polcari y René Ruíz de La Habana, Tony Rodríguez de Pinar del Rio, Jorge Palma de Santiago de Cuba, Alvaro Veyra de Camagüey ,Vicente Perez de Ciego de Avila y Manuel González de Bayamo Manzanillo.

Hablando con la prensa, el padre José Luis Menéndez, izq. el obispo Gilberto Fernández, el padre Jose Pablo Nickse, el obispo Dionisio García , el Padre Ramón Polcari y el padre Toni Rodríguez

"Con el tiempo esperamos que estos encuentros se den a otros niveles, entre religiosas, laicos... esto se ampliará", dijo Mons. García. Y aclaró que no es la primera experiencia de intercambio puesto que ya participaron jóvenes de Miami en un encuentro nacional de pastoral juvenil en Cuba, hubo sacerdotes del exterior en el ENEC, (Encuentro Nacional Eclesial Cubano), en 1986 y laicos de Miami en el ECO, (Ecuentro Conmemorativo), diez años después. "No es algo que comienza sino un camino que se va recorriendo".

Además del intercambio de experiencias, los encuentros abordan temas de la pastoral de la Iglesia.

"Hemos logrado un mejor entendimiento de nuestra labor", dijo el padre Miyares. "Las dos iglesias habíamos crecido sin un contacto en mayor profundidad", señaló.

"Igual que allí, hay cubanos aquí que llegan de Cuba y piden integrarse en las parroquias", dijo Mons. García. "Somos un mismo pueblo con realidades políticas y económicas distintas".

Para el obispo Fernández, "la Iglesia de Cuba y de la diáspora está mas unida que nunca. Intercambiamos experiencias y vemos que tenemos una misión común de forjar una generación de esperanza". Dijo que "lo nuestro no es sólo una misión humanizadora. Dentro de la sociedad la Iglesia es la conciencia social".

Un calendario familiar
Compre uno aquí y regale dos en Cuba

MIAMI, (Noviembre 1998) - Para evangelizar los hogares, la Iglesia en Cuba ha publicado un calendario litúrgico-catequético con las motivaciones sobre el año Jubilar dedicado al Padre en 1999. Habla del perdón y la misericordia y recuerda los textos y lugares de la visita del Papa a la Isla.

Es el tercer año que la Iglesia en Cuba hace un calendario. El año pasado el calendario preparó la visita del Papa y éste incluye fotografías a todo color de la visita del Papa. Por primera vez estará a la venta fuera de Cuba.

Los calendarios se hacen en México bajo la supervisión de Milko Campoamor, de la editorial Sapiens.

Nuevo obispo para Santa Clara
Mons. Arturo González servirá como auxiliar de Santa Clara

MIAMI, (Nov.iembre 1998) - La noticia corrió de boca, en el exilio, entre los católicos de Villa Clara : el Padre Obispo ya tiene auxiliar.

Monseñor Fernando Prego aseguraba sonriente que su Canciller, el padre Arturo Gonzalez, sería un excelente obispo.

"Es un muchacho de oro", dijo Mons. Prego que se encontraba en Miami para un chequeo médico. "Es una mezcla de humildad, obediencia y amor a la Iglesia, envuelta en mucha capacidad de sacrificio, entrega y gran austeridad".

El nombramiento de Juan Pablo II se dio a conocer el 31 de octubre. Su consagración episcopal será el próximo 20 de diciembre.

> "Es preciso preparar a la comunidad, porque esta puede ser la imagen del Dios misericordioso que acoge... O puede hundir totalmente a las personas, por el rechazo".
>
> Mons. Arturo González

Mons. Prego se mostraba satisfecho. Y afirmaba rotundo que al nuevo obispo "lo quiere todo el mundo y no va a defraudar a nadie".

Tenía sus razones. Le había acompañado desde su juventud, cuando despertaba su vocación sacerdotal. El mismo le plantó cara a la madre del muchacho, algo renuente ante su marcha al seminario. Ella le decía a su hijo que 'ese obispo tuyo te ha secuestrado".

Mons. Prego se presentó en su casa y se la encontró en el porche. Y al bajar del auto le dijo sin reparo: "Yo soy el obispo que ha raptado a su hijo. Dígame lo que quiera". Acabaron amigos tomando café y ahora los padres están encantados con su hijo sacerdote.

El padre González aún recuerda aquella escena y muchas otras de su vida en una Cuba en donde tanto se ha hecho por marginar a la fe.

El dice que la historia de los cubanos es como la del pueblo de Israel, y va nombrando sus etapas: "Fidelidad de Dios, infidelidad nuestra y pecado; búsqueda de bienestar material, abandono total a Dios, decepción, desilusión, desarraigo, sentirse defraudado… y comprender que hay que volver a Dios".

Cuando mira su vida de sacerdote señala haber experimentado lo del profeta: "hablas y no te hacen caso, se burlan de ti, te calumnian, te dejan solo". Pero al mismo tiempo señala que "uno siente que Dios te dice: ve donde te mando, di lo que te digo y sigue… y entonces empiezas a experimentar el consuelo, y compruebas que tienes una palabra válida para este pueblo…"

Mons. Arturro González

A lo largo de 15 años de sacerdocio ha descubierto "que la gente se renueva totalmente por el mensaje del Evangelio". Y esto "me hace comprender más el valor del perdón y de la misericordia…" Por eso dice que es importante en Cuba "intentar rescatar a las personas, que confíen en si mismas, que se sientan perdonadas… Siento que el sacerdote tiene un papel hermoso en medio del pueblo".

En su labor pastoral ha visto que cuando la gente se siente defraudada empieza a retornar... Aunque con temor, porque piensan ,"y lo que hice, se acordarán? Muchos sienten el bochorno y la vergüenza".

Por eso el nuevo Obispo señala que en la Cuba de hoy "es preciso preparar a las comunidad, porque esta puede ser la imagen del Dios misericordioso que acoge... o puede hundir totalmente a las personas por el rechazo".

> "Uno siente que Dios te dice: ve donde te mando, di lo que te digo y sigue... y entonces empiezas a experimentar el consuelo..."
>
> Mons. Arturo González

En todo este proceso ha visto el papel importante que juega Ntra. Señora de la Caridad," porque cuando le hablas al pueblo de la Virgen, tocas las fibras más profundas y puedes decirle a quien le cuesta perdonar: ¿y acaso tú no la traicionaste y la abandonaste?. Y tú,¿ no escondiste la imagen del Sagrado Corazón... tú que tenías formación religiosa"?

Nacido en el entonces Central San José, cercano a Placetas, el 16 de enero de 1956, el nuevo Obispo vivió su fe en el seno de una familia de campo y tuvo que desplazarse al pueblo de Placetas para estudiar la secundaria básica. Un día entró en una iglesia y aquella visita furtiva orientó su rumbo para siempre.

"Pasé por la parroquia, entré y los compañeros que estaban allí se dieron cuenta de que yo era católico". Así se incorporó a la formación religiosa y a los grupos juveniles.

Allí experimentó la vida, casi de catacumbas, de la Iglesia cubana de finales de los años 60. "Encontré mucha acogida. Vivíamos unos para otros", dice. Y recuerda "la formación, las lecturas sobre niños mártires como San Tarsicio, testimonios de pureza y heroísmo. Aquello nos cautivaba y en un ambiente hostil a la fe como el nuestro, uno se decía: yo tengo que ser uno de estos".

No olvida la dirección espiritual que se recibía en los grupos juveniles. Dice que "era exigente, exacta... nos preparaban para el martirio".

Las experiencias diarias apoyaban aquella formación. Un día en que el joven Arturo acompañó al párroco, José María Arcaute a llevar la Comunión a los enfermos, fue testigo de una pedrada lanzada contra el sacerdote, "mientras él seguía caminando con la sangre chorreando de la cabeza".

A los 15 años Arturo pasó a la 'escuela al campo' como becado en régimen de interno, alternando el estudio, las clases y el trabajo.

El Obispo les había dado consignas para identificar a los católicos: silbar canciones de Iglesia mientras se bañaban o por los pasillos. También "le tirábamos al otro de la cadena del cuello... y nos íbamos identificando," recuerda Mons. González.

En el día libre, se acercaban a la Catedral donde les esperaba Mons. Prego. Otras veces, recuerda Mons. González, los jóvenes católicos se reunían junto al río y allí acudían ministros de la parroquia a llevarles la Comunión.

"Hacíamos revisión de vida, nos apoyábamos. Sin esa experiencia yo no hubiera llegado a lo que soy hoy".

Después de estudios en el Seminario de Santiago de Cuba y en la Habana, el joven fue ordenado sacerdote el 18 de diciembre de 1983. Desde entonces Mons. Prego lo ha mantenido cerca, primero como secretario, luego pro-canciller y ahora párroco de la Catedral, además de un sin número de encargos pastorales, o como dice su obispo de 'saca apuros." Mons. Prego se atreve a decir que su perfil espiritual se parece al suyo: "Santa Tersa de Jesús, San Ignacio y sobre todo mucho Evangelio, ese es el cóctel que ha cuajado en él".

> *" Las lecturas sobre niños mártires como SanTarsicio, testimonios de pureza y heroísmo... En un ambiente hostil a la fe como el nuestro,uno se decía: yo tengo que ser uno de estos".*
>
> Mons. González

Un pastor entregado a su pueblo
Toda Santa Clara salió a dar su último adiós a Mons. Fernando Prego

SANTA CLARA (Febrero, 1999) - Todo el día 9 de enero las campanas de la catedral de Santa Clara doblaron a duelo por su obispo. A pesar del intenso aguacero,

Mons. Prego

Campechano, lleno de energía y entusiasmo pastoral, fervoroso y exigente consigo mismo y con los demás y muy humano".

durante más de media hora de recorrido, el pueblo se apretó para acompañar de cerca el féretro de monseñor Fernando Prego Casal, desde la Catedral hasta el cementerio, en donde él mismo había preparado su última morada terrenal.

Era el testimonio póstumo hacia el 'Padre-Obispo' titular de Santa Clara, fallecido de un paro cardíaco el pasado 9 de enero a los 71 años de edad, en el Cardiocentro de Santa Clara, Cuba.

"El señor obispo tiene que estar contento de su pueblo" dijo en Miami su hermana Rosita, quien durante varios días esperó en vano por el visado para acompañar a su hermano, que ya había reclamado su presencia.

"Me hubiera gustado estar allí", dijo Rosita. "Sé que ha muerto rodeado de su gente, en medio de su pueblo y dando una lección de fe. Ha tenido una muerte santa", añadió.

Juan Manuel García sí pudo estar presente y recuerda emocionado a la multitud en la calle y llenando la catedral. "Había gente de todos los municipios. Cuando sacaron el féretro en hombros, y por las calles, empezó a llover torrencial-mente. Y a pesar del frío la gente siguió caminando y cantando hasta el cementerio", dijo. "Terminado el acto allí, volvió a salir el sol".

El recién consagrado obispo auxiliar, Mons. Arturo González, agradeció la presencia de todos y leyó una carta póstuma de Mons. Prego, encontrada en la caja fuerte del obispado.

"Muero siendo fiel hijo de la Iglesia Católica a la que he dedicado mi vida por entero…" decía la carta.

"… Nunca me sentí remiso, voluntariamente, en el cumplimiento de mi deber. A la hora de dar cuenta a Dios sólo tengo que arrepentirme de mis muchos pecados. A tantas personas a quienes he querido tanto durante mi vida, les pido, igual que al resto de mi Iglesia Diocesana, que encomienden mucho mi alma al Señor. Es la última prueba de cariño que me pueden dar".

Su breve carta continúa perdonando, agradeciendo, recomendando la santidad para todos y dando su bendición: "Los precedo y los espero en el cielo". La carta estaba firmada el 7 de noviembre de 1993, día de su cumpleaños, seis años antes de su muerte.

En Miami, quienes le tuvieron como padre y pastor en distintas etapas de su vida, no cesaban de recordar anécdotas y rasgos de su perfil humano y espiritual.

"Campechano, lleno de energía y entusiasmo pastoral, fervoroso y exigente consigo mismo y con los demás y muy humano", son algunos de los rasgos que recuerda el matrimonio de Lourdes y José Ramón Gómez, de su antigua parroquia de Alquízar en donde sirvió durante 14 años. "Se hacía respetar y nos decía 'llámenme cura que es lo que soy'" recuerda José Ramón (Mongie).

> *"A tantas personas a quienes he querido tanto durante mi vida, les pido, igual que al resto de mi Iglesia Diocesana, que encomienden mucho mi alma al Señor. Es la última prueba de cariño que me pueden dar".*
>
> *Mons. Prego, carta póstuma*

Nacido el 7 de noviembre de 1927, en el Vedado, La Habana, Mons. Prego se trasladó poco después a La Coruña, España, con su familia, en donde el joven permaneció hasta los 17 años. Su hermana Rosita recuerda los comentarios de su abuela sobre el joven Fernando, " Este muchacho, todos los manteles de la casa me los coge para dar misas".

Su padre se opuso a la vocación que ya había surgido en España y lo mandó a Cuba. Pero cedió ante la insistencia del muchacho y le dijo por fin: "si quieres ser cura, tienes mi bendición, pero procura ser un buen cura".

Entró en el Seminario de la Habana y fue ordenado por el Cardenal Manuel Arteaga en 1955. Sirvió en el palacio cardenalicio, pero solía decir que no se habían ordenado sacerdote para estar en eventos sociales con el Cardenal. Le asignaron a la iglesia de Monserrat. Pero su sueño era tener una parroquia pobre, algo que logró con su destino a la parroquia de Alquizar, un pueblo en el suroeste de La Habana, que llegó a identificarle. El se presentaba como el "feliz cura de Alquizar", recuerda Mongie. "Hasta solía decir que lo mejor de Alquizar era el agua y el cura".

El matrimonio dice que el Obispo era casamentero porque aunque ellos eran muy jóvenes, les animó. "Son de buenas familias, el resto se hace en el camino", les dijo entonces.

En la zona todos le conocían por el pequeño carro Wolswagen blanco en que hacía sus recorridos pastorales. En 1965 hizo su primera salida a Roma con el Cardenal. Regresó con el título honorífico de monseñor, pero explicaba que era sólo un título "y no voy a ganar más".

A Mons. Prego le gustaba recordar cómo, para la consagración del obispo Oves, tuvo que ir a Santa Clara, pero al no reconocerle, no le dejaron pasar. Poco después, en julio de 1970, regresaba como administrador de la diócesis Cienfuegos-Santa Clara para sustituir a Mons. Alfredo Muller.

Durante esta época le trataron Alexis y Ricardo Magadán quienes recuerdan cómo pronto se adaptó a la nueva Diócesis, y cuando regresaba de algún viaje, al llegar por el acueducto le gustaba cantar:'Qué alegría cuando me dijeron vamos a la casa del Seño'.

Tony Giménez fue uno de sus seminaristas por esa época y recuerda la el año del 'pre-seminario' cuando el Obispo mismo les daba clases. Le gustaba decir que "el seminario era un río a donde llegaban las piedras rústicas y por el camino de los años se iban alisando".

Al dividirse la diócesis, hace tres años, Mons. Emilio Aranguren fue nombrado obispo de Cienfuegos y Mons. Prego quedó al frente de Santa Clara, lugar visitado por el Santo Padre durante su visita pastoral del pasado año.

"Fue el día más feliz de mi vida," comentó en su última entrevista antes de morir. Conversando con Laura María

Fijé mis ojos en la persona del Santo Padre... Mi felicidad interior y los latidos de mi corazón iban aumentando... Fue el día más feliz de mi vida en que pude sentirme en brazos del Papa y aguantando con mi brazo al Papa. Y yo pensaba en medio de todo , este viejito es Jesucristo".

Mons. Prego

Fernández, cercana colaboradora y directora de la revista *Amanecer*, de la Diócesis, el Padre-Obispo compartió su emoción al ver al Papa pisar el suelo de Santa Clara: "Fijé mis ojos en la persona del Santo Padre... Mi felicidad interior y los latidos de mi corazón iban aumentando...... fue el día más feliz de mi vida en que pude sentirme en brazos del Papa y aguantando con mi brazo al Papa. Y yo pensaba en medio de todo esto, este viejito es Jesucristo".

La salud de Mons. Prego fue deteriorando. En varias ocasiones recibió tratamiento en el hospital Mercy de Miami. Y cuando venía, Rolando Ruíz le servía de enfermero. También lo hizo cuando regresó a Cuba para la consagración de su obispo auxiliar el 20 de diciembre. "Su salud ya no era buena. El sabía que le había llegado el momento," dijo Ruíz de regreso en Miami.

Pero el Obispo ya se sentía tranquilo y muy contento con su Obispo auxiliar. Así lo dijo en su última entrevista para la revista diocesana. La esperada noticia de su nombramiento le había llegado en Miami, en donde se recuperaba de un tratamiento médico. Sólo soñaba con regresar a su diócesis para la consagración que tuvo que realizar "con grandísimo gozo" ya en una silla de ruedas.

"Si hasta ahora el padre Arturo fue mi mano derecha, pues va a ser mi mano izquierda, la mitad del cerebro y la mitad del obispo también", le dijo a Fernández.

"Todo estaba preparado, fue una de las últimas cosas que he podido hacer sin que requiriera gran esfuerzo por mi parte. Un día verdaderamente feliz".

Los obispos queremos diálogo

La visita del Papa a Cuba continúa dando frutos un año después. Los retos permanecen.

MIAMI, (Febrero, 1999) - Nada ha cambiado en Cuba y mucho ha cambiado también, desde la visita del Papa Juan Pablo II a la Isla, hace un año.

Mientras organizaciones de derechos humanos y grupos del exilio cubano subrayan que no han cesado los hostigamientos a los disidentes, que se mantienen la falta de libertades y que Cuba no se ha abierto al mundo,

Mons. Adolfo Rodríguez

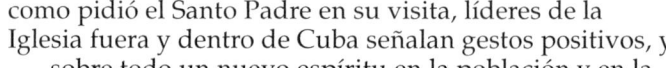

como pidió el Santo Padre en su visita, líderes de la Iglesia fuera y dentro de Cuba señalan gestos positivos, y sobre todo un nuevo espíritu en la población y en la sociedad cubana.

"El mensaje del Papa ha proporcionado un cambio que se nota en el comportamiento, en el lenguaje, en los enfoques, en algo nuevo que en cierto modo transforma la convivencia nacional", afirmó el cardenal Jaime Ortega, en el mes de noviembre.

Entrevistado en Italia por el diario *L'Eco di Bergamo*, el Arzobispo de La Habana hizo notar que este cambio "también se descubre en el discurso oficial, en los mensajes sobre valores de familia, de la persona, que son ofrecidos a través de los medios de comunicación; en preocupaciones éticas más frecuentes y serias, tanto de profesores, como de hombres de pensamiento y de hombres políticos".

Dio el ejemplo de una "nueva asignatura en la escuela primaria que trata sobre valores, sean personales, familiares o sociales".

Para el Arzobispo de Camagüey, Mons. Adolfo Rodríguez, se han dado, desde la visita del Papa, "pasos y avances estabilizadores en beneficio de la Iglesia y en beneficio del pueblo".

> *"La Revolución tiene algo contra la Iglesia y la Iglesia tienen algo contra la Revolución, pero los hombres, hablando, se entienden".*
>
> Mons. Adolfo Rodríguez

Entrevistado a mediados de diciembre por la revista española *Vida Nueva*, el actual Presidente de la Conferencia de Obispos Cubanos dijo que "todos los obispos queremos diálogo, (con el gobierno) queremos hablar". Y recordó que días antes habían tenido con Fidel Castro "una conversación amplia y franca, acerca de los problemas que hemos tenido en estas cuatro décadas. Este diálogo, que duró seis horas, nada menos, fue abordado con la esperanza de que el futuro no se va a parecer al pasado; y ellos están en esa misma disposición. La Revolución tiene algo contra la Iglesia y la Iglesia tienen algo contra la Revolución, pero los hombres, hablando, se entienden".

Entre los signos positivos ocurridos desde la visita del Papa, los analistas señalan: la liberación de presos políticos, la entrada de 40 sacerdotes y religiosas para servir en Cuba, incluido el permiso a un sacerdote cubano de Miami, mejores relaciones con las autoridades a todo nivel, un margen más amplio de presencia de la Iglesia en comunidades sin templo, la expansión de los programas de Caritas Cuba y la declaración de la Navidad como día feriado, con carácter permanente.

El pasado 5 de enero, el presidente Bill Clinton anunció medidas para fortalecer los lazos con el pueblo cubano. Las medidas permitirán a residentes en los Estados Unidos, el envío anual de hasta $1200 a individuos, familiares u organismos independientes del gobierno (ONG).

Se facilitarán los procesos de licencias para viajes de intercambio religioso, cultural o deportivo. Será autorizada la venta de alimento y útiles de agricultura a grupos no gubernamentales, principalmente la agencia de la Iglesia Caritas Cuba. Se aumentará el número de vuelos charter a Cuba, también desde fuera de Miami y a ciudades en la Isla otras que La Habana. También pudiera restaurarse el servicio de correo postal directo entre Estados Unidos y Cuba.

Estas medidas, dijo Pedro Romero, asistente de la Secretaría de Estado, "no tienen nada que ver con el embargo".

Desde 1962 Estados Unidos mantiene un embargo económico con la Isla. "El embargo es la ley de la nación y se mantendrá" porque " el gobierno cubano "no ha mejorado las libertades individuales y el respeto a los derechos humanos", dijo Romero.

> *"El embargo es la ley de la nación y se mantendrá... porque el gobierno cubano "no ha mejorado las libertades individuales y el respeto a los derechos humanos".*
>
> *Pedro Romero*

El gerente del equipo de pelota Los Orioles de Baltimore, recibió una licencia para viajar a Cuba y conversar con el gobierno de la Isla sobre la posibilidad de un juego de su equipo en Cuba y otro de los cubanos en Baltimore. Un juego de exhibición no daría muchas ganancias en Cuba, dada la situación del pueblo, pero sí en Baltimore. El dinero recaudado iría a agencias como Caridades Católicas y Catholic Relief Services (CRS), la agencia de los Obispos de Estados Unidos.

Días antes de fallecer, el 9 de enero, el obispo de Santa Clara, Mons.Fernando Prego habló de este mismo cambio de actitud al señalar "los mensajes que se han ido intercambiando después de esta visita, con resultados positivos para Cuba y para la Iglesia". En cuanto al aspecto eclesial, señaló en una entrevista para la publicación diocesana *Amanecer*, "me parece que todo lo que esperabamos se cumplió y mucho más. Sólo basta ver cómo estaban nuestras comunidades antes del Papa y cómo están después, cómo pensaban y como piensan después".

Por otra parte, Jorge Domínguez, profesor en el Centro de Asuntos Internacionales de la Universidad de Harvard señala que " el aumento de participación en la vida de la Iglesia no ha resultado ser un incidente aislado, de mera curiosidad. El crecimiento en la participación religiosa parece haberse consolidado."

> *"El aumento de participación en la vida de la Iglesia no ha resultado ser un incidente aislado, de mera curiosidad. El crecimiento en la participación religiosa parece haberse consolidado".*
>
> Dr. Jorge Domínguez

Desde el Segundo Encuentro Nacional Eclesial Cubano (ECO), en1996, la Iglesia en Cuba sigue un Plan Pastoral empeñado en fomentar comunidades dinámicas y misioneras, con un énfasis en la formación de los nuevos católicos que, en creciente número, se acercan a la fe presentando un reto para la Iglesia. Para el Cardenal Ortega son también retos lograr que las relaciones con el Estado puedan ser las propias de un estado laico moderno en cualquier parte del mundo. "De esta normalización dependerán también los otros proyectos más ambiciosos a mediano y largo plazo: el acceso a los medios de comunicación, el acceso progresivo a la educación, la participación creciente de la Iglesia en proyectos de promoción humana".

Tanto el profesor Domínguez como Orlando Márquez, vocero de la Arquidiócesis de la Habana señalan que de hecho "existe un intercambio más fluido" entre los obispos y el gobierno, pero Márquez subraya que aunque Caritas Cuba está reconocida como el brazo caritativo de la Iglesia y como tal tiene su propia entidad religiosa, el " gobierno aún no ha reconocido a Caritas Cuba como una entidad legal, lo que exige que tenga que someterse a toda una burocracia que hace más lenta la distribución de la ayuda".

Del lado positivo, Caritas ha extendido su programa de servicio social, distribución de comida y apoyo a los ancianos a través de las parroquias. Este mes iniciará un proyecto para incrementar la cría de puercos que implicará a 700 agricultores, con la ayuda técnica y $40.000 en fondos de la agencia católica de la Iglesia de Estados Unidos CRS. Para Tomas Garofalo, coordinador del proyecto "se trata realmente de un triunfo", porque con ello Caritas rompe el monopolio del estado en cuanto a actividades de servicio social.

En Miami, el obispo auxiliar Thomas Wenski, director de Caridades Católicas dijo que la comunidad de exiliados todavía está dividida sobre el enfoque apropiado hacia el gobierno cubano, pero "la situación no está tan polarizada. Hoy hay un acuerdo tácito de que se puede estar en desacuerdo", dijo.

Además, el profesor Domínguez señala que por parte de la comunidad cubana en Miami parece existir cierta mejor comprensión de la situación real de la Iglesia en Cuba.

La Arquidiócesis ha fomentado encuentros formales entre sacerdotes cubanos de fuera y dentro de la Isla. Ya han tenido lugar tres encuentros " para romper el hielo entre las dos comunidades", dijo el obispo Wenski. "Es un tipo de reconciliación entre dos grupos que están igualmente opuestos al comunismo, pero que lo viven desde dos situaciones distintas".

En la Arquidiócesis hay unos 60 sacerdotes de origen cubano. Uno de ellos, el padre José Espino ha recibido visado para un año de servicio en la zona de la diócesis de Guantánamo que le vio nacer.

"La comunidad de exiliados todavía está dividida sobre el enfoque apropiado hacia el gobierno cubano, pero la situación no está tan polarizada. Hoy existe acuerdo tácito en que se puede estar en desacuerdo".

Mons. Thomas Wenski

Las revistas católicas seguirán adelante
Encuentro nacional de periodistas católicos

LA HABANA, (Febrero, 1999) - Representantes de más de 30 publicaciones católicas de Cuba reafirmaron su empeño de seguir ampliando el espacio social de la misión evangelizadora de la Iglesia a través de la prensa escrita.

Algunas de las revistas diocesanas

"Nuestro trabajo seguirá adelante", afirmó el coordinador nacional de la joven unión de periodistas católicos UCLAP-Cuba.

"Lo que antes se enunciaba desde el púlpito, hoy se puede promocionar también desde los medios de comunicación", dijo Orlando Márquez, al iniciar, el 25 de febrero, la Segunda Asamblea Nacional de UCLAP-Cuba, en La Habana.

Aunque la Iglesia en Cuba no tiene acceso a los medios de comunicación de masas, en los últimos seis años han surgido en las diócesis publicaciones que se distribuyen entre los católicos y son leídas con interés por la población.

Unos días antes de la reunión, el gobierno cubano había anunciado una política de mano dura contra los disidentes y periodistas independientes por lo que las muestras de preocupación y de incertidumbre se hicieron presentes durante el encuentro de los comunicadores católicos.

"Cuba nos necesita" dijo Márquez. "En medio de esta realidad social de contornos cambiantes y por momentos, imprecisos, el mensaje de la Iglesia, del que somos eco, tiene que ser preciso, constante y transparente, de servicio, de unidad de reconciliación, de evangelización".

Hace dos años, durante una asamblea nacional en Camagüey, representantes de las nacientes publicaciones católicas formaron una unión nacional de prensa, vinculada a la Unión Católica Latinoamericana de Prensa, UCLAP.

Durante la Segunda Asamblea de UCLAP-Cuba, unos 80 representantes de las 11 diócesis cubanas participaron en los tres días de trabajo que tuvieron lugar en el Aula San Juan de Letrán del convento de los padres dominicos en La Habana. Las sesiones incluyeron conferencias, debate, talleres de entrenamiento y acuerdos para la tarea futura de UCLAP-Cuba.

Pero también se hicieron presentes los retos del presente en una sociedad en la que los medios de comunicación son estatales y en la que no existe alternativa informativa a la del estado.

"La prensa católica ha de ayudar a rezar y ayudar a pensar," afirmó el doctor Joaquín Navarro Valls, invitado especial para el encuentro.

En su intercambio con los participantes, el Director de la Sala de Prensa de la Santa Sede dejó claro que los intereses de la Iglesia no son sólo la liturgia y la acción pastoral. "El cristiano no tiene la vocación de guetto", dijo.

Durante su conferencia sobre *'Discernimiento y Profetismo en las publicaciones católicas'*, señaló que "una prensa católica que se desentiende del contexto histórico en el que se mueve caería inmediatamente en un ensimismamiento estéril".

Y a manera de orientación para las publicaciones católicas, no sólo en Cuba, subrayó que éstas han de tratar "desde una perspectiva religiosa y ética, aquellos temas humanos que la opinión pública ha reducido exclusivamente a la consideración política, creyendo con eso agotar toda su realidad".

Alfonso Cadalso, Dagoberto Valdés Roberto Méndez. Araceli Cantero y Corinne Cumerlato comparten su experiencia periodística

Para Navarro Valls, una gran parte del quehacer, hoy, de la prensa católica en todo el mundo es "descubrir y transmitir la dimensión trancendente de los hechos humanos en los que la persona despliega su vida." En su opinión ésto se aplica tanto al terreno de la información como al comentario.

El obispo Carlos Baladrón, Joaquín Navarro Valls y Laura María Fernández

Ante los comunicadores, Navarro Valls evocó las enseñanzas y el testimonio del patriota cubano, padre Félix Varela y les dijo, siguiendo el pensamiento del sacerdote, que quien trabaja en el campo de la prensa debe "pensar correctamente" para establecer los vínculos entre las verdades cristianas y las circunstancias cotidianas".

Como exigencia de tal labor pidió a los comunicadores católicos una profesionalidad que implica no sólo competencia técnica sino especialmente identidad católica.

Porque no basta mejorar el estilo, ganar soltura... dijo. El periodista católico no puede olvidar que es parte de la misión de la Iglesia. Sin olvidar que "el periodismo en las publicaciones de la Iglesia es una actividad profesional, deber ser hecha con el alma del apóstol".

En otros planteamientos durante las reuniones habían surgido preguntas sobre el compromiso de los obispos con las publicaciones surgidas en las diócesis cubanas.

"Tienen derecho a existir, con todas las consecuencias que esto pueda tener".

Mons. Carlos Baladrón

"Tienen derecho a existir, con todas las consecuencias que esto pueda tener," aseguró el obispo de Guantánamo, Mons. Carlos Baladrón.

En sus palabras a los participantes, el Presidente la Comisión de Medios de Comunicación Social de la Conferencia de Obispos Cubanos clarificó los objetivos de UCLAP-Cuba y señaló que las publicaciones habían surgido desde la base. "El Espíritu Santo no está sólo en los obispos".

Hizo notar que, con variedad de publicaciones, "vamos dejando de ser únicos en el mundo. Por ser Isla, Cuba no tiene que estar aislada" y animó a los presentes a elaborar proyectos, tener iniciativas. "No tienen que hacerlas los obispos. Lo que esperamos es que nuestro pensamiento ilumine la acción de los escritores católicos".

También hizo un llamado a la unidad , "esa virtud eclesial de la comunión que nos ha protegido de tantas cosas en nuestra historia".

Entre los participantes había gente jóven y veteranos del periodismo cubano. Entre ellos, Yaxys Dayan Cires, un joven pinareño de 19 años, quien desde hace cinco año realiza con otros jóvenes el boletín juvenil *'Nuevo Horizonte'*. También el periodista Juan Emilio Figulls Ferrer, respetado católico quien, a pesar de testimoniar su fe abiertamente, ha permanecido como periodista y hoy trabaja en Radio Reloj. Su presencia como la del conocido crítico de cine Walfredo Piñeira, brindaron a las reuniones anécdotas del pasado y sabiduría para el presente.

Yaxis Dayan y Juan Emilio Friguls durantye un receso de l encuentro de UCLAP

"Me llena de esperanza ver que en medio de una falta total y absoluta de información religiosa, ni siquiera desde el punto de vista cultural, hayan aparecido estas publicaciones de la Iglesia", señaló Frigulls en una entrevista.

"Son publicaciones que antes de la Revolución, no existían, cuando había papel, había tinta, medios económicos y libertad absoluta para los catolicos".

Frigulls, que cuenta con 50 años de periodismo en Cuba, es uno de los pocos periodistas profesionales miembros de UCLAP-Cuba. Otro es Yoel Prado, un joven que cursó estudios de periodismo antes de unirse a la Iglesia Católica. En Cuba, la carrera de periodismo no está permitida para los católicos. Durante todo un día de las reuniones, Prado presentó un taller sobre géneros periodísticos a los participantes. También colabora con la revista *Amanecer* de Santa Clara.

Además del tiempo dedicado a la formación de sus miembros, las reuniones sirvieron para clarificar la identidad y el futuro de UCLAP-Cuba.

"Ha quedado claro que necesitamos formación y no sólo en los aspectos técnicos," dijo Márquez al resumir la líneas de trabajo para el futuro.

Junto al empeño de profundizar en la identidad católica de los periodistas, UCLAP Cuba tratará de reforzar la comunicación personal entre el equipo nacional y los coordinadores en las diócesis. Otra meta es la de utilizar mejor "los aún limitados recursos con que cuenta la Iglesia".

En la actualidad las diócesis cubanas han establecido una red interdiocesana de correo electrónico a través de la Conferencia de Obispos. No existe libre acceso al Internet para la población.

Participantes en la reunión de UCLAP

Durante una velada cultural tuvo lugar una entrega de premios periodísticos y la presentación del libro sobre el Padre Félix Varela 'Pasión por Cuba y por la Iglesia', escrito por Mons. Carlos Manuel de Céspedes y publicado por la Biblioteca de Autores Cristianos (BAC).

Pasión por Cuba y por la Iglesia
Es el nuevo libro sobre el padre Félix Varela

LA HABANA, (Febrero, 1999) - Una vez más el padre Félix Varela fue punto de encuentro para cubanos de distintas procedencias. Al aula Bartolomé de las Casas, del Convento de San Juan de Letrán en La Habana, acudieron, el 26 de febrero, figuras del mundo de la cultura y de la Iglesia, para acoger nuevas obras sobre el sacerdote y patriota cubano cuyo proceso santidad ya avanza en Roma.

"El padre Varela siempre es cercano y dialogante. Interpela a los islotes, a los elpidios de nuestra época",señaló Eduardo Mesa al presentar un compendio de "Temas Varelianos" resultado de una serie de conferencias de Monseñor Carlos Manuel de Céspedes en la Casa Laical.

También fue presentado el libro de Mons. De Céspedes *'Pasión por Cuba y por la Iglesia'*, publicado por la Biblioteca de Autores Cristianos en edición popular de 230 páginas.

"Obra importante por su extraordinaria capacidad de síntesis", subrayó el sociólogo Aurelio Alonso al hacer la presentación. Alonso elogió al autor por su manejo del tema vareliano y el conocimiento del entorno histórico y cultural. Otros separan las facetas de Varela de su sacerdocio, dijo, "pero es falso porque todo lo que hizo lo hizo como sacerdote". Calificó la obra como "un hito en la producción nacional".

En sus breves palabras de agradecimiento, Mons. De Céspedes confesó que, de sus seis libros publicados, éste es el escrito con más amor. Su intención ha sido que "se conozca la persona del padre Varela, en su momento en su época". Lo ha hecho a modo de una meditación inteligente, que, como explica en su propia presentación del libro, ha sido nutrida desde la niñez por frecuentes referencias en mi familia, en el colegio, en la universidad y en el seminario. Es su convicción que, por "ser el padre de nuestra conciencia nacional y por encarnarla cimeramente… el Padre Varela nos enseña muchas cosas; nos enseña sobre todo a ser mejores en todas las dimensiones de la existencia".

Libro de Varela presentado durante la UCLAP

La Iglesia presente en el mundo del cine
Más de 50 años fomentando valores universales

LA HABANA, (Febrero, 1999) - No le faltan ideas y para realizarlas necesitaría más financiamiento pero a Gustavo Andújar le fascina su trabajo al frente de la oficina nacional de la Organización Católica Internacional de Cine conocida como OCIC- Cuba.

"Me siento orgulloso porque éste es un organismo con 50 años de trabajo que cuenta con un gran aprecio por parte de los profesionales del cine" señala el joven ingeniero de tecnología del alimento.

Andújar cuenta con una larga trayectoria de compromiso laical en la Arquidiócesis de la Habana y a nivel profesional es el creador, en Cuba, de la hamburguesa de soya.

De temple sereno y abierto, ha colaborado estrechamente en los encuentros nacionales de pastoral como el ENEC y el ECO y en los preparativos de la visita de Juan Pablo a la Isla en 1998. Para esta ocasión la Comisión Católica de Comunicaciones preparó los materiales audiovisuales sobre la vida del Papa y su figura que el gobierno iba a usar en la televisión nacional, como parte de los preparativos a su visita. Algo que se quedó en sólo promesa. Y como en Cuba el gobierno controla todos los medios de comunicación, OCIC optó por usar estos materiales en las diócesis durante los 100 días de misión que precedieron la visita papal.

Después de la visita de Juan Pablo II, sus principales discursos y encuentros fueron parte de de un proyecto de OCIC de cinco documentales que combinaron la enseñanzas del Papa con testimonios e imágenes del Papa en medio del pueblo.

Pero además del trabajo en momentos extraordinarios, lo que consume el poco tiempo libre de Andujar es generar ideas y empujar sin descanso este apostolado que goza ya de magníficas relaciones con la Escuela Internacional de Cine de San Antonio de los Baños y tiene gran prestigio en los festivales del cine que se realizan en Cuba.

Walfredo Piñeira se dirige a los periodistas católicos de UCLAP en 1999

Un ejemplo sería el Festival de Cine de La Habana al que acuden representantes de OCIC mundial e Iberoamericano y junto a la Oficina de Cuba, construyen un jurado y otorgan un premio " que es de los más codiciados en los festivales", explica Andujar.

Y es que OCIC ya existía en Cuba antes de la revolución castrista y contaba con un lugar reconocido en los medios de comunicación cubanos. A principios de los años '50 se le conocía como el Centro Católico de Orientación Cinematográfica, tenía una red de Cine Clubs que según

Andujar "era la mejor de todo el país" y publicaba la revista 'Cineguía' que "era la mejor revista cinematográfica de Cuba".

Eran los años en que colaboraban Walfredo Piñeira y Gina Preval, a quien la OCIC mundial rindió un homenaje en el 70 aniversario de la organización.

Después de un paréntesis de dos décadas, la organización retomó su tarea, aunque Andujar aclara que a nivel personal siempre se mantuvieron buenas relaciones con los responsables de la organización estatal de cine, ICAI.

Fue a partir del 1984 cuando esta relación personal cobra un sentido más amplio, explica Andujar.

Para el Festival Internacional de Cine de La Habana de aquel año se le pidió a OCIC mundial que organizara un jurado y que con los miembros de OCIC Cuba, otorgara un premio. En festivales posteriores, tuvo lugar una misa para los participantes católicos de todo el mundo.

Gustavo Andújar está al frente de OCIC- Cuba

Andujar señala que es muy importantes mantener la presencia católica en los festivales de cine, tanto los internacionales como los 4 regionales que incluyen el de aficionados en Santa Clara, y el de Camagüey, '*El almacen de la imagen*' que prepara la Organización de los Hermanos Saíz.

Esto implica constituir un jurado, visionar las películas y otorgar un premio que "no se concede a cine religioso ni católico sino a cine de valores humanos. Es un modo de encontrar un terreno común a todos los creadores", explica Andujar.

"...No se concede a cine religioso ni católico sino a cine de valores humanos. Es un modo de encontrar un terreno común a todos los creadores".

Gustavo Andujar

Además OCIC-Cuba otorga el premio '*Colibrí de Plata*' a la película comercial estrenada en Cuba durante el año que coopera más eficazmente en la promoción de valores.

Andújar explica que una película que se estrenó a nivel mundial en 1986, puede llegar a estrenarse en Cuba diez años después, en copia pirata. La película premiada por OCIC- Cuba recibe una placa y se publica en la revista propia, ECOS. Esta revista, sobre el mundo audiovisual y del cine, publica 400 ejemplares que son distribuidos, un 3 por ciento a instituciones católicas y el resto a los centros provinciales, al ICAI y a profesionales que son parte de OCIC -Cuba

Ademas la Oficina mantiene sesiones regulares de Cineclub y en años especiales hace programas de cine con temas concretos. Un ejemplo es el año preparatorio al Jubileo 2000 dedicado a Jesucristo en que se seleccionaron películas famosas sobre Jesús. La oficina filmaba una crítica de la película por reconocidos profesionales del cine que se proyectaba antes del film. El programa completo ha circulado por las diócesis.

> *"Teníamos ya un espacio abierto en los medios profesionales. Es algo que queremos ampliar".*
>
> *Gustavo Andujar*

Y para preparar el futuro OCIC-Cuba ha creado programas parroquiales de formación audiovisual para niños y adolescentes. Con el nombre 'Plan Denis', el proyecto da instrucción crítica a los estudiantes y les dota con un equipo para que hagan un proyecto. Lo que empezó cono experiencias aisladas, desde el año pasado cuenta con grupos en Santa Clara y Bayamo y en La Habana con tres grupos de 40 alumnos.

Otro proyecto de OCIC-Cuba es la informatización del archivo propio. Se está realizando la ficha técnica y apreciación ética de las películas proyectadas en Cuba durante los últimos 60 años. Con esto se intenta organizar un Centro de Información para especialistas que documente la historia del cine. El lugar es el Arzobispado de La Habana.

El equipo nacional de la OCIC Cuba cuenta con 14 personas y quiere ampliar en las diócesis.

Andujar reconoce en los últimos cuatro años el trabajo no le ha faltado dado que impulsa todo esto sin abandonar sus actividades profesionales. Asegura que le encanta y que su principal labor es "generar ideas, empujar todo esto sin descanso".

Y reconoce que no le ha sido difícil porque es una oficina " que contaba ya con un prestigio que yo no hubiera podido crear. Teníamos ya un espacio abierto en los medios profesionales. Es algo que queremos ampliar".

Camagüey ya es Arquidiócesis

Júbilo y presencia de toda Cuba

CAMAGUEY,(Mazo, 1999) - El Papa regresó a Camagüey para inaugurar la nueva Arquidiócesis cubana, el pasado seis de marzo.

Bajo la mirada de centenares de personas que llenaban la Catedral, la pequeña figura vestida de blanco avanzaba lentamente saludando a los fieles con una mano, mientras que en la otra portaba la bula pontificia elevando a la diócesis de Camagüey al rango de Arquidiócesis.

José Carlos Poleo Zaldivar vestido de Papa se acerca al altar

Desde el altar, el Nuncio Apostólico, todos los obispos de Cuba y el nuevo Arzobispo Mons. Adolfo Rodríguez aplaudían sonrientes, sin quitar los ojos del niño de seis años José Carlos Poleo Zaldivar que. vestido de Papa, se acercaba por el pasillo central, entre asustado y tímido, saludando a los fieles.

Representantes del gobierno cubano observaron la algarabía desde los primeros bancos. Y escucharon el breve mensaje del improvisado Papa : "Paz, paz, paz," repitía el 'joven pontífice' entre los aplausos de todos.

Miles de personas, apretadas en los pasillos del la Catedral y reunidas en el parque adyacente al templo, siguieron la ceremonia a través de altavoces y grandes pantallas.

Tras la procesión de entrada con los obispos y sacerdotes venidos de toda Cuba se inició la solemne Eucaristía. Después de las lecturas, el arzobispo de Santiago de Cuba, Mons. Pedro Meurice fue enumerando las diócesis de Cuba y sus fechas de creación, hasta la actual constitución con tres provincias eclesiásticas : Oriente, La Habana y Camagüey.

Mons. Adolfo, junto al Nuncio, Mons. Stella, izq. y el Arz. de Santiago Mons. Meurice

La nueva provincia había sido anunciada el 5 de diciembre y tendrá como Arzobispo al actual obispo, Mons. Adolfo Rodríguez. Las diócesis de Santa Clara, Cienfuegos y Ciego de Avila, que hasta ahora dependían de Santiago de Cuba, son ahora parte de la provincia de Camagüey.

Mons. Rodríguez Herrera nació en 1924 en Camagüey, fue ordenado sacerdote el 18 de julio de 1948 y consagrado obispo el 27 de mayo de 1963. Es en la actualidad es el Presidente de la Conferencia de Obispos Cubanos, cargo que ya había ejercido anteriormente.

"Sólo el Papa puede dividir un territorio eclesiástico", para el buen pastoreo de los fieles, mejor coordinación y mejores relaciones con las autoridades civiles, explicó Mons. Meurice. Aclaró que la jurisdicción de un arzobispo fuera de su diócesis es restringida a visitas del territorio, "atento a la recta doctrina y sanas costumbres." En caso de sede vacante, es el arzobispo metropolitano quien designa un administrador diocesano.

"¿Cómo se recibe al Papa cuando nos visita?" Gritó desde el micrófono el maestro de ceremonias. Mirando hacia la puerta de entrada y a la diminuta figura que se acercaba, el pueblo entero irrumpió en saludos y vítores mientras el coro cantaba el conocido estribillo repetido el pasado año durante la visita de Juan Pablo II: "El Papa se queda en Camagüey."

Se hizo silencio y el obispo auxiliar de Camagüey, Mons. Juan García procedió a la lectura de la Bula Papal.

"Después de una madura reflexión en que se han estudiado los aspectos necesarios, elevamos la diócesis al grado de Arquidiócesis...con todos los derechos según las normas del Derecho canónico".

Siguieron los vítores y esta vez el estribillo cambiaba de letra: "Que Adolfo se quede en Camagüey, en Camagüey, en Camagüey..."

Durante su homilía de Mons. Rodríguez, recordó la labor de la Iglesia y los orígenes de Camagüey como Villa Santa María del Puerto Príncipe, hace casi 500 años.

En sus palabras, llenas de anécdotas y de lecciones para el momento presente, el Arzobispo fue nombrando a los evangelizadores que "como rayos de luz" fueron iluminando la ciudad a lo largo de los años.

"Estos 500 años conforman una historia fascinante," dijo, no sin subrayar que "Camagüey no es regionalista, es legendaria."

Recordó la labor de San Antonio María Claret, Arzobispo de Santiago de Cuba y "único santo canonizado que ha vivido en Cuba." Y fue enumerando sus títulos: precursor de la Acción Católica, apóstol de la Buena Prensa, Presidente de la Junta de Amigos del País, pionero de la Acción Social de la Iglesia, que recorría su diócesis a lomo de caballo evangelizando pero también humanizando, fundando escuelas populares, hospitales, creando en las parroquias Cajas de Ahorro, cooperativas, bibliotecas populares..."

El pueblo aclama al nuevo Arzobipo por las calles de Camagüey

Además de su preocupación pastoral, el Obispo Claret escribió libros sobre la mejora de las crías de ganados, sobre agricultura, cosecha, botánica. Y hasta concibió, hace 150 años, las Escuelas en el Campo, en las que los niños trabajaban la agricultura como modo de financiarlas. Pero él mismo determinó que los niños debían "trabajar una hora, no más... y se les había de entregar lo que habían ganado".

Hogar de ancianos, leprosorio, hospedería, hospital para mujeres, puentes, corrales y hasta un tejar. Carreteras, acueductos, conquistas laborales y el servicio de innumerables órdenes religiosas de hombres y mujeres, son sólo algunas de las contribuciones de la Iglesia a la historia de la ciudad que recordó Mons. Rodríguez en su predicación.

"Es la herencia espiritual y social que este pueblo guarda en su conciencia y que nosotros podemos leer hoy en tantos signos, incluso exteriores de nuestra Diócesis," dijo.

"Nombres de calles, plazas, monumentos públicos... Aquellos hombres y mujeres dejaron la prueba de la validez de la Iglesia también en el campo educacional, instructivo, cultural, caritativo, social, formativo de conciencias.... Si miramos al pasado es para mirar en él lo permanente", señaló, ante los representantes del gobierno.

Y recordando que se abre un nuevo Milenio subrayó que "no esperamos el nuevo siglo con ánimo pesimista... Renovamos nuestra confianza en el Señor".

Durante el Ofertorio, nadie quedó olvidado en las peticiones: el Papa, la nueva Arquidiócesis, la Iglesia cubana, los pobres, los enfermos, los presos... y quienes se sienten marginados.

Después de la comunión hubo entrega de regalos al nuevo Arzobispo y de nuevo los estribillos que daban cierre a la celebración "En Camagüey nos hemos encontrado; ha saludar al arzobispo que han nombrado".

Pero no acabó la fiesta. Junto a la puerta de la Catedral, el nuncio papal, Mons. Benniamino Stella develó una tarja conmemorativa de la visita de Juan Pablo II. La gente no se marchó sin nada: se repartieron unos 2,500 cajitas con comida en el parque.

En un restaurante de la ciudad: La Campana de Toledo, los invitados de las diócesis tuvieron su almuerzo, como también lo hicieron en la Casa diocesana de la Merced, obispos, sacerdotes y delegados del gobierno provincial y estatal.

Amenizados por el Trío Camagüey los comensales rieron ante las décimas cargadas de sentido religioso de

> *"Es la herencia espiritual y social que este pueblo guarda en su conciencia y que nosotros podemos leer hoy en tantos signos, incluso exteriores de nuestra Diócesis".*
>
> *Arz. Adolfo Rodríguez*

Eliseo Saavedra. El 'repentista' se identificó como asiduo lector de la Biblia y reconoció en una entrevista que "este público me resulta más difícil. Está más cerca de la verdad y con él no se puede fingir".

Como granito de mostaza
La Diócesis de Holguín ha crecido en 20 años

HOLGUIN, (Marzo 1999) - En sus comienzos era como un granito de mostaza, pero después de 20 años la diócesis de Holguín, Cuba, se ha convertido en un árbol frondoso listo para enfrentar un nuevo siglo.

Lo que empezó en 1979 con 9 sacerdotes, 5 religiosas, un reducido grupo de laicos y sin tener una casa para el obispo, es hoy una Iglesia pujante que ha establecido estructuras, ha formado a su gente y se ha ganado el aprecio de toda la ciudad. En Mayo cumplirá los 20 años

"Vine aquí a construir el futuro de una Iglesia que no voy a vivir yo," señala el obispo Hector Luis Peña, callado arquitecto e impulsor de la actual realidad pastoral de Holguín.

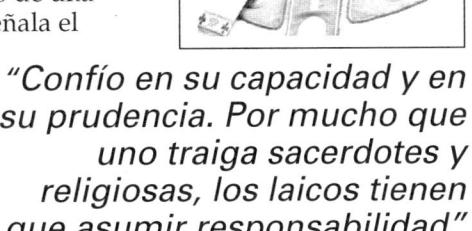

"Cuando llegué, mi nombramiento ni siquiera se mencionó en la prensa local", recuerda, haciendo notar las dificultades de los comienzos en una zona que entonces era "políticamente cerrada como pocas."

"Confío en su capacidad y en su prudencia. Por mucho que uno traiga sacerdotes y religiosas, los laicos tienen que asumir responsabilidad"

Obispo Peña

Pero reconoce que "hoy las cosas no son así". A primeros de año el Primer Secretario del Partido llamó para que el obispo le recibiera en el obispado.

Estuvieron conversando sobre la diócesis, sobre los sacerdotes y hasta sobre el edificio del obispado, cedido por una familia. Cuando Mons. Peña le hizo la historia, su interlocutor le dijo: ¿"Por qué no lo pone ya a nombre de la Iglesia"?

En Cuba, el gobierno reconoce a la Iglesia la personalidad moral para poseer y conservar propiedades, pero no le permite comprar otras nuevas. Las diócesis han de buscar sus maneras de llenar necesidades.

Cada día el obispo Hector Peña inicia su acción pastoral en la cocina

Mons. Peña recuerda que cuando se adquirió el actual obispado, la gente se preguntaba para qué quería el obispo una casa tan grande. Hoy día, en las reuniones con sacerdotes y religiosos a penas caben en el comedor.

Madrugador, campechano, creativo y deseoso de dar ánimo a la gente, Mons. Peña inicia su día con la oración y su acción pastoral en la cocina. Lo mismo pica cebollas que bate huevos, prepara el desayuno para los choferes y él mismo se lo sirve o diseña el menú que disfrutarán docenas de personas que comen en el obispado o tocan a la puerta con necesidad. Al cocinero, Roberto Vaor le gusta que el obispo se meta en la cocina porque "sabe mucho y más de una vez me ha sacado de apuros". Y cuando hay invitados de fuera, "me ayuda a crear un menú con toque internacional. Es un gran chef".

A sus colaboradores en el obispado Mons Peña les insiste que "esta casa tiene que ser de puertas, corazón y mente abiertas; de manos largas y pies ligeros".

Quien llega al obispado es bien recibido, y el obispo dice que, "aunque no puedo resolverlo todo, al menos me queda la conciencia clara de que he tratado de oírles".

Escuchar es lo que hace por las mañanas. Por las tardes hace visitas pastorales.

Con 70 años cumplidos y el corazón delicado, Mons. Peña vive con sentido de urgencia "porque me quedan cinco años—para presentar la renuncia— y los tengo que aprovechar".

Cuando mira hacia atrás le brotan del corazón las palabras del salmo: "el Señor ha estado grande con nosotros". Hoy la diócesis tiene 24 sacerdotes,

14 seminaristas y 40 religiosos y religiosas de 12 congregaciones. Tiene un laicado pujante, 1 instituto secular, 20 parroquias y 70 comunidades y centros de misión. Y mientras en 1979 tuvieron lugar 1,416 bautizos, en 1998 fueron cerca de 5,000.

La Diócesis abarca la provincia civil de Holguin—de gran desarrollo industrial minero, azucarero y agrícola y casi toda la la provincia de Las Tunas. Con 15,488 km$_2$ es la diócesis más extensa y la segunda diócesis en población, con millón y medio de habitantes

Con el crecimiento diocesano han surgido cambios. Porque mientras los 9 sacerdotes de 1979 eran todos cubanos, hoy día el 50% son extranjeros y de las 35 religiosas, solo tres son cubanas. Y aunque en 1979 había un laicado poco numeroso, estaba bien formado en la fe. Hoy día regresan a la Iglesia muchos profesionales, con poca formación.

Ricardo Sors, con jóvenes del barrio La Colorá

Pero el padre Peña—como aún le saludan por la calle, siempre confió en los laicos. "No les pongo trabas", dice. "Confío en su capacidad y en su prudencia. Por mucho que uno traiga sacerdotes y religiosas, los laicos tienen que asumir responsabilidad". Y lo están haciendo.

Ricardo Sors dirige el Centro de Formación Laical, Manolo Martínez, la revista diocesana *Cocuyo* y Carlos Fernández es el director de Caritas.

En todas estas estructuras hay laicos comprometidos que además de llevar adelante las obras, también colaboran en tareas de evangelización en zonas rurales, junto a los religiosos. Es el caso del barrio de La Colorá, que regularmente visita Sors. Allí viven los hermanitos de Jesús en medio de la gente creando comunidad y compartiendo su misma vida. Una ojeada por el barrio detecta varias casas en reconstrucción. Los vecinos se ayudan unos a otros y la iglesia apoya en lo que puede.

Manolo Martínez dirige la revista Cocuyo

En los últimos años ha llegado a Cuba bastante clero del exterior. Entre ellos está el padre Adrian Santarelli, párroco de la Iglesia de San José y promotor de comunidades en la Salida de San Andrés. Le ayuda Julia Hernández López, y su hija Lissette, creyentes de toda la vida.

En Semana Santa recorrieron el barrio cargando una cruz y rezando el Via Crucis de casa en casa,

"Nos lo dice la gente y lo digo yo. Esto estaba vacío, faltaba algo... ahora la gente se siente mejor", comenta Julia. " Me ha dado más ánimo. Uno se ríe de las dificultades y no le agobian tanto los problemas".

Así es la capilla de los Hermanitos de Jesús en el Barrio La Colorá

El padre Francisco Expósito es párroco de la Catedral y trabaja con la juventud. Dice que " los jóvenes vienen de curiosos y si se les pregunta si creen dicen que no saben porque nadie les ha enseñado". El señala que en Cuba no existe un pueblo no creyente sino un pueblo sin evangelizar. "Es tan grande la ignorancia que miran un crucifijo y preguntan si es el indio Hatuey quien cuelga de la cruz".

Pero a él le gusta hablar con lo jóvenes. "Se hacen amigos del cura y quieren venir a la iglesia. Y entonces hay que decirles que esto tiene exigencia de cambio que hay que tomar la cruz y seguir a Cristo". Les dice que no es fácil ser cristiano, pero te vas a sentir mejor".

Y cuando el sacerdote les pregunta si son felices, se hechan a llorar y se abren " Nadie en la vida me ha hablado de estas cosas", le dicen. El les ve cómo "se van deslumbrando ante el evangelio y van dejando los reclamos materiales".

El padre Santarelli con las mujeres de la familia López

El padre Franklin Vega trabaja en una zona rural, en San José de Puerto Padre. Dice que la problemática rural es fuerte para el joven. No hay trabajo, viven al día, sin esperanza. Y cuando se acercan a la Iglesia, " son acogidos, se sienten persona, encuentran amigos de verdad y empieza el deseo de superarse'.

Al padre Expósito le resulta dificil "no poder conocer a todo el mundo, ir a su casa, conocer a la familia, porque ahora viene mucha gente a la Iglesia El está convencido de que "sin el laicado la Iglesia en Cuba no puede subsisitir".

El padre Arnaldo Aldama con trabajadores de la salud y médicos de Holguín

Los profesionales católicos con conscientes de ello. Existe ya un grupo de mujeres en la Catedral que trata de apoyar a la mujer cristiana y su papel en la sociedad. Se reunen, visitan a los enfermos y hasta organizan actividades para recoger fondos de ayuda para ellos. Los trabajadores de la salud se reúnen periodicamente para discutir temas y valores. El grupo está abierto a médicos no católicos y cuenta con la asesoría del Vicario General de la Diócesis, padre Arnaldo Aldama.

"En medio de sus dificultades han descubierto la importancia de los valores y esto les ha motivado a reunirse," dice el sacerdote.

"Los médicos comprenden más la misión de la Iglesia porque están en contacto con el pueblo," señala.

En su opinión la sociedad cubana ha tratado de vivir una conciencia socializada y se ha olvidado de la persona. Ha querido una sociedad sin Dios, "pero la dimensión religiosa es básica para la existencia".

Por eso insiste que hoy día el sacerdote en Cuba y cualquier agente pastoral "han de educar a la gente para que reconozcan el propio valor y educarla en los valores y en la fraternidad".

Empezó en Holguín
El recorrido de la Virgen por las diócesis

HOLGUIN,(Marzo, 1999) - El obispo Hector Peña habla con orgullo de su diócesis, en la que trabajó antes de que fuera separada de la Arquidiócesis de Santiago de Cuba. Cuando él era párroco de San Isidoro, en los años 60, desarrolló un gran dinamismo laical. A pesar de ser los tiempos difíciles para la fe, a los cursos de formación asistían 150 personas semanalmente. De las charlas se hacían folletos que todavía se recuerdan hoy.

El señala que "en Holguín han surgido iniciativas que luego han caminado en otros lugares y otros han tomado la bandera". Un ejemplo son las peregrinaciones con una imagen de la Virgen de la Caridad que se iniciaron en Holguín ya en los inicios de los '80, con motivo del Año Mariano.

Con picardía y sentido del humor, Mons. Peña recuerda cómo se presentó al Arz. Pedro Meurice, de Santiago de Cuba, en nombre de los sacerdotes para pedirle la Imagen de la Virgen.

El padre Francisco Expósito, párroco de la Catedral delante de una réplica de la imagen de la Virgen de la Caridad

"Sabes que eso no se puede hacer", le dijo Mons. Meurice sorprendido.

"Pero tenemos derecho. Ella se apareció en Nipe, en nuestra diócesis y quiere volver," le respondió Mons. Peña.

"No te la puedo dar" insistió Mons. Meurice, obispo guardián del Santuario del Cobre. " Pero mira, ahí tengo una réplica".

"Bueno, esa es la que quiero yo", le contestó riéndose.

Y con esa imagen se inició la peregrinación desde Nipe hasta la catedral de Holguín.

Sin propaganda alguna, cuando llegó la imagen a la Catedral, la esperaba una multitud. Estuvo 8 días allí y el Obispo la llevó a la parroquia de San José. A escondidas y cambiando el rumbo para evitar a las multitudes. A la gente les decía "No hagamos nada que dé motivos para prohibirlo. Contengan su entusiasmo para que otros puedan vivir la misma experiencia".

"Pero tenemos derecho. Ella se apareció en Nipe, en nuestra diócesis y quiere volver".

Mons. Peña

En Holguín también han surgido iniciativas sociales que ahora caminan en otras diócesis. Financiado por el Comité de Ayuda al Tercer mundo de la Conferencia de Obispos de Italia, se ha inaugurado una sala de cardiología en el hospital provincial. Cuando el gobierno dudaba de las intenciones de la Iglesia, el obispo les tranquilizaba. " La iglesia no quiere poder. Quiere tener el poder de servir al pueblo".

Para desarrollar el proyecto, Iglesia y autoridades provinciales tienen que trabajar juntas. El obispo es la máxima autoridad y él nombra su equipo. Los fondos se reciben por etapas, hasta $1 millón de dólares y la Conferencia Italiana de Obispos supervisa periódicamente.

Otro proyecto social tratará de crear una red de computadoras en las universidades en la que se quiere incluir el Seminario de Santiago de Cuba.

La Iglesia en Cuba pide perdón
En Cuaresma, a las puertas del Jubileo 2000

LA HABANA, (Marzo, 1999) - Con túnica blanca, descalzo y cargado con una inmensa cruz, camina lento por la nave central de la Catedral de la Habana.

"¿Quién es este que viene, recién atardecido, cubierto con su sangre, como varón herido"?

Se escucha el silencio. Los rostros se vuelven a mirar. Y el Nazareno cae una y otra vez, bajo el peso de la cruz.

"Temo a Jesús que pasa y no sabemos descubrirlo," dice una voz desde el púlpito.

"Pasa ante nosotros en el pobre, en el hambriento, en el marginado, en el enfermo o preso," repite otra voz que se escucha más lejos.

Cuando llega al pie del altar, el joven nazareno planta la cruz sobre un pedestal.

"La cruz... se mantiene en pie mientras el mundo gira," afirma el Cardenal Jaime Ortega, que preside el acto de reconciliación cuaresmal junto a unos 12 sacerdotes.

La solemnidad del acto, contrasta con el ambiente turístico de la plaza. Pero el templo se va llenando de fieles y los bancos están ya repletos.

¿"Porqué me aparté de la casa de mi Padre? ¿ Porque me considero siempre bueno y con todos los derechos"?, se escucha a modo de meditación.

Varios jóvenes han escenificado la parábola del Hijo Pródigo y sus palabras quedan resonando y provocan la reflexión.

Celebración penitencial en la Catedral de La Habana

¡Cuánto silencio sobre Dios en todos estos años!...Tenemos que volver al Padre," señala el Cardenal durante su homilía.

Sus breves palabras sirven de introducción para una petición de perdón comunitaria.

"La Iglesia debe pedir perdón por los pecados de sus hijos a través de la historia. La Iglesia en Cuba pide perdón", señala el Cardenal haciéndose eco del pedido del Papa, a las puertas del Jubileo del 2000.

Desde dos ángulos del templo, varias voces enuncia estos pecados y también motivos de acción de gracias.

"La Iglesia debe pedir perdón por los pecados de sus hijos a través de la historia. La Iglesia en Cuba pide perdón".

• Porque fueron cristianos quienes arrancaron de su suelo natal a nuestros hermanos africanos para someterlos a la esclavitud... La Iglesia en Cuba pide perdón", repite el pueblo a coro.

Desde el púlpito se dan gracias por la labor de los sacerdotes José Agustín y Caballero y Félix Varela en contra de la esclavitud. También se pide perdón "por los sacerdotes, los religiosos y religiosas que tuvieron esclavos a su servicio". Y porque "en nuestras Iglesias e instituciones católicas hemos discriminado a los cubanos de origen africano".

Las peticiones se van sucediendo.

"Porque gran número de cristianos, en el momento de entusiasmo por el triunfo revolucionario, olvidaron la misericordia y reclamaron una justicia severa, llegando a pedir paredón para los culpables... La Iglesia en Cuba pide perdón".

"Por haber juzgado con desprecio al hermano que regresa a la fe... La iglesia en Cuba pide perdón".

Y junto a esto, "te damos gracias por los sacerdotes que en aquellos momentos asistieron a los condenados a muerte".

"Porque muchos cristianos abandonaron la fe y aún se volvieron contra la Iglesia en momentos de gran tensión... Porque otros ocultaron su fe... Por el abandono de la fe y de la comunidad cristiana... La Iglesia en Cuba pide perdón".

Arrodillados, frente a la cruz, los fieles escuchan las reflexiones que van señalando actitudes, situaciones, comportamientos. En algunos rostros se pueden ver las lágrimas.

"Porque hemos negado nuestra fe... Porque ante injusticias nos hemos quedado paralizados en la indiferencia. Por haber juzgado con desprecio al hermano que

regresa a la fe,por las divisiones que hemos favorecido..."
Varias parejas se acercan a la cruz llevando flores, como símbolo de la voluntad de reconciliación, al tiempo que el Cardenal y los sacerdotes se sitúan en varias partes del templo para ofrecer el Sacramento de la Reconciliación
En el aire queda flotando la plegaria de Juan Pablo II a la Virgen de la Caridad: "Madre de la reconciliación... reúne a tu pueblo disperso por el mundo. Haz de la nación cubana un hogar de hermanos y hermanas".

Guante de seda puño de acero
Transferido a Colombia el Nuncio Stella

LA HABANA, (Abril, 1999) - A finales de abril, deja su servicio de seis años como representante del Papa en Cuba, pero el Arzobispo Benniamino Stella se lleva a Cuba en el corazón.

Semanas antes de marchar hacia su nuevo destino en Colombia, el Nuncio Stella dijo que se llevaba una rica experiencia espiritual y el testimonio de una Iglesia unida y fiel al Papa.

"No he podido sustraerme a un ejemplo que ha sido diario,"dijo durante una entrevista en la nunciatura.

"Me ha ayudado mucho a crecer la experiencia de unidad de la Iglesia cubana, su adhesión, respeto y comunión profunda con el Santo Padre. Es algo que me llevo como caraterística de esta Iglesia", añadió. Y sin ocultar que le cuesta marcharse, el Nuncio dijo que asemejaba el momento actual de la Iglesia en Cuba al de "una persona joven, alegre, con proyectos, con sueños—que no lo son de poder—sino sueños y esperanzas de brindar al pueblo cubano un servicio de caridad y su experiencia social".

Señaló que la Iglesia "vive en muchos países con situaciones conflictivas y siempre busca un diálogo honesto con las instacias oficiales de los gobiernos sobre cómo ayudar y mejor servir".

"Ha sido un celoso pastor y un finísimo diplomático de guante de seda pero de mano dura".

Mons. Siro González

El arzobispo Stella llegó a Cuba el 28 de febrero de 1993. Ese mismo año en el mes de septiembre, los obispos cubanos escribieron la carta pastoral *'El amor todo lo espera'* en la que hacían un examen realista de la sociedad cubana y pedían cambios al gobierno. La carta tuvo gran acogida en el pueblo y se repartieron miles de copias. Tampoco faltaron las críticas a los obispos por parte del gobierno.

"El Nuncio llegó en uno de los momentos clave de nuestra Iglesia," dice Orlándo Márquez, director de la publicación *Palabra Nueva* de la Arquidiócesis de La Habana.

"Llegó y se subió en el carro de nuestra situación, junto a los demás obispos y ha sido un pastor más. Para el pueblo ha sido un obispo muy cercano. La nunciatura se ha hecho mucho más grande que las paredes del edificio que la alberga".

La Hna. Rosaria García es parte del equipo de la Nunciatura y dice que al Nuncio le gusta el trabajo bien hecho y ofrece lo mejor de si mismo. "Esta casa es una comunidad. Todo el mundo viene buscando consuelo. Es como la casa de la consolación".

Nacido en Pietre de Soligo, en la región italiana de Veneto, el Nuncio Stella tiene 12 hermanos y muchos sobrinos. Algunos le han visitado en Cuba.

El arzobispo Benniamino Stella fue nuncio en Cuba desde 1993

"Llegó y se subió en el carro de nuestra situación, junto a los demás obispos y ha sido un pastor más... La nunciatura se ha hecho mucho más grande que las paredes del edificio que la alberga".

Orlando Márquez

Anteriormente fue diplomático en la República Africana del Tchad, en la isla de Santo Domingo como secretario del Nuncio y en la Secretaría de Estado en Roma.

"Ha sido un celoso pastor y un finísimo diplomático de guante de seda pero de mano dura," señala el obispo de Pinar del Río, Mons. Siro Gonzalez Bacallao, quien ha encontrado en el Nuncio un obispo más y un colega.

"Mons. Stella ha sido el hombre que acabó de abrir las puertas de la nunciatura a todos", añade . Y hace notar que durante su mandato se han nombrado varios nuevos obispos y se ha dividido la diócesis Cienfuegos -Santa Clara. También se han creado las diócesis de Ciego de Avila, Bayamo y Guantánamo. Recientemente se ha creado una nueva provincia eclesiástica, con Camagüey al frente.

"Deja aquí un camino precioso de fraternidad," dice la religiosa Alina M. Raluy Mauriz, de la nunciatura. "Después veremos cómo seguir".

Mons. González le recordará como " obispo muy humano, hombre de Dios y de delicadeza grande con las personas".

Alguien que "en medio de las dificultades ha velado porque la Iglesia tenga lo que necesita para realizar su misión pastoral." Con él han surgido la mayoría de las publicaciones de la Iglesia. "Les ha brindado apoyo de todo tipo", como lo ha hecho con hecho con las bibliotecas diocesanas.

"Ha creado estructuras, siempre pensando con mucha creatividad", dice Mons. Gonzalez quien observa que Mons. Stella "ha sabido establecer relaciones muy humanas con gente de todo tipo" y ha sabido "estar pendiente de los asuntos graves y de la minudencias".

Lo confirman los anécdotas que cuentan los laicos. Uno de ellos fue cuando un grupo fue seleccionado para viajar a Roma para el 'capello' cardenalicio del arzobispo Jaime Ortega. Días antes del viaje, en una reunión preparatoria, el Nuncio se acercó al grupo y preguntó informalmente a los laicos si sus obispos les habían dado dinero para el viaje. Todos fueron respondiendo menos uno a quien su obispo no le habia dado nada.

El día de la despedida de los viajeros en la Catedral, Mons. Stella les fue despidiendo personalmente. Al que no había dicho nada días antes, le metió un sobre en el bolsillo para que lo abriera en el viaje. Al hacerlo encontró varios billetes para gastos del viaje.

Y es que "junto a su exquisista diplomacia es todo un pastor", dice Mariela Ares, su secretria por cinco años.

"Siempre está pendiente de lo más mínimo, desde un cuadro que está virado a las necesidades cada uno", añade.

> *"Admira tanto al Papa que trata de hacer vida su magisterio. Y se dice a si mismo ¿Cómo no voy a querer eso si es lo que quiere el Papa".*
>
> Mariela Ares

"Admira tanto al Papa que trata de hacer vida su magisterio. Y se dice a si mismo¿como no voy a querer eso si es lo que quiere el Papa", comenta Ares quien le ha visto "rezar ante cada decisión difícil y pedir que recen por él".

Todo reconocen los esfuerzos del Nuncio para lograr el éxito de la visita del Papa en enero de 1998, siempre en estrecha comunicación con los obispo cubanos.

Además de su trabajo diplomático como representante del Papa, el arzobispo Stella ha mantenido un extenso ministerio pastoral, visitando las diócesis y las comunidades rurales.

La pasada Semana Santa viajó a Bayamo, celebró en Guisa, con una comunidad sin templo y bautizó a 46 catecuménos durante la Vigilia Pascual.

"Nos ha hecho sentirnos muy cercadnos al Papa," señala Mons. Dionisio García, obispo de Bayamo-Manzanillo.

"Cada obispo le hemos sentido como un hermano, un amigo", añade. "En él hemos sentido el cariño del Santo Padre por Cuba".

Por su parte, el Nuncio subraya que su legado en Cuba, no es suyo, sino el que ha dejado el Santo Padre en su visita, "su magisterio social y su orientación para la vida de la Iglesia y de la sociedad cubana".

Reconoce que en estos seis años he tratado de escuchar, comprender, darme cuenta de situaciones y realidades..." Dice que su método de trabajo ha sido mostrar que la acción de la Santa Sede, la Nunciatura y la Iglesia local están bien coordinados.

Y aunque reconoce que cada nuncio vive su misión según el propio temperamento y personalidad y según las instrucciones de la Santa Sede, señala que ser representante del Papa exige un servicio discreto y generoso. El pone el acento en lo que juzga importante y considera como un lema "para todo nuncio y más aún para la realidad que he vivido aquí: Vivir el mandato de Cristo, que vino no para ser servido sino para servir".

Al nuevo Nuncio, Luis Robles Díaz, "le dejo así el secreto de una misión que lleva un perfil evangélico y cristiano."

> " He tratado de escuchar, comprender, darme cuenta de situaciones y realidades..."
>
> Mons. Stella

Pasos hacia mayor libertad y pluralismo
Recibe doctorado Honoris Causa Mons. Meurice

WASHINGTON DC., (Mayo, 1999) - El respeto a las culturas y a la soberanía de los pueblos deber ser una premisa para la normalización de las relaciones entre estados Unidos y Cuba, señaló el Arzobispo de Santiago de Cuba al recibir un doctoraldo 'honoris causa' de la Universidad de Georgetown.

" Más allá de las presiones y gestiones de intereses de las partes, éticamente deben priorizarse las necesidades del pueblo que sufre", dijo Mons. Pedro Meurice Estiú en la capital norteamericana.

Sus palabras no quedaron desencarnadas de la realidad cubana. En su discurso, el Arzobispo Primado de Cuba presentó ante su audiencia el resurgir de la Iglesia cubana, purificada por la cruz y también la tragedia de un pueblo que vive en la pobreza, con grandes desigualdades sociales, sin libertades fundamentales, sin espacios internos para asumir el propio protagonismo y bloqueado por un embargo comercial.

Apoyado en las palabras del Santo Padre " Que Cuba se abra al mundo… y el mundo se abra a Cuba", Mons. Meurice ofreció lo que considera como pasos a seguir para crear "un ambiente de mayor libertad y pluralismo", en Cuba, como pidiera el Santo Padre.

"En mi opinión, dijo el Arzobispo en una entrevista posterior, "estos pasos que marcarían lo que se ha llamado 'la nueva etapa' después de la visita papal, no tendrán rumbo cierto y no serán creíbles si no van encaminados a solucionar eficazmente las cuatro causas que, entre otras, provocan la actual crisis que vivimos en Cuba".

Para el Arzobispo estas cuatro causas son:

1. Pobreza material y moral
Que en Cuba "provoca una angustia existencial que conduce por un lado a la emigración imparable y por otra a un exilio interior que enajena a muchos". Es una situación que junto a las medidas económicas de supervivencia

"han provocado desigualdades injustas que no concuerdan con el ideal de justicia social," y han abierto, también en Cuba, una brecha entre los que tienen y pueden y los que no tienen lo necesario y no pueden alcanzarlo, ni con su trabajo, ni con su dinero, porque sólo se puede adquirir con otra moneda.

2. Limitacion de libertades fundamentales

Porque "la situación de Cuba no puede reducirse a un problema económico o de justicia distributiva" . En el fondo del problema él sitúa 'las limitaciones de las libertades fundamentales," –causa profunda de todo lo demás. En su opinión el colectivismo, estatalmente impuesto, ha lesionado el mismo ser de muchos cubanos, provocando la despersonalización y el desaliento lo que explica que no asuman el protagonismo de sus vidas.

3. Presiones, aislamiento y embargo

Para Mons. Meurice el "bloqueo externo junto a los demás bloqueos a la iniciativa y la liberad personal, son éticamente inaceptables y al ser injustos deben ser abolidos". Pero además señala que la apertura no se puede reducir a relaciones comerciales materialistas "como si Cuba, u otros países, fueran sólo playas, mujeres, ron, azucar o niquel". Para el Arzobispo 'las relaciones internacionales que no tengan en cuenta el intercambio cultural... están viciadas y constituyen una ofensa a la dignidad del pueblo".

4. Relaciones de Cuba con Estados Unidos.

Apoyado en el pensamiento de dos padres de la nación cubana: el padre Félix Varela y el apóstol José Martí, el Arzobispo señaló que "constituye un absurdo que dos países vecinos con una comunidad en continuo movimiento migratorio y otros elementos de mutuo beneficio, cedan a la lógica de la confrontación y no dejen paso a unas relaciones respetuosas de la soberanía geográfica y cultural de ambos y uno lazos de intercambio que vayan más allá del mercado".

Los aplausos se escucharon en varias ocasiones durante el discurso del Arzobispo cubano que recibió el doctorado honorífico de manos del Presidente de la Universidad, el sacerdote jesuita Leo J. Donovan.

En la presentación, el director del Centro de Estudios Políticos, Eusebio Mujar, agradeció la presencia del Arzobispo de Santiago de Cuba y su "inspirador mensaje durante la visita del papa, su servicio pastoral y su liderazgo en la Iglesia de Cuba".

Al presentar la realidad de la Iglesia cubana, Mons. Meurice subrayó que el crecimiento presente tiene sus raíces en décadas de purificación, asumiendo la cruz silenciosa y aprendiendo a "creer en la fuerza de lo pequeño" y en el poder de Cristo crucificado y resucitado.

> *"Mientras el pueblo sufre alguna injusticia o limitación... la Iglesia debe hacer de esas necesidades y dolores de su pueblo un punto cardinal del contenido de sus relaciones con el Estado".*
>
> *Arz. Pedro Meurice*

Fueron años en que la Iglesia creció en:
Credibilidad, en capacidad de convocatoria y en perseverancia y adudacia.

Como frutos de la cruz citó: nuevos espacios físicos y morales para la misión; doble número de sacerdotes; más sed de Dios en el pueblo; estructuras pastorales reforzadas; relaciones vivas con las Iglesias de Latinoamérica y Estados Unidos.

En esa misma realidad, el Arzobispo destacó que las relaciones Iglesia y Estado en Cuba llegaron a su más alto nivel con el intercambio de visitas entre Fidel Castro y Juan Pablo II. Hizo notar que "la peregrinación del Papa a Cuba quedará como modelo de relaciones internacionales en que el alto nivel ético y el sentido de lo posible se encuentran, para superar las estrategias de aislamiento y las medidas punitivas que intentan presionar a los gobiernos con medidas que al mismo tiempo incomunican al pueblo que lo sufre".

En el caso de las relaciones del Estado con la Iglesia local, Mons. Meurice subrayó la necesidad de llegar "a un consenso responsable y no sólo conceptual sobre... el Estado laico moderno y la libertad religiosa".

Dijo que "mientras el pueblo sufre alguna injusticia o limitación... la Iglesia debe hacer de esas necesidades y dolores de su pueblo un punto cardinal del contenido de sus relaciones con El Estado", porque sus derechos institucionales como Iglesia, nunca pueden estar separados de los derechos de las gentes.

Ni el Estado debe convertirse en una 'religión secular' ni las iglesias, el Estado u otras instituciones deben invadir, manipular o restringir el sagrario de la conciencia humana, señaló. Esto "provoca un deterioro ético y cívico que puede llevar a las personas al vacío existencial, la despersonalización y a todo el tejido social puede llevarle a un proceso de desintegración por corrupción interna", dijo.

Su discurso invocó "el respeto a las culturas y a la soberanía de los pueblos " como premisas "para la normalización de las relaciones entre Estados Unidos y Cuba". Para Mons. Meurice, la prioridad es el pueblo que sufre" y ante ella, ambas partes han de pensar en soluciones nuevas "que sean alternativas al inmobilismo".

Además de unos 2000 estudiantes que se graduaban, aplaudieron al Arzobispo los cubanos exiliados que asistieron al acto y participaron en una misa en la capilla de la universidad.

Entrevistado a su paso por Miami, Mons. Meurice señaló que en su discurso había tratado de expresar a sus "propias reflexiones, lo que se vive en Cuba y lo que he escuchado en conversaciones con mucha gente". Dijo que era consciente del lugar donde pronunciaba su discurso y que esperaba que sus palabras fueran tomadas en serio porque se trata de una línea de pensamiento "en conexión con la identidad del pueblo cubano y de su historia".

"No fue dicho para que quede como palabras bonitas, sino para que los cubanos y las instituciones aludidas, lo confronten con su propios criterios, si ven algo bueno lo asimilen y quizás rectifiquen o confirmen lo que ya piensan".

Al expresarse, dijo "uno presta el servicio de decir la verdad como la ve, con la esperanza de al menos ser escuchado y ser respetado. La verdad absoluta no la tiene

> *"No fue dicho para que quede como palabras bonitas, sino para que los cubanos, y las instituciones aludidas, lo confronten con su propios criterios, si ven algo bueno lo asimilen y quizás rectifiquen o confirmen lo que ya piensan".*
>
> *Arz. Pedro Meurice*

nadie, la vamos encontrando todos juntos... En ese intercambio es posible caminar adelante".

Nuevo obispo auxiliar en La Habana
Mons. Salvador Riverón es de Camagüey

MIAMI, (Junio, 1999) - Con júbilo y ante multitudes fue consagrado el 12 de junio un nuevo obispo para la Iglesia en Cuba.

El acto en la Catedral de la Habana fue presidido por el Cardena Jaime Ortega y contó con la participación de los obispos de la Isla cuyo número asciende ya catorce.

Monseñor Salvador Riverón Cortina, de 50 años, fue nombrado obispo auxiliar de La Habana el pasado 24 de abril.

Nacido en la ciudad de Camagüey el 7 de julio de 1948, el nuevo obispo fue ordenado sacerdote en marzo de 1982 por el cardenal Ortega y desde 1996 era Vicario Episcopal de la zona norte de La Habana que comprende el Cerro y el Vedado; Rector de la Casa Sacerdotal y Párroco de la iglesia de Santa Catalina de Siena. Además es responsable del Equipo de Comunidades Vivas y Dinámicas en el Consejo Diocesano de Pastoral y Profesor del Seminario de la Habana.

"Cuenta con muy buenas relaciones con los sacerdotes, de quienes ha sido maestro," señaló Mons. Emilio Aranguren. "Tiene una trayectoria de estudio y análisis y aportará todo ello en la Conferencia de Obispos", añadió el el Obispo de Cienfuegos y Secretario de la Conferencia.

Mons. Aranguren señaló que tanto Mons. Riveron, quien estudio ciencias biológicas como el obispos de Bayamo-Manzanillo, Mons. Dionisio García, ingeniero, son vocaciones que surgieron del mundo profesional y del apostolado laical, " lo que aporta su riqueza a las reuniones de obispos".

El nuevo Obispo procede de una familia cristiana, y creció bajo la influencia de un tio sacerdote, el padre Pepito Cortina, que falleció fuera de Cuba. También la de los jesuitas de la Iglesia de Reina, en La Habana, en donde cursó estudios de biología al tiempo que colaboraba en el

Departamento de Biología Molecular del Centro de Investigaciones Científicas (CENIC). Terminada su carrera trabajó en el Instituto de Investigaciones Fundamentales del Cerebro, de la Academia de Ciencias. Ingresó en el Seminario de San Carlos y San Ambrosio, en La Habana en 1977. Después de su ordenación sirvió en Santa María del Rosario, Lotería, Peñalver y Bacuranao. En 1985 fue nombrado Vice-Rector del Seminario y párroco de la Catedral.

"Sabe aconsejar y se le ve cercano a la juventud," dijo el padre Mario Delgado, de La Habana.

"Tiene fama de exigente, pero primero se exige a si mismo," comento el sacerdote de visita en Miami.

" Cercano a los sacerdotes, es atento, receptivo y sabe enfrentar las situaciones", añadió.

El nombramiento de Mons. Riverón no tomó de sorpresa a los sacerdotes, su nombre era uno de los que circulaban entre los posibles candidatos.

Cuando el cardenal Ortega viajó a Roma para recibir el 'capello cardenalicio', el entoces padre Riverón fue el sacerdote acompañante.

Mons. Salvador Reiverón

30 años de ' 'Estudios Cubanos'

Un Instituto que favorece el entendimiento entre los cubanos

MIAMI- (Julio, 1999) - Con mucha fe, con pasión por su patria y con amor a la libertad, María Cristina Herrera no ha dejado de pensar en Cuba y en cómo propiciar un mejor entendimiento entre los cubanos.

Lo ha hecho toda su vida y no lo ha hecho sola, pero quienes son parte del Instituto de Estudios Cubanos (IEC), reconocen que ella es el alma y el motor que han mantenido el proyecto vigente en medio de incomprensiones, dificultades, críticas y hasta atentados contra su vida.

Lo que surgió en los años 60 como una tertulia de amigos en la sala de su casa, en Miami, se ha convertido hoy en un Instituto que aglutina a intelectuales, académicos, artistas y variedad de profesionales que vibran con la misma pasión por la tierra que les vio nacer y que buscan el acercamiento entre cubanos, dentro y fuera de la Isla.

Por ser parte de este proyecto, Herrera y algunos de sus colaboradores han pagado un precio. El precio de la crítica en el exilio y el de la negación del visado cubano para viajar a la Isla. Desde que, a mediados de la década de los años 70, algunos socios del IEC viajaran a Cuba para participar en el 'diálogo' con el gobierno que dio lugar a la liberación de más de 3,000 presos políticos, no se les ha permitido volver a viajar a la Isla, ni siquiera con motivo de la visita de Juan Pablo II.

Pero los contactos con la realidad de Cuba crecen, gracias al mundo académico y a la constante salida de exiliados e intelectuales, conocedores del acontecer social, económico y político en la Isla.

"Fue una primera experiencia de diálogo entre cubanos capaces y preocupados, que habíamos madurado a pesar de nuestro trauma y por encima de nuestra aparente inercia".

María Cristina Herrera

La sala de la residencia de Herrera, en Coral Gables, continúa siendo lugar de encuentro y laboratorio para los sueños. Y para esta mujer santiaguera, a la que no ha logrado asustar ni una bomba colocada en la puerta del garaje de su casa, el entramado de relaciones, conversaciones y proyectos es impulso para vivir una vida "sorprendentemente productiva", como a ella le gusta decir, a pesar de su limitación física.

Nacida prematuramente hace 65 años, a causa de una caída de su madre, los médicos daban pocas esperanzas a la familia, dado que el cerebro de la niña habia carecido por demasiado tiempo del oxígeno necesario para un desarrollo normal. Hasta los 10 años Herrera no pudo asistir al colegio por necesitar continua terapia. Con el incansable apoyo de sus padres, las clases las recibía e su casa, demostrando una gran capacidad para los estudios.

En su experiencia escolar posterior, su limitación física fue inicialmente un freno que pronto superó. Al darse cuenta de que las alumnas brillantes eran distinguidas en público, teniendo que caminar ante todos para recoger los premios a las buenas notas. Herrera decidió que ella sería una alumna mediocre. Hasta que su director espiritual se dio cuenta de que, mientras en los exámenes del Instituto sus notas eran brillantes, en el colegio eran muy inferiores. Al confrontarla, ella reconoció que evitaba tener que caminar en público durante el acto annual. Ante la insistencia del sacerdote, prometió acabar con aquel juego. El arreglaría todo para el acto de fin de curso.

Aquel año, Herrera se llevó todos los premios de excelencia. Apoyada en otra estudiante se acercó a recoger sus premios fiada en la palabra del sacerdote. Sus temores se desvanecieron al ver que todos los premios habían sido colocados en un carrito de tomar el te, con ruedas, que ademas de evitarle la carga le servía de apoyo. Con la ayuda de este original bastón regresó a su puesto mientras todo el cuerpo estudiantil rompía en aplausos. Un momento que nunca ha olvidado y que cambió su vida para siempre. Nunca más dejó que su limitación fuera obstaculo para sus sueños.

Herrera no sólo terminó una carrera sino que hizo estudios de postgrado en Columbia University en Nueva York y en 1959 se incorporó como profesora en la Universidad de Oriente.

Fueron además años de gran actividad apostólica con la Acción Católica, bajo la tutela del Arz. Enrique Pérez Serantes y el apoyo de su sucesor, el entonces joven sacerdote Pedro Meurice a quien le une una fuerte amistad.

Participaba en círculos de doctrina social y como otros jóvenes de la juventud católica de entonces, fue parte de movimientos de la izquierda democrática de oposición al gobierno, actividad que continuó en 1961 desde el exilio por un tiempo. Su vinculación con la Iglesia le llevó a colaborar en Miami con el Instituto de Acción Social (IAS) que funcionaba en la Iglesia del Gesu. Cubanos como su antiguo profesor Jorge Castellanos, el economista Carmelo Mesa Lago, Fermín Peinado y Angel del Cerro colaboraban también. Los lunes por las noches algunos se reunían en casa de Herrera para hablar de

María Cristina Herrera en la portada de La Voz Católica de Miami

Cuba. Pero la inquietud de Herrera era mayor y empezó a mandar cartas a antiguas amistades de la Acción Católica, intelectuales y colegas de la universidad, "regados por todo el mundo".

> "Al no tener fluidez física, Dios me ha dado una fluidez y un equilibrio de otra índole y un impulso tremendo para vivir una vida de servicio en el marco de mi fe".
>
> *María Cristina Herrera*

"¿Por qué no nos reunimos para conversar sobre Cuba y compartir experiencias y entender lo que está pasando en la Isla"? les decía.

En 1965, a su paso por Miami, de regreso del Concilio Vaticano II, el obispo Eduardo Boza Masvidal se reunió con Herrera en la parroquia de San Juan Bosco y también aprobó la idea. Y desde Lobaina, en donde estaba estudiando, Nazario Vivero apoyaba la iniciativa y buscaba medios económicos para que se pudiera realizar. Algo que no sucedió hasta 1969, año en que Herrera fue a estudiar un doctorado en Washington. Allí también estaba el sacerdote escolapio Mario Vizcaíno que ayudó a Herrera a conectarse con católicos comprometidos como Jose Ignacio Rasco y José Ignacio Lasaga entoces en la misma ciudad. La lista de nombres fue creciendo y los días 2 al 6 de abril – Semana Santa de 1969— en una casa de retiros junto a la Basílica de la Inmaculada, 30 personas participaron en un primer encuentro. Sus nombres han quedado en la revista *Exilio* que recogió la experiencia. Gente tan variada como Luis Aguilar León, Mario Vizcaíno, Francisco Aruca, Mercedes García Tudurí, Humberto Piñeira, Lourdes Casal, Carmelo Mesa Lago, José Villalón, Manuel Fernández.

Herrera señala que "fue una primera experiencia de diálogo entre cubanos capaces y preocupados, que habíamos madurado a pesar de nuestro trauma y por encima de nuestra aparente inercia".

Dice que eran "gente con experiencia apostólica, profesional o política, unidas por un sustrato católico y representativo de lo que podría llamarse el cristianismo pensante y militante cubano".

Con una estructura mínima, se presentaron nueve temas. Y fue tan buena la experiencia "que decidimos continuar", señala Herrera, aclarando que desde entonces se acordó "tirar puentes hacia Cuba, queríamos conocer aquella realidad".

No todos los partifipantes continuaron pero otros se unieron y se realizaron reuniones en el mismo lugar en 1971 y 1973. Se formalizó la membresía con el pago de una cuota nominal, hoy de $30 dólares. Desde 1976 las reuniones han sido anuales. El deseo de conocer la realidad cubana y la situción política del momento en que no se vislumbraba la caida del comunismo a nivel mundial, motivó a algunos miembros del IEC a acercarse a Cuba. Surgió la revista Areito que según Herrera, "trataba de entender la realidad cubana desde la perspectiva de gente joven que se había radicalizado en las universidades de Estados Unidos en los años 60. Algunos formaron la Brigada Antonio Maceo, conocida como los 'maceitos', un grupo aún más militante de jóvenes que viajaban a Cuba a cortar caña y a trabajar en la construcción. Cuba les hizo el documental 'Los 55 hermanos".

Y aunque no era el IEC quien subscribía estos gestos, la confusión no tardó en llegar y con ella las acusaciones de que el Instituto se había politizado.

"En un momento pesaba demasiado cierta tendencia, pero aquello se superó", afirma Jose Ignacio Rasco, uno de los miembros del Instituto que mantuvo distancia del IEC por un tiempo.

Para Herrera, una de las decisiones más difíciles de su vida fue participar en el llamado 'diálogo' de 1978.

"Sabía que me iba a a costar sangre, pero lo hice convencida. Siempre quise volver a Cuba, reconectarme con aquella realidad. Pero no me quieren", señala. Cuatro años después, a punto de iniciarse una reunión del Instituto en Miami, alguien hizo explotar una bomba en su casa.

"Fue un gran dolor pero con resultados gratificantes" recuerda. Más de 500 personas pasaron por su casa en señal de solidaridad. Y aunque el hotel reservado para las reuniones se asustó y no quiso recibir al IEC, Enrique Baloyra, profesor de la Universidad de Miami, ofreció el 'Faculty Club' (club de los profesores) para el debate, al que acudieron más de 600 personas.

> *"Mi vida no se entiende sin la fe en Dios. Tampoco sin el amor, el conocimiento y la pasión por la libertad".*
>
> María Cristina Herrera

Ahora, al cumplirse los 30 años del Instituto, sus miembros se han reunido para discutir temas candentes y también para recordar la historia vivida juntos.

Testimonios, anécdotas, momentos de alegría y de dolor y el recuerdo de quienes ya murieron fueron parte de una sesión conmemorativa al finalizar las reuniones en la que no faltaron los mensajes llegados de Cuba.

Herrera mira hacia atrás y se siente satisfecha.

Reconoce que su limitación física ha sido una fuente de reflexión, porque "sin esta caja limitada de mi cuerpo, no hubiera tenido la oportunidad de profundizar en el sentido profundo de la vida. Sabe Dios cómo hubiera yo encauzado la tremenda energía sicológica y espiritual que tengo".

Piensa que "al no tener fluidez física, Dios me ha dado una fluidez y un equilibrio de otra índole y un impulso tremendo para vivir una vida de servicio en el marco de mi fe". Por eso no duda en afirmar que "mi vida no se entiende sin la fe en Dios. Tampoco sin el amor, el conocimiento y la pasión por la libertad".

Es capitalismo solapado
Dicen un grupo de religiosos que trabaja en Cuba

MIAMI, (Agosto, 1999) - Aunque no se acepta y hasta se rechaza oficialmente, en Cuba se vive un capitalismo solapado apoyado en el poder absoluto del capitalismo de Estado, señala un documento de los religiosos y religiosas de dos diócesis reunidos en Palma Soriano, en la zona de Oriente.

Al finalizar una reflexión sobre el neoliberalismo y la vida religiosa, a mediados de mayo, los participantes afirmaron que "los efectos del neoliberalismo internacional se han hechos presentes en el país con idénticos resultados que en otras partes con "marginación, discriminación y empobrecimiento de la mayoría del pueblo".

Los religiosos dicen que "el capitalismo marca en Cuba su presencia característica con la dependencia de la mone-

> "El capitalismo marca en Cuba su presencia característica con la dependencia de la moneda convertible, el turismo internacional y el capital importado".

da convertible, el turismo internacional y el capital importado". Afirman que "como en todo el mundo, el resultado inevitable son las diferencias sociales, en evidente contraste con las exigencias del socialismo.

Como religiosos expresan su dificultad en "trabajar con seriedad los valores humanos y educar en el espíritu crítico, "en una cultura que pasó del comunitarismo al individualismo. Una cultura que introyectó tánto el miedo, la desconfianza y la mentira que aparece despersonaizada". Y hacen notar que hoy se repite la historia y "volvemos a los tiempos en que se interfiere la asistencia a la catequesis y la asistencia a los templos".

Ademas hacen notar que "en las escuelas se ha ido intensificando la actividad los sábados, como manera de contrarrestar la acción de la Iglesia al interior de esa sociedad".

"Hay escasez en sentido general... lo que hace que las personas vivan sin ilusión, faltos de esperanza, sin horizontes de futuro".

Al describir la realidad que hoy vive Cuba, los religiosos afirman que el pueblo pasa necesidad. " Hay escasez en sentido general", dicen " lo que hace que las personas vivan sin ilusión, faltos de esperanza, sin horizontes de futuro". Además:

- El número de casos siquiátricos va en aumento. Hay alto índice de desempleo, hambre, falta de medicinas, penuría económica, falta de libertad, miedo, falta de estímulo
- El bloqueo interno a la iniciativa personal y a la libre asociación, la violación de los derechos humanos, junto con el bloqueo externo, está llevando a muchos a querer salir del país.
- La desintegración familiar, el turismo sexual, el recurso fácil al aborto en Cuba, hace que se viva sin autoridad y sin referentes éticos.
- Se va perdiendo el sentido de la dignidad y de la integridad personal.

En su labor ante esta realidad, los religiososo sienten la exigencia de:

- Mostrar el rostro de Dios Encarnado, Jesucristo, en la realidad de los hombres y mujeres, lo que exige un ejercicio permanente del análisis crítico de la realidad en que vivimos.

- Una actitud profética para decir un 'no' valiente a lo que hay de injusto y antievangélico.
- No callar frente a todo aquello que lastima al pueblo al que acompañamos.
- Denunciar los efectos del neoliberalismo inyectados en la economía y en la vida del pueblo, con sus secuelas de marginación y discriminación.

1169 Words

La lentitud del cambio puede generar caos
Señala Mons. Carlos Manuel de Céspedes

MADRID, (Septiembre, 1999) - Quienes dudan de las posibilidades de evolución hacia una sociedad más participativa en Cuba deberían recordar "el estado de postración civil" en el que se encontraban hace cincuenta años algunos países que son ahora "promotores de los mejores valores democráticos", señaló el Vicario General de La Habana en Madrid.

Monseñor de Céspedes se mostró optimista sobre la evolución de la situación cubana, aunque señaló dos obstáculos que deben superarse: el diálogo interno sobre el futuro de Cuba y sus relaciones con el exterior.

"Salvo una minoría, la mayoría de los cubanos que estamos en Cuba apostamos por el diálogo y la reconciliación entre los cubanos de Cuba y los cubanos que viven en otras orillas", dijo. Rechazamos la violencia para el cambio".

Señaló que, en ocasiones, Washington se ha comportado con "arrogancia" y La Habana, con "altanería infantilona".

Sobre un posible diálogo entre todos los cubanos, Mons. De Céspedes indicó que "todos tienen derecho a intervenir en los asuntos cubanos cuando vivan en Cuba; cuando haya elecciones en Cuba, que no esperen ni un voto si no viven allí".

Durante una Conferencia, el Vicario de La Habana hizo un repaso de la situación sociopolítica actual en la isla, en la que reconoció ciertos avances y el apoyo político "suficiente" con que todavía cuenta el presidente, Fidel

Castro de quien deploró algunas posturas "inflexibles e inmovilistas".

Para Cuba, "como para todos los pueblos de la Tierra, la democracia es el sistema de gobierno que mejor se aviene a la naturaleza humana", dijo.

Mons. De Céspedes pronunció una conferencia en la Casa de América bajo el título '*Cuba aquí y ahora: Mirada de un hombre de fe*', cuyo contenido fue aplaudido por parte de los asistentes y reprobado por otros.

En su repaso a la economía de Cuba, el Vicario aseguró que "cayó en picado en los últimos diez años" y que ello se debe, pese a cierta recuperación mantenida gracias al turismo, a la inversión exterior y a las remesas de divisas procedentes del extranjero- al deterioro de otros indicadores que son determinantes en la calidad de vida de los cubanos.

Y citó la falta de materiales y envejecimiento de infraestructuras en los sectores de la educación, la salud, el empleo y la seguridad social.

Mons. de Céspedes citó como ejemplo el hecho de que muchas medicinas que antes proporcionaba la seguridad social cubana, hoy sólo se pueden obtener a precios elevados y con divisas en las farmacias destinadas a los extranjeros.

Mons. Carlos Manuel en su oficina parroquial, rodeado de sus ilustres antepasados

"Reformas económicas más audaces, no sólo apuntalamientos de un sistema que una prolongada experiencia ha demostrado ser ineficaz".

Mons. Carlos Manuel de Céspedes

"Lo mismo sucede, dijo, con las instalaciones turísticas", en donde no puede entrar ningún cubano aunque disponga de divisas. Sin embargo, añadió, "las medicinas son más urgentes que el acceso a un hotel en una playa de moda".

Todos esos problemas, que generan el éxodo, la prostitución, la delincuencia y la mendicidad, dan lugar a que el pueblo cubano, según el Vicario, se encuentre ante una situación "para muchos realmente agobiante" y que les "apaga toda esperanza de cambio positivo".

> "... La gradualidad en los cambios es tan pacata y tan lenta, que a corto plazo podría generarse el caos".
>
> Mons. de Cespedes

Monseñor de Céspedes denunció también en su conferencia que en Cuba "la situación económica no es la misma para todos" y aseguró que muchos profesionales, empleados del sector turístico, deportistas, o artistas y profesionales que salen al exterior, tienen una economía "muy cercana a los indicadores medios de otros países del subcontinente".

Mons. De Céspedes descendiente directo del uno de los 'padres de la Patria', el General Carlos M. De Cespedes, señaló como importante ``la normalización de las relaciones de todo tipo'' de Cuba con Estados Unidos en un marco de ``diálogo respetuoso'' en el que Washington evite ``toda tentación de hegemonismo arrogante y chantajista'' y en el que Cuba no sea servil, pero tampoco tenga una actitud de ``altanería infantilona''.

Según el párroco de la Iglesia de San Agustín, en la zona habanera de Marianao, "la dirección del gobierno cubano justifica y legitima el casi total inmovilismo político y el apocamiento económico, afirmando la necesidad de la gradualidad en los cambios para evitar el caos social".

En contraste, el Vicario de La Habana señala que es la lentitud del cambio la que puede provocar el caos en la Isla. "La gradualidad en los cambios es tan pacata y tan lenta, que a corto plazo podría generarse el caos", explicó.

Mons. De Céspedes expresó su convencimiento de que Cuba, 'profesionalmente administrada', es sustentable económicamente a un nivel que permitiría "niveles de vida compartidos y aceptables".

Los cambios en tal sentido demandan "reformas económicas más audaces, no sólo apuntalamientos de un sistema que una prolongada experiencia ha demostrado ser ineficaz".

Que la Iglesia inicie un diálogo nacional
Piden los sacerdotes cubanos de la provincia de Oriente

MIAMI, (Octubre, 1999) - Meses después de las convivencias del clero cubano de la provincia de Oriente en el mes de julio, continúan los comentarios sobre un documento de reflexión que al parecer fue preparado para las reuniones y sin usarse, fue filtrado a la prensa. Los comentarios, según estudiosos de la Iglesia en Cuba, se centran en los aspectos más políticos del escrito.

El documento de trabajo ideado para la posterior reflexión sacerdotal no se concibió para ser publicado, pero saltó a los titulares de Miami cuando la prensa resaltó que los sacerdotes criticaron la falta apoyo de la jerarquía cubana a la disidencia interna del país.

A mediados de septiembre, cuano el documento fue filtrado a la prensa, el arzobispo Pedro Meurice de Santiago de Cuba, reiteró que es habitual en las convivencias del clero tener un documento de trabajo como punto de partida para la reflexión y no se somete a ningún tipo de votación o consenso.

Un analisis del texto revela que el tema de la falta de apoyo a la disidencia ocupa a penas tres líneas en el escrito de 13 páginas. En ellas se analizan aspectos de la realidad cubana y se señala la necesidad de que la Iglesia no se limite a pedir diálogo nacional sino que ella misma lo inicie en continuidad con su actitud de diálogo de los últimos 20 años.

"Una contradicción esencial en la proclamación de un Diálogo Nacional como salida a la actual situación del país—pedido por los obispos — y la implicita dejación de ese diálogo en manos de un Estado que lo ha negado repetidas veces en el plano de los hechos e incluso del Derecho".

El texto recuerda el proceso de la REC, Reflexión Eclesial Cubana en la década de los 80. Fue entonces cuando a nivel de las pequeñas comunidades, en las parroquias y en las diócesis se llevaron a cabo reuniones y grupos de reflexión para constatar la realidad de la vida y de la fe 25 años después de la Revolución. El proceso desembocó en el Encuentro Nacional Eclesial Cubano (ENEC) del que salieron las actitudes y las líneas de acción para una 'nueva Iglesia' encarnada, orante, evangelizadora y caracterizada por la actitud de diálogo.

Por las calles de un pueblo de Oriente

El documento explica que el tema ha sido reiterado por los obispos cubanos en años posteriores, y más reciente-mente por el Arzobispo de Camagüey, Mons Adolfo Rodríguez, durante la re-unión de la XVII Reunión Interame-ricana de obispos, el pasado mes de febrero, celebrada en La Habana.

Pero el documento señala "una contradicción esencial en la proclamación de un Diálogo Nacional, como salida a la actual situación del país—pedido por los obispos — y la implicita dejación de ese diálogo en manos de un Estado que lo ha negado repetidas veces en el plano de los hechos e incluso del Derecho. Entonces la propuesta del diálogo se convierte en una trampa de la que no podemos salir, porque ni siquiera hemos entrado en ella", dice.

Llega el momento- afirma el texto, "en que nos debemos preguntar sobre las condiciones de posibilidad y la necesidad misma de iniciar un diálogo nacional en que pueda participar la sociedad civil, en los niveles en que ya está organizada (glesias, asociaciones fraternales, grupos autónomos diversos...) con carácter civilista no directametne político".

El documento subraya que es importante descubrir quien es "el verdadero interlocutor de ese diálogo que estamos proponiendo: el pueblo como protagonista de su destino, que decide caminar con sus propios pies, que se organiza y es capaz de luchar con los demás y por los demás... con todos y para el bien de todos".

El documento afirma que "aquí estamos para descubrir juntos como podemos lograrlo. El silencio de nuestra Iglesia ante las nuevas leyes represivas y por la suerte corrida por los cuatro disidentes que redactaron 'La patria es de todos' es, cuando menos preocupante".

"Si algo ha caracterizado al clero de Cuba ha sido la unidad con sus obispos".

P. Juan Quijano

En Miami, un sacerdote de esa Provincia señaló que "hay que restarle dramatismo al documento, porque la reflexión ha sido algo habitual en el clero de Cuba".

El padre Juan Quijano, profesor de teología moral en el Seminario Regional San Vicente de Paul dijo que la única diferencia con la reflexión de otras convivencias sacerdotales es que en este caso el documento de trabajo llegó a la prensa y ésta ha subrayado una frase fuera de contexto". Dijo que "si algo ha caracterizado al clero de Cuba ha sido la unidad con sus obispos".

Otros católicos estudiosos del tema cubano resaltan que lo nuevo de la aportación del documento es su llamado a que la "Iglesia sea quien inicie un diálogo nacional entre la gente".

Es la opinión de Maria Cristina Herrera, fundadora del Instituto de Estudios Cubanos, para quien el documento tiene también un valor profético hacia dentro y hacia fuera de Cuba. Un ejemplo de ello pudiera ser cómo el documento llama la atención sobre aspectos internos de la Iglesia cubana y deplora el contínuo éxodo del país, incluso de sacerdotes.

Los sacerdotes afirman que la Iglesia debe tener el valor de denunciar la actitud "descomprometida con la suerte del pueblo" de quienes emigran del país.

Constatan que el éxodo "una vez más amenaza con vaciar nuestras comunidades y diezmar nuestra gente. En el éxodo encontramos la respuesta individualista tradicional que los cubanos hemos dado a los problemas del país", dicen.

Y con sentido crítico hacia ellos mismos, señalan:

"Debemos también enfrentar el éxodo de los sacerdotes que tantas veces hemos achacado de manera superficial a razones de índole material, sin cuestionarnos si nuestra Iglesia estaba motivando suficientemente el compromiso de sus miembros, clérigos, y laicos".

Herrera reconoce que aunque el documento no fue hecho para ser publicado, no se puede ignorar. "Ofrece un mapa integral y un aldabonazo sobre la realidad cubana para que, quienes lo lean, saquen sus conclusiones. Es una semilla sembrada que no se puede ignorar".

> *"El documento refleja cuestionamientos internos y la existencia de una diversidad al interior de la Iglesia que busca expresarse pero sin romper la comunión".*
>
> Nazario Vivero

Como no se puede ignorar el hecho de que por primera vez sale a la luz pública una reflexión de un grupo sustancial de sacerdotes, dice Nazario Vivero, un teólogo cubano que asesora a la Conferencia Episcopal Venezolana.

Dejando a un lado los documentos emanados del ENEC en 1986 y su Encuentro Conmemorativo (ECO) en 1996, hasta el momento han sido los obispos cubanos quienes han hecho declaraciones y documentos. También se han conocido los resultados de otros espacios de reflexión conjunta como las Semanas Sociales o los Encuentros de Historia, o las reuniones de las publicaciones diocesanas, organizados a nivel nacional. Ultimamente la prensa dio a conocer un documento emanado en Mayo después de un encuentro de religiosos de dos diócesis orientales. Por eso es de interés que se haya conocido el material preparado por los sacerdotes aunque no represente ninguna conclusión o consenso, indica Vivero.

"Se trata de un analísis eclesial que dialoga con los pronunciamientos de los obispos y aporta matices diversos", dice el teólogo cubano. En su opinión "el documento refleja cuestionamientos internos y la existencia de una diversidad al interior de la Iglesia que busca expresarse pero sin romper la comunión".

Podrán felicitarse las las pascuas en Navidad
Con tarjetas hechas en Cuba por artistas

MIAMI, (Noviembre, 1999) - Esta Navidad en Cuba, católicos y no católicos podrán felicitarse las pascuas con tarjetas de navidad producidas por artistas cubanos de nombre.

EL proyecto de la Arquidiócesis de la Habana, quiere que la Navidad sea más que un día feriado.

" La Comisión Ciocesana de Pastoral se planteó crear postales de Navidad como elemento que permite un saludo y va creando un ambiente navideño", dijo Orlando Márquez, vocero de la Arquidiócesis.

En una entrevista telefónica, Márquez explicó que en Cuba siempre se venden tarjetas de tipo artesanal, "pero este año queríamos algo de más calidad creado por artistas cubanos".

Señaló que "no queríamos temas reiterados, importados de otras realidades, con nieve y con trineos".

Así surgió la idea de invitar a los artistas cubanos a colaborar y Márquez, que es arquitecto y dirige la revista diocesana *Palabra Nueva* fue asignado para contactarlos.

"He tenido una tremenda e inesperada receptividad", dijo Márquez. Al visitarles, Maárquez se presentaba en nombre de la Iglesia y les explicaba el proyecto.

"Tal vez usted no es católico, pero lo hacemos como muestra del respeto de la Iglesia hacia su arte," les decía Márquez. "Queremos algo nuevo, distinto, por ser el primer proyecto de este tipo en la historia del país," les decía.

"Es un tema nuevo para mi, no se si sabré hacerlo", le contestaban algunos con sencillez.

Y Márquez les explicaba que este año se celebran 2000 años el nacimiento de Cristo, que es un año de esperanza, jubileo y de gracia.

Y así salieron estos trabajos " que son fruto de un sentimiento sincero y de una inquietud espiritual que está en el interior".

Una sagrada familia, dos vírgenes con el Niño Jesús, un ángel con una cometa y originales símbolos navideños, son algunas de las obras seleccionadas para el conjunto de 8 tarjetas de esta colección denominada 'Serie 2000: en el Jubileo del nacimiento de Cristo'.

Las tarjetas son a todo color, miden 3.5" por 5.5" y han sido impresas en México. Una tirada de 200,000 para Cuba se venderá en moneda nacional para costear gastos de impresión. También se han hecho postales con los mismos diseños. Un número limitado de tarjetas se venderá en el exterior.

A los pintores no se les remunera y Márquez reconoce que "algunos de estos artistas son muy cotizados en Europa y han ganado prestigiosos premios". Al mismo tiempo, explica que no hay que confundir a los artistas con la política cultural cubana. Los artistas en Cuba "viven de su trabajo y son personas que se manifiestan comprensivas con la Iglesia. Aunque no sean católicos, son personas en búsqueda".

En su visita a Cuba, Juan Pablo II mantuvo un encuentro con el mundo de la cultura y la Iglesia ha tratado de mantener abierto el diálogo cultural.

Cuando, recientemente, el Papa hizo pública una carta a los artistas con motivo del *Jubileo de los Artistas*, celebrado en Roma, la Arquidiócesis de La Habana hizo una tirada especial que fue impresa con la imagen de la Pietá de Michelangelo. El cardenal Jaime Ortega escribió una carta de presentación que junto a la del Papa fue entregada personalmente a los artistas cubanos. Márquez señala que las instituciones culturales oficiales mandaron a pedir más ejemplares.

"Hay pocos católicos prácticos en el mundo de la pintura," dice Márquez. Uno de estos es Laura Castro, artista joven y poco conocida. "Pero hemos querido incluirla, junto a Osain Raggi para promover a artistas jóvenes".

Otros son ya veteranos, como el matrimonio Juan Moreira y Alicia Leal. También Zaida del Río, "mujer de grandes inquietudes espirituales" que ya tiene una serie de pinturas sobre santos de la Iglesia Católica en formato grande. Cuando Márquez le explicó la leyenda de San Cristóbal, a quien ella había plasmado en lienzo "se emocionaba al oírme", dijo Márquez.

Otros artistas como Nelson Domínguez y Roberto Favelo "el mejor dibujante que hay en Cuba," según Márquez, se interesaron mucho pero no han podido hacerlo por tener demasiado trabajo.

Los trabajos quedan a libre interpretación. Todos los originales han sido devueltos a los artistas. Las tarjetas estarán a la venta en La Voz Católicadesde finales de octubre.

La Iglesia apoya el retorno de Elián
Señala la Conferencia de Obispos Cubanos

MIAMI, (Diciembre, 1999) - Mientras en Miami y en Cuba continuaba la batalla política en torno al niño balsero encontrado en aguas del estrecho de la Florida, en las que fallecieo su madre, ahogada, la Iglesia Católica en

Cuba apoyó que Elián González sea devuelto desde Estados Unidos a sus familiares en Cuba.

En una nota de prensa, la Conferencia de Obispos Católicos de Cuba (COCC) expresó que considera que "el caso puede resolverse de acuerdo al más estricto derecho universalmente aceptado, según el cual la custodia del menor pertenece a sus padres y en caso de faltar uno de ellos, al progenitor sobreviviente".

Los obispos señalan haber "seguido con atención los acontecimientos relacionados con el trágico accidente" y lamentan que "implicaciones emocionales o políticas dificulten la rápida solución de este conflicto, solución que está dada por normas tan elementales de derecho".

Elián González

"Pedimos que prevalezcan la cordura y la sensatez, para despojar este caso de cualquier otro matiz innecesario", dicen.

Consideran que de este modo "se facilitará la recta solución ya descrita, que posibilitaría el conveniente apoyo del niño para ayudarlo a recuperar su vida normal en el más breve tiempo".

"Pedimos que prevalezcan la cordura y la sensatez, para despojar este caso de cualquier otro matiz innecesario".

Obispos cubanos

Los obispos católicos cubanos también se pronunciaron porque se proteja "la privacidad y la inocencia del niño, que no debe ser objeto de ningún tipo de presión o propaganda".

"A toda persona implicada en un litigio de dominio público le asiste este derecho, pero de manera eminente a un niño de tan corta edad, que pasa además por el trance doloroso de la pérdida de su madre en condiciones tan trágicas, dicen los obispos.

El gobierno norteamericano devuelve a la Isla a todo cubano que es encontrado en las aguas del estrecho y además ha reconocido el derecho del padre Juan Miguel González Quintana, residente en Cuba, de mantener su demanda para que su hijo le sea devuelto. Funcionarios de inmigración se reunieron con González el 13 de diciembre para establecer su paternidad y los deseos de éste por recupear a su hijo.

La batalla política por el niño balsero se desarrollaba al tiempo que se reanudaban las conversaciones entre el gobierno cubano y el gobierno norteamericano sobre el cumplimiento de los acuerdos de inmigración entre ambos países.

Apoyan la declaración del cardenal Ortega
En defensa de la Iglesia y del Arz. Meurice

LA HABANA,(Noviembre, 1999) - En diversas partes de la Isla, católicos cubanos han expresado apoyo a las palabras del Cardenal Jaime Ortega Alamino, defendiendo la independencia de la Iglesia en Cuba y apoyando al arzobispo de Santiago de Cuba Mons. Pedro Meurice.

Después que Fidel Castro acusara a la Iglesia Católica y a los obispos de estar "manipulados por la llamada mafia de la extrema derecha del exilio cubano en Miami", el Cardenal Ortega emitió una declaración señalando que "los pastores de la Iglesia en Cuba desde hace muchos años sabemos de todo tipo de intento de manipulación de la Iglesia con fines políticos… y nunca hemos cedido a estas ni otras presiones. En esto no solamente mi hermano el Arzobispo de Santiago de Cuba no ha sido excepción, sino ejemplo", dice el Cardenal.

"Las palabras, homilías o declaraciones públicas del Arzobispo Meurice, en cualquier ocasión, no han sido el fruto de ninguna manipulación, y esto me consta de modo muy personal, sino que han sido dictadas por su conciencia de pastor solícito, que ha sentido como algo muy propio de su deber pastoral, expresar cuál es su pensamiento sobre los temas que preocupan ala Iglesia y al pueblo cubano".

> *"...Nunca hemos cedido a estas ni otras presiones. En esto no solamente mi hermano el Arzobispo de Santiago de Cuba no ha sido excepción, sino ejemplo".*
>
> Cardenal Ortega

El cardenal Ortega subraya que "ni antes de la Cumbre Iberoamericana, ni después de ella, La Iglesia en Cuba servirá como instrumento para otros fines que no sean los que su Señor le fijó: anunciar el Evangelio y procurar la reconciliación y la paz que nacen de amor cristiano.

La declaración fue leída en casi todas las iglesias de Cuba y fue recibida con aplausos por los feligreses.

Obispos y sacerdotes han apoyaado al Cardenal. Uno de estos casos fue el del Obispo de Pinar del Río, Mons. José Siro González, y del Vicario de la diócesis, Mons. Mario Aguilar, quien se refirió a las palabras de Castro como "un paso más de retroceso entre las relaciones de su gobierno con la Iglesia Católica".

Al terminar la Misa, más de 300 fieles que estaban presentes, se pusieron de pie y rompieron en fuertes aplausos.

El embajador de Cuba ante el Papa

Isidro Gómez presenta sus credenciales

"... Será más fácil si, a su vez, Cuba va promoviendo nuevos espacios de libertad y participación para sus habitantes".

Juan Pablo II

VATICANO, (Diciembre, 1999) - El actual desafío para Cuba consiste en continuar en "la búsqueda y construcción de la justicia y de la paz, en el marco de un respetuoso e incansable diálogo", señaló Juan Pablo II al recibir las cartas credenciales del nuevo embajador ante la Santa Sede, Isidro Gómez Santos.

El diplómatico cubano, de 62 años, fue parte de la Comisión Conjunta de la Iglesia y el Estado para la preparación del viaje del Papa a la isla y es experto en relaciones Iglesia-Estado cubano.

El Papa reconoció que "para una sociedad como la cubana, que se distingue por haber alcanzado un considerable nivel de instrucción, es importante un clima de distensión y confianza, en el cual sean salvaguardados los derechos fundamentales de la persona humana, sea creyente o no y se den unas condiciones donde los seres humanos puedan actuar según su propio criterio y hagan uso de su libertad responsable, no movidos por coacción, sino guiados por la conciencia del deber".

Recordando sus palabras al salir de Cuba Juan Pablo II señaló que "la pobreza material y moral puede tener como causas, entre otras, las disigualdades injustas, las limitaciones de las libertades fundamentales, la desperso-nalización y el desaliento de los individuos".

Durante el encuentro en el Vaticano el Pontífice subrayó que Cuba no puede vivir sola y aunque no mencionó explícitamente el embargo norteamericano, aclaró que Cuba no debe verse privada de los vínculos con otros pueblos, "pues son indispensables para un sano desarrollo económico, social y cultural".

Pero señaló que esto "será más fácil si, a su vez, Cuba va promoviendo nuevos espacios de libertad y participación para sus habitantes, llamados todos a colaborar en la construcción de la sociedad".

En este aspecto aclaró que es preciso distinguir entre "las acciones que los fieles, aislada o asociadamente, llevan a cabo a título personal como ciudadanos, de acuerdo a su conciencia cristiana y las acciones que realizan en nombre de la Iglesia en comunión con sus propios pastores".

Señaló, que la Santa Sede abogará para que el pueblo cubano, como toda persona o nación que busca la verdad, que trabaja por salir adelante, que anhela la concordia y la paz, pueda mirar al futuro con esperanza"

"Que nadie, ninguna institución, ninguna ideología, ponga obstáculos para que todo ser humano pueda abrirse a Cristo", dijo.

Es una apertura que ha de pasar necesariamente por "la salvaguarda de los derechos fundamentales de la persona humana, sea creyente o no", y por el respeto de la libertad de los individuos. "Este clima es también fundamental

> *"La pobreza material y moral puede tener como causas, entre otras, las disigualdades injustas, las limitaciones delas libertades fundamentales, la desperso-nalización y el desaliento de los individuos".*
>
> Juan Pablo II

para poder conquistar la propia credibilidad ante la escena internacional", aclaró.

Para alcanzar este objetivo, el Papa confirmó la disponibilidad de la Iglesia de Cuba, que lo único que pide son espacios para ser lo que es "mensajera de amor, de justicia, de reconciliación y de paz, ofreciendo a todos el mensaje de Jesús".

> *" Será más fácil si, a su vez, Cuba va promoviendo nuevos espacios de libertad y participación para sus habitantes, llamados todos a colaborar en la construcción de la sociedad".*
>
> Juan Pablo II

Sobre las relaciones Iglesia-Estado, el Papa constató que "se ha de favorecer aún más un diálogo constructivo y continuo". Por ello, en nombre de la Iglesia en Cuba, pidió "una apertura aún más generosa a la solidaridad manifestada por la Iglesia universal ".

En la actualidad existe un considerable número de agentes pastorales deseosos de trabajar en Cuba que esperan la aprobación de visas por parte del gobierno cubano.

"Aunque la misión de la Iglesia es de orden espiritual y no político", dijo Juan Pablo II, "el fomentar unas relaciones más fluidas entre la Iglesia y el Estado contribuirá ciertamente a la armonía, progreso y bien de todos, sin distinción alguna".

"¡No temáis! ¡Abrid, más todavía, abrid de par en par las puertas a Cristo!", dijo repitiendo el mensaje durante su visita a la Isla.

Y refiriéndose al año 2000 añadió que "hoy, casi al final de este siglo y del milenio, siento el deber añadir: ¡Que nadie, ninguna institución, ninguna ideología, ponga obstáculos para que todo hombre pueda abrirse a Cristo!"

La Iglesia no busca privilegios
Señala el Secretario de Estado Vaticano en Cuba

MIAMI- (Diciembre, 1999) - En el marco de un simposio en La Habana sobre la exhortación papal *'Iglesia en América'*, el Secretario Vaticano para las relaciones con los estados manifestó que en un Estado moderno, los creyentes "han de tener plena libertad de pensar, de expresarse y de actuar, incluida la libertad de disentir".

Ante representantes del gobierno cubano, el arzobispo Jean-Louis Tauran desarrolló el tema *'Relaciones Estado-Iglesia en la Sociedad Moderna'*.

"Para nosotros el Estado no tiene un poder absoluto sobre el ciudadano", dijo el Arzobispo al presentar la perspectiva de la doctrina social católica.

"Ni el Estado, ni ninguna sociedad más grande, debe suplantar a la iniciativa y a la responsabilidad de las personas", dijo, al señalar el aprecio de la Iglesia por "la democracia, en la medida en que asegura la participación de los ciudadanos en las opciones políticas" y la posibilidad "de elegir y controlar a sus propios gobernantes, o sustituirlos oportunamente de manera pacífica".

"Es preciso evitar que el Estado y la Iglesia desconfíen uno de otro, o peor aún, se tengan miedo".
Arz. Tauran

En su discurso, Mons. Tauran subrayó que en una sociedad pluralista, la Iglesia no busca privilegios, sino poder "predicar la fe con verdadera libertad".

Clarificó lo que ha de ser el Estado para un cristiano, y lo que pide la Iglesia a las autoriddes legítimas de un Estado.

Sentadas estas bases, desarrolló lo que han de ser las relaciones entre el Estado y las Iglesias, afirmando que "el Estado se debe mostrar más que tolerante, acogedor con todas las componentes culturales y espirituales que constituyen el tegido de la nación".

Subrayó que "el Estado y la Iglesia no pueden ignorarse" y lo que es más "es preciso evitar que el Estadoy la Iglesia desconfíen unode otro, o peor aún, se tengan miedo".

Al mismo tiempo señaló que una separación Iglesia-Estado que llevase al Estado a ignorar a las Iglesias "privaría a la sociedad de la fecundidad que aporta su colaboración".

Porque, aunque las Iglesias no tienen el deber y menos la ambición de resolver los problemas de la sociedad, sin embargo, "por su sentido de la persona, su interés por la solidaridad y su atención a los más débiles, pueden contribuir a la instauración de una vida social mejor".

Mons. Tauran aclaró que "el Estado no debe pretender que las iglesias estén a su servicio. Pero está en su derecho esperar su colaboración en todo aquello que favorece objetivamente el bien común, es objeto del consenso general y no va contra las exigencias de sus convicciones religiosas y morales".

Pero aclaró que esto supone que los creyentes tengan plena libertad de pensar, expresarse y de actuar, inluida la libertad de disentir.

"Los cristianos creen que su cualidad de creyentes puede y debe fructificar en beneficio de la sociedad. ¡Sería una lástima que existieran todavía lugares en la tierra en las que se les niega aun esta oportunidad!"

Pautas para el futuro
El mensaje de los obipos para el año 2000 ofrece una mirada crítica y también esperanza

MIAMI (Enero, 2000) - En un mensaje con motivo del Jubileo del año 2000, los obispos de Cuba piden a los cubanos que cierren la heridas del pasado y aprendan a dar y a recibir el perdón que es la amnistía del corazón y la amnistía de la ley.

"No caminemos por la pendiente de la violencia. No desfallezcamos... aunque aparezcan signos contradictorios..."

"Dejando atrás al país, poco podemos hacer para solucionar sus problemas".

"No caminemos por la pendiente de la violencia. No desfallezcamos... Aunque aparezcan signos contradictorios", dice el mensaje que lleva fecha del segundo aniversario de la visita del Papa a la Isla.

"La moderación, el diálogo y la gradualidad, son la garantía de las soluciones pacíficas y de la gestación de una nueva civilización de la verdad, la justicia y el amor", señalan al concluir el texto que lleva por título *'Un cielo nuevo y una tierra nueva'*.

Haciéndose eco del mensaje de Juan Pablo II en el primer aniversario de su visita a Cuba, los obispos invitan a los cubanos de la Isla y a quienes viven en la diáspora a reflexionar, durante el Año del Jubileo sobre lo que implica:

Foto oficial vaticana de los obispos cubanos con el Papa

a). Profesar la fe en ámbitos públicos y reconocidos.
b). Ejercer la caridad de forma personal y social.
c). Educar las conciencias para la libertad y el servicio.
d). Estimular las iniciativas que pueden configurar una nueva sociedad.

El mensaje señala que la celebración del Año Jubilar— camino de santidad y de justicia— "nos exige una mirada más crítica a nuestro propio peregrinar y a sus tensiones típicas". Es lo que hacen los obispos en la primera parte del mensaje al señalar lo que consideran los signos de los tiempos en Cuba aquí y ahora.

Después de constatar la creatividad e iniciativa del cubano para salir adelante, tanto en Cuba como en quienes "dejaron la Patria para ir a establecerse en otros países", subrayan que ven necesario impulsar la renovación de la sociedad para que se logren mejores condiciones económicas y así cese "el deseo de escapar de la angustiosa realidad cotidiana".

El documento dibuja una realidad cubana marcada por la desigualdad económica, la corrupción, la falta de participación ciudadana, y la despersonalización.

Son realidades que impactan en las comunidades dado el creciente número de personas que se acercan a la Iglesia, dicen.

"El pueblo busca a Dios y en esa búsqueda detectamos hambre y deseo de reconciliarse con uno mismo, con los demás y con Dios," escriben, subrayando que esa fuerza de reconciliación "tiene un impacto directo en la constitución y en el desarrollo de la sociedad".

El mensaje presenta el Plan Pastoral Nacional de la Iglesia en Cuba y su empeño en la promoción humana y la acción servicial a través de Cáritas y de la pastoral penitenciaria.

Los obispos subrayan la grave responsabilidad de los cubanos ante la realidad concreta que les toca vivir e invitan al pueblo para que no ponga, en la salida del país, sus expectativas. Y aunque respetan el derecho a la inmigración, señalan que "dejando atrás al país, poco podemos hacer para solucionar sus problemas".

Para los obispos las vías para encontrar soluciones a la situación actual son:
- el diálogo y la reconciliación,
- la conversión y el cambio,
- la renovación de las personas, de las estructuras y de los proyectos futuros.

> *"Cuba necesita encontrar un camino gradual y pacífico para construir una sociedad nueva. Y esto no debemos dejarlo para mañana, hay que hacerlo cada día...*
>
> *Cristo es la puerta, ustedes los caminantes que peregrinan. No tengan miedo, a todos los que tengan sed en ese camino, Cristo les dará a beber un agua viva".*
>
> Obispos cubanos

"Cuba necesita encontrar un camino gradual y pacífico para construir una sociedad nueva. Y esto no debemos dejarlo para mañana, hay que hacerlo cada día", dicen.

A los laicos les recuerdan que son "el fermento de la masa" y el "grano de trigo". Por ello deben "fecundar y hacer crecer toda iniciativa que vaya dirigida al bien común" , y deben "asumir con generosidad creciente el indispensable sacrificio que conlleva entregar la vida al servicio de los demás".

Les animan diciendo que "Cristo es la puerta, ustedes los caminantes que peregrinan... No tengan miedo, a todos los que tengan sed en ese camino, El les dará a beber un agua viva".

CONCLUSION

Las cosas se ven mejor desde la distancia. La distancia da perspectiva, profundidad, amplitud.

Es algo que constato mientras en Madrid, en donde me encuentro después de haber dejado mi tarea periodística de Miami, corrijo las pruebas de este proyecto acariciado hace ya tiempo.

Ante mis ojos han vuelto a tomar vida las personas y los hechos de una etapa que considero muy significativa para la Iglesia en Cuba y cuyos protagonista la historia no debe olvidar. Al volverlos a mirar todo desde la distancia del tiempo y de la geografía caigo en la cuenta de que se cumple el principio 'vareliano' tantas veces escuchado en boca de católicos cubanos sobre 'el valor de lo pequeño y la fuerza de lo cotidiano'.

Lo que en su momento fueron pequeños pasos y gestos de cotidianidad, mirados en su conjunto se convierten en avances notables para la vida de la fe en Cuba. La Iglesia cubana en el año 2000 no es ya la misma de 1986. No lo es en sus dimensiones, en sus personas ni en su prestigio ante el pueblo. No lo es en sus proyectos, en el alcance de su servicio, ni en sus relaciones con la diáspora cubana o a nivel internacional. Y no lo es tampoco en la madurez, profundidad y experiencia acumulada por sus pastores y sus fieles a lo largo de 15 años de vivencia de la fe, la esperanza y el amor en tiempos difíciles.

Las circunstancias no me han permitido continuar mis recorridos por Cuba. Contemplo la Isla desde la distancia geográfica pero desde la cercanía del corazón y confío en que allí en donde los ojos no ven y en donde parece apagarse la llama, siguen dándose los pequeños pasos que desde la fe pueden mover montañas.

Escucho el eco de las palabras de los obispos cubanos en su mensaje para el Año Jubilar 2000, con las que se cierra este libro: "Cristo es la puerta, ustedes son los caminantes... que peregrinan".
La fe es el impulso para seguir caminando: *Una fe que abre caminos...*
Saltan a mi mente los versos del poeta Antonio Machado que yo me atrevo a cambiar.

Caminante, no hay camino, se hace camino... al creer.

Araceli Cantero Guibert

LA IGLESIA EN CUBA - 1985

2 Archidiócesis, 5 Diócesis y 9 obispos (dos jubilados)

LA HABANA
Arzobispo Jaime Ortega
SANTIAGO DE CUBA
Arzobispo Pedro Meurice
CAMAGÜEY
Obispo Adolfo Rodríguez
PINAR DEL RIO
Obispo José Siro González
MATANZAS
Obispo José Maximinio Domínguez

CIENFUEGOS -SANTA CLARA
Obispo Fernando Prego

HOLGUIN
Obispo Hector Peña

JUBILADOS
Obispo Alfredo Muller San Martín, Cienfuegos Santa Clara.

Obispo Fernando Azcaráte Freire, Auxiliar de la Habana

LA IGLESIA EN CUBA - 2000

3 Archidiócesis, 8 Diócesis y 14 obispos

LA HABANA
Cardenal Arzobispo Jaime Ortega
Obispos Auxiliares:
Alfredo Petit y Salvador Riverón*
SANTIAGO DE CUBA
Arzobispo Pedro Meurice
CAMAGÜEY
Arzobispo Adolfo Rodríguez*
Ob. Auxiliar: Juan García
PINAR DEL RIO
Obispo José Siro González
MATANZAS
Obispo Mariano Vivanco*

SANTA CLARA
Obispo Arturo González
CIENFUEGOS
Obispo Emilio Aranguren
CIEGO DE AVILA
Obispo Mario Mestril
HOLGUIN
Obispo Hector Peña
BAYAMO-MANZANILLO
Obispo Dionisio García
GUANTANAMO
Obispo Carlos Baladrón

Ya fallecidos cuando se publica este libro